KB070501

RECOVERING FROM EMOTIONALLY IMMATURE PARENTS
PRACTICAL TOOLS TO ESTABLISH BOUNDARIES & RECLAIM YOUR EMOTIONAL AUTONOMY

경계를 설정하고 정서적 자율성을 되찾기 위한 실용적인 도구

부모로부터 받은 마음의 상처 치유하기

Lindsay C. Gibson 저
송영희 · 이은희 공역

학지사

Recovering from Emotionally Immature Parents: Practical Tools to
Establish Boundaries & Reclaim Your Emotional Autonomy
by Lindsay C. Gibson, Psy.D.

역자 서문

　역자들은 심리상담전문가로서 상담현장에서 그동안 많은 성인 내담자의 심리적 문제와 대인관계 갈등을 다루어 왔다. 상담을 진행하면서 증상의 원인을 찾기 위한 퍼즐을 맞추다 보면, 대다수는 놀랍게도 어린 시절까지 거슬러 올라가게 된다. 어린 시절에 부모에게 받지 못한 정서적인 욕구가 기억 속에 깊숙하게 자리하여 성인이 되어서도 같은 시각으로 세상을 바라보며 힘들다고 외치고 있는 것을 보게 된다. 자신은 부정하고 싶지만, 정서적으로 미숙한 부모에 의해서 자녀의 감정과 자율성이 무시된 채 양육되었던 것이다.

　이런 내담자들에게 진정한 자유와 행복을 찾아 주기 위해서는 어린 시절 기억으로 들어가 충족되지 못한 욕구를 표출하고 채우는 작업뿐만 아니라, 그 욕구 충족을 무시하고 방해한 비판적인 부모를 기억 속에서 추방해야 한다. 이런 작업을 진행하다 보면, 많은 경우 과거로부터 이어진 마음의 상처를 치유하고 진정한 자신을 회복하는 것을 본다. 그 과정에서 내담자들이 가장 힘들어하는 것은 마음속의 비판적 부모를 추방하는 작업이었던 같다. 마음속의 역기능적 부모를 추방하는 것은 부모를 부정하는 것이 아니다. 단지 부모의 부정적인 양육 행동을 구분하여 그 부정적인 행동의 영향에서 벗어난다는 의미이다.

마음속 역기능적 부모는 이 책의 핵심개념인 정서적으로 미숙한 부모일 것이다. 저자는 특정 심리치료 이론을 언급하지 않지만, 저자의 핵심개념들은 역자들이 지향하는 심리도식치료(schema therapy)*와 밀접한 관련이 있어, 세계 최대 온라인 서점인 아마존에서도 이 책을 'Schema Therapy' 관련 서적으로 분류하고 있다. 심리상담전문가이며 심리도식 치료자인 역자들은 미숙한 부모의 성인 자녀들이 부모로부터 심리적으로 독립하여 자율성을 되찾아 자신을 새롭게 하고, 스스로와 관계를 구축하는 것이 행복의 요체라는 저자의 입장에 동의한다.

아무쪼록 독자들이 이 책을 읽어 가면서 정서적으로 미숙했던 부모로부터 받은 마음의 상처를 치유하고, 삶의 주체성을 회복하여 진정한 자신이 되기를 바란다. 이 책을 읽고 나서 보다 심층적인 자신과 만남이 필요하다면, 거주하는 지역의 심리상담전문가들에게 개인상담을 받기를 권한다.

2023년 1월
역자 일동

----

* 간단한 이론을 알고 싶으면 역자들이 번역한 『심리도식치료(인지행동치료 스펙트럼 시리즈 3)』(2015)를, 자신에게 적용하여 성찰하고 싶으면 『내면으로부터 심리도식치료 경험하기』(2020)를 읽어 보기 바란다.

역자 서문

저자 서문

어느 날, 내담자가 자신의 아버지 이야기를 하는 중에 나는 그녀의 아버지가 단지 부적절하고 학대했던 것만이 아니라 병리적으로 미숙했다는 것을 깨달았다. 그녀의 아버지는 아주 어린아이 모습의 충동성과 자기중심성의 행동으로 자녀에게 어떤 영향을 끼치는지 전혀 생각하지 못하는 상태였다. 그녀의 아버지는 마치 몸만 자란 아이와 같은 정서적 수준을 가지고 있었다. 기껏해야 열네 살짜리 아동이었다. 그동안 내가 만났던 많은 심리치료 내담자가 이처럼 예측할 수 없고, 감정적으로 과민하게 반응하는 양육환경에 의해, 어두운 어린 시절을 보냈던 것이 떠올랐다. 그들은 엄격한 권위와 강력한 어른의 몸을 가지고 있음에도 마음은 너무나 어린, 정서적으로 미숙한 부모에게 사로잡혀 자라 왔다. 그날 나는 이러한 부모를 다르게 보기 시작하여, 그들의 모든 그릇된 권위를 박탈하고, 그들이 폭군처럼 저지른 것들을 보여 주기로 했다.

다른 내담자들의 경우, 그보다는 훨씬 더 좋은 행동을 보이지만 대놓고 거부할 만큼 너무 냉담하여 자녀를 정서적으로 외롭고 유대감의 부족을 느끼며 자라게 하는 정서적으로 미숙한(Emotionally Immature: EI) 부모를 가지고 있었다. 이런 부모는 때로는 겉으로 유능하고 신뢰할 만한 사람처럼 보였지만, 워낙 자기중심적이고 공감에 한계가 있어 자녀와 제대로 관계를 맺을 수 없었다. 또 다른 경우, 충분히 좋은 사람이었지만 자녀의 실제 문제를 직면하거나 보호가 필요할 때면 늘 곁에 있지 않음으로써 자녀를 저버리곤 했다.

개인적인 행동의 차이에 상관없이 정서적으로 미숙한 부모들은 비슷한 내면적 특성이 있었다. 그들은 모두 공감이 부족하며, 자기 밖에 생각할 줄 모르고, 자녀와 만족스러운 정서적 유대감을 유지할 수 없었다는 점이다. 전반적으로, 상당수의 내담자는 갈등, 조롱 및 정서적 친밀감 부족으로 특징지어지는 분위기의 가정에서 자라났다.

역설적으로, 정서적으로 미숙한 많은 부모는 직장이나 사회에서 잘 기능하면서 성숙한 성인처럼 행동할 수 있다. 겉으로 보기에는 그들이 집에서 자녀에게 그런 고통을 안겨 줄 수 있다는 것을 믿기 어려웠다.

내담자들은 어렸을 때 부모의 모순되는 성격 때문에 크게 혼란을 느꼈다. 그들이 스스로 이해해야 했던 것은 그저 자기 자신을 탓하는 것뿐이었다. 어렸을 때 학대받거나 무관심 속에서 자라 왔던 이들은 스스로가 사랑받을 만하지 않았거나, 충분히 관심을 끌지 못해서라고 생각하게 된다. 이들은 자신의 정서적 욕구를 옳지 않은 것으로 보고, 부모에 대한 분노에 죄책감을 느끼며, 부모의 행동에 대해 최소화하거나 변명했다("그들이 나를 때렸지만, 그 당시에는 많은 부모가 다 그랬어.").

정서적으로 미숙한 부모의 문제

정서적으로 미숙한 부모 밑에서의 어린 시절은 인간관계에서의 모순과 정서적 외로움을 오랫동안 지속시키는 감정으로 이어질 수 있다. 정서적 외로움은 자신이 소통과 연결을 위해 노력해도 보이지 않고, 응답하지 않는다고 느낀 결과이다. 이 아이들은 성인이 되어서 깊은 정서적 수준에서의 연결을 거부하고 자아도취에 익숙한 만족스럽지 못하고 실망스러운 파트너와 친구들에게 끌릴 수 있다.

내담자들에게 정서적으로 미숙한 부모에 대해서 알려 줄 때, 대다수는 자신의 경험을 떠올리곤 한다. 마치 전구가 반짝 켜지는 것처럼 말이다. 그것은 깊은 수준의 정서적 연결을 하고자 하는 자녀의 시도를 거부하고 자기중심적인 사랑을 주었던 부모에 관해서 설명해 준다. 일단, 부모의 정서적 미숙함을 이해하게 되면, 어린 시절의 결정적인 순간들에 대해 마침내 이해할 수 있게 된다. 그들 부모의 한계점을 더 객관적으로 봄으로써, 더는 부모의 미숙함에 얽매일 필요가 없어진다.

실제적인 학대만이 해로운 것은 아니다. 이런 부모의 전반적인 양육적 접근은 부모와 자녀 사이에 불안하고 신뢰할 수 없는 분위기를 조성하는, 정서적으로 건강하지 않은 것이다. 자녀들을 피상적이고, 강압적이며, 판단적인 방식으로 대함으로써 자기 생각과 감정을 신뢰하는 자녀의 능력을 약화시켜 자녀의 직관, 자기 안내, 효능감 및 자율성의 발달을 제한한다.

정서적으로 미숙한 부모의 자녀로서, 당신은 부모의 감정을 상하게 하지 않으려고 자신을 닫아 버리는 법을 배웠을지도 모른다. 이것은 자녀의 자발적인 행동이 예민한 부모를 쉽게 기분 상하게 하기 때문이다. 그들의 과민한 반응성은 자녀가 타인을 믿고 자신의 개별성을 향상하는 대신, 자신을 억제하고, 수동적이고, 묵인하도록 길들인다. 이러한 부모와 함께 지내기 위해서는 단기적으로 당신이 진짜 누구인지, 그리고 실제로 원하는 것이 무엇인지 무시하는 것이 더 쉬웠을 것이다. 하지만 긴 안목으로 본다면, 당신은 의무와 죄책감, 수치심 그리고 가족 역할에 갇혀 있다는 느낌에 부담을 느끼게 된다. 좋은 소식은 일단 당신이 부모와 그 영향을 이해하게 된다면, 당신의 인생은 다시 자신의 것이 될 것이라는 점이다.

이 책의 목적

이 책에서 가장 중요한 것은 부모의 정서적 미숙함이 당신에게 어떤 영향을 미쳤는지 이해하는 것이다. 당신 부모의 심리적인 한계를 파악할 때까지 당신은 괜히 자신을 탓하거나 그들의 가망 없는 변화를 계속해서 희망하게 될 것이다. 이 책은 당신의 부모를 가능한 한 가장 깊은 방식으로 이해하면서, 지금까지 당신이 무엇과 맞서고 있는지 볼 수 있도록 도와줄 것이다.

당신은 지금껏 널리 정의되지 않았던 정서적으로 미숙한 부모의 특성과 행동을 명명하고 설명하는 법을 배우게 될 것이다. 나는 이 책을 통해, 당신이 정서적으로 미숙한 부모와 관계 안에서 일어나는 모든 것과 당신과 그들 사이에서 무엇이 일어나는지, 그리고 그들에게 대처하려 노력할 때 당신 내면에서 어떤 일이 일어나는지에 대한 언어를 주고자 한다. 일단 그것을 명명하게 된다면, 당신은 이제 그것을 다룰 수 있게 된다. 당신의 인생은 정서적으로 미숙한 사람들의 영향에 의해 지배당해야 할 필요가 없다. 스스로에 대한 그들의 영향을 알아내고 그것을 상쇄시킬 수 있다.

책 전반에 걸쳐 자기인식을 강화하고, 정서적으로 미숙한 부모와 다른 정서적으로 미숙한 사람들과 있었던 경험에 대해 통찰력을 얻을 수 있는 글쓰기 훈련도 찾아볼 수 있다. 나는 당신이 이러한 상호적인 훈련들로부터 깨달음뿐만 아니라 즐거움도 함께 얻기를 바란다.

정서적 미숙을 이해하기 위한 적절한 시간

정서적 미숙(Emotionally Immature: EI)이라는 주제는 그 어느 때보다도 중요한 시기이다. 요즘 '정서적으로 미숙(EI)한 부모'의 행동은 널리 퍼져 있으며, '정서적으로 미숙한 사람들(EIPs)'은 각계각층의 모든 삶 속에서 순간 엄청난 고통을 유발시킨다. 정서적으로 미숙한 사람들은 타인을 지배하려 하고 언제나 자신이 중요한 중심이 되어야 한다고 주장하기 때문에, 다른 사람들에게는 그들 자신으로 있을 수 있는 자원이나 공간을 남겨 두지 않는다. 그들의 우선시하는 특권의식과 자기 정당화는 다른 사람들의 권리를 부정하고, 학대, 괴롭힘, 편견, 착취, 모든 유형의 부패에 대한 자유로운 통제권을 부여한다.

불행히도 정서적으로 미숙한 지도자들의 자기성찰 부족은 그들을 강하고 자신감 있게 보이게 만들 수 있으며, 다른 사람이 아닌 오직 자신만의 이득을 위한 구호를 지지하도록 추종자들을 유혹한다. 자기중심적 권위에 대한 우리의 취약성은 정서적으로 미숙한 부모가 우리의 생각이 그들의 생각만큼 가치 있지 않으며, 부모가 우리에게 말한 것은 무엇이든 받아들여야 한다고 가르치는 어린 시절부터 시작된다. 정서적으로 미숙한 부모의 양육은 나중에 그들의 자녀들이 극단주의나 착취, 심지어 숭배자들의 희생양이 되는 일에 쉽게 빠지게 할 수도 있다.

정서적 미숙에 대해서 배우는 것은 그 원인과 상관없이 모든 종류의 정서적으로 미숙한 행동을 이해하고 다루는 데 도움이 될 것이다. 당신의 삶에서 정서적으로 미숙한 사람들은 부모일 수도 있고, 중요한 타인이나 자녀, 형제자매, 상사, 고객, 혹은 다른 누군가일 수도 있다. 그것이 가족 안에 있든 바깥에 있든, 대인관계적 역동은 똑같을 것이다. EI 부모에게 통하는 모든 방법은 다른 EI 사람들에게도 잘 통할 것이다.

주제의 개요

이 책의 전반부, 즉 1부는 당신이 정서적으로 미숙한 부모에게서 자라거나, 정서적으로 미숙한 사람들과 관계를 맺는 것이 어떤 것인지, 그리고 그것에 대해 무엇을 할 수 있는지를 설명하면서 당신이 맞서 온 것에 초점을 맞출 것이다.

1장에서는 EI 부모와 관계를 맺는 것이 어떤 것인지에 대해 살펴볼 것이다. 그들의 특징인 정서적으로 미숙한 관계 시스템(Emotionally Immature Relationship System: EIRS)과 어떻게 그들의 자존심과 정서적 안정에 대해 당신에게 의무감을 느끼게 하는지에 대해서 배울 것이다. 또한, 그들이 왜 그렇게 되었는지에 대한 가능한 이유를 발견할 것이다.

2장에서는 EI의 성격특성을 자세하게 설명할 것이다. 또한, EI의 정서적 강압과 정서적 장악을 인식하는 것뿐만 아니라, EI 사람들이 관계에서 그들의 중심 역할을 유지하기 위해, 당신 안의 자기회의, 두려움, 수치심, 죄책감을 어떻게 이용하는지에 대해 배우게 될 것이다.

3장에서는 EI 부모와 정서적으로 만족스러운 관계를 맺기 위해 당신의 노력이 무엇인지 알아볼 것이다. 다양한 유형의 EI 부모와 그들이 왜 친밀감으로부터 멀어지는지에 대해 살펴볼 것이다. 당신의 EI 부모를 보다 객관적으로 보는 방법을 배우고, 얻지 못한 것을 슬퍼하며, 타인 그리고 자신과의 연민과 충실한 관계로 나아가는 법을 배울 것이다.

4장에서는 EI 사람에게 그들의 현실 왜곡과 정서적 위급함에 의문을 제기함으로써 정서적 장악을 피하는 방법을 보여 준다. 적절한 경계를 설정하는 방법뿐만 아니라 도움을 요청하는 그들의 요구에 언제 어떻게 대응해야 하는지도 배울 것이다. 그들의 대인관계 압력이 어떻게 스스로를 단절시키고 있는지와 그들의 행복에 대한 책임을 당신이 지게 되는 것을 알게 될 것이다.

5장에서는 전형적인 정서적으로 미숙한 행동에 대해 가장 효과적인 대응으로서 정확히 어떻게 말하고 행동해야 하는지를 배울 것이다. 그들의 압력을 피하고, 상호작용을 이끌며, 그들이 장악하지 못하게 하는 방법을 배울 것이다.

6장에서는 EI 부모/사람들이 수많은 작은 방법을 통하여 당신의 직관에 대한 자신감과 신뢰를 약화시키는 것들을 알 수 있게 한다. 그들은 당신의 인식, 생각, 감정을 조롱하고 별것 아닌 것처럼 당신 내면의 경험을 무시한다. 이 장에서는 당신의 내면적 경험에 충실함으로써 수치심에 대한 면역이 되는 방법을 배울 것이다.

이 책의 후반부인 2부에서는 EI 사람들을 이해하고 다루는 것을 넘어서서 그들이 있음에도 당신의 개별성을 강화하는 쪽으로 방향을 바꿀 것이다. 자신의 성장에 더 집중할수록, 당신은 EI 부모의 밑에서 자라는 것의 영향을 반전시킬 수 있을 것이다.

7장에서는 당신은 자신의 내면세계를 중시하는 것이 자신과의 견고한 관계를 재정립하는 데 얼마나 중요한지 알게 될 것이다. 내면의 자아에 대한 새로운 충성심으로, 자신을 신뢰하고, 자신의 관심이 필요한 것에 소중한 정보로 그 감정을 기꺼이 받아들일 것이다.

8장에서는 EI에 의해 주입된 사고에서 벗어나고, 자신의 마음을 위한 공간을 만드는 방법을 보여 준다. 그들의 관점과 다른 관점이라면 무엇이든 무시했던 비판적인 EI 부모에 의해 야기된 자기회의를 뒤집는 법을 배울 것이다. 오래된 EI 영향으로부터 만들어진 정신적인 혼란의 마음을 정리하고 나면, 당신은 강박적인 걱정과 자기비판을 덜 하게 될 것이다.

9장에서는 당신의 자아개념을 새롭게 하고 넓힐 것이다. EI 부모는 당신이 정확하고 자신감 있는 자아상을 개발하는 데 도움을 주지는 않았을 것이다. 그 대신, 그들은 순종하라고 가르쳤을 가능성이 높고 타인의 욕구와 감정을 당신의 것보다 더 중요하게 보도록 하였을 것이다. 당신은 자신의 자아개념을 새롭게 하면서 자신이 세상에 가져다주는 모든 것에 감사하기 시작할 것이다. 또한, 자신이 가지고 있을 수 있는 왜곡되거나 오래된 예전의 자아개념을 해체하는 방법을 배울 것이다.

마지막 장에서는 배운 모든 것을 종합할 것이다. 주변의 암묵적인 EI 사람과의 관계 계약의 은밀한 약관을 검토하고, 그 관계를 동등한 입장으로 놓을 수 있는 준비가 되었는지 볼 것이다. 궁극적인 회복 목표는 자신의 내면적 자아와 행복에 대한 충성스럽고 헌신적인 관계를 구축하는 것이다. 또한, 진실성을 희생시키거나 그들을 비난하지 않으면서 EI 관계를 가능한 한 최선의 형태로 변화시키는 방법에 대해서도 배울 것이다.

마지막으로, 에필로그에서 당신은 정서적으로 미숙한 부모의 성인 자녀로서 새로운 권리장전을 받게 될 것이다. 이러한 권리는 이 책의 주요 개념을 표현하며 배운 것을 빠르게 상기시키는 데 사용될 수 있다.

독자들에 대한 소망

나는 당신이 이 책을 읽는 것을 넘어서서, 자신과의 연결과 자기 이해의 새로운 공간에서 삶을 살 수 있는 이해와 힘을 얻었다는 느낌을 받기를 원한다. 부모는 당신에게 생명과 사랑을 주었지만, 오직 그들만 알고 있는 방식으로만 주었다. 그것에 대해 경의를 표할 수 있지만, 당신의 정서적 행복에 대한 부당한 힘을 그들에게 주는 것은 그만두어야 한다. 이제, 자신의 성장을 위한 스스로의 목표는 자신과 타인이 온전히 관계할 수 있는 한 개인이 되도록 하는 것이다. 그 탐색에 이 책이 유용하게 쓰인다면, 나의 꿈이 이뤄지는 것이 될 것이다.

차례

 제1부 당신이 맞서고 있는 것: 정서적 미숙 상대하기

차례

018

제**1**부

당신이 맞서고 있는 것

−정서적 미숙 상대하기−

이 책의 제1부에서는 정서적으로 미숙한 부모와 관계하는 것이 어떤 느낌인지, 어떻게 그들이 그렇게 되었는지와 그들의 성격특성, 왜 그들과 만족스럽고 친밀한 관계를 맺기가 어려운지를 배우게 될 것이다. 그들의 정서적 왜곡과 당신을 지배하려는 시도에도 불구하고 당신의 건강한 한계를 보호하기 위한 도구와 상호작용 전략을 배울 것이다. 당신은 그들 주위에서 자신에게 충성하는 것이 왜 그렇게 중요한지, 그리고 그들의 긴급한 요구와 정서적 강압에 어떻게 저항해야 하는지 이해하게 될 것이다.

정서적으로 미숙한 부모에 대해

－그들과 함께하는 것이 어떤 것인지, 그리고
어떻게 그들이 그렇게 되었는지 －

정서적으로 미숙한(Emotionally Immature: EI) 부모는 자녀에게
좌절감을 주기도 하고, 사기를 꺾어 의기소침하게 한다. 존경과 특
별한 대우를 기대하면서도 자녀를 통제하고 무시하려는 정서적으
로 꽉 막힌 부모를 사랑하기는 어렵다.

EI 부모와의 관계는 자녀의 정서적 욕구를 충족시키지 못하는 것
이 특징이다. 그들은 두 사람이 만나 서로에 대해 알아가고 이해하
게 되는 **정서적 친밀감**을 경험하는 것에 그다지 관심이 없다. 이러
한 깊은 감정을 공유하는 것은 서로에게 더 깊이 관여하여 소중하
고 만족스러운 깊은 유대감을 만들어 내지만, 이것은 EI 부모가 편
안하게 느끼는 일이 아니다.

때때로 자녀는 그들에게서 진정한 유대감을 위한 일시적인 행
동을 엿보게 되고, 그것은 계속해서 그들에게 다가가도록 한다. 불

행하게도, 자녀가 더 다가갈수록, 그들은 진정한 친밀감을 경계하며 점점 더 멀어질 것이다. 그것은 마치 가까이 가면 정확하게 그만큼 멀어지는 평행 관계를 유지하면서 누군가와 춤을 추는 것과 같다. 그들의 관심에 대한 요구는 친밀함에 대한 경계와 함께 자녀를 불만족스럽고 감정적으로 외롭게 만드는 밀고 당기는 관계를 만든다. 자녀는 부모에게 마음을 쓰지만 진정한 관계를 맺을 만큼 가까이 다가갈 수는 없을 것이다.

하지만 일단 그들을 이해하게 되면, 당신의 경험들과 정서적 외로움을 스스로 완벽하게 이해할 수 있게 될 것이다. 정서적 미숙함의 심리를 이해함으로써, EI 부모/사람의 정서적 강압에서 벗어나서 그들에게 기대할 수 있는 것과 없는 것을 구분할 수 있고, 더 진정한 관계를 만들 수 있는 방식으로 그들을 상대할 수 있을 것이다.

이 장에서 우리는 정서적으로 냉담한 부모와 친밀한 관계를 맺는 것이 어떤 것인지 살펴볼 것이다. 당신은 그들이 사랑의 대용품으로 사용하는 정서적으로 미숙한 관계 시스템(EIRS)에 대해 배우게 될 것이며, 정서적으로 미숙한 부모의 방식은 어떻게 이루어지는지에 대해서 알게 될 것이다.

이것을 발견해 가는 과정 중 하나로, 당신이 배운 것에 대한 일지를 작성하는 것이 좋다. 이 책을 읽는 동안, 자신이 읽은 내용을 한번 더 확인하기 위한 연습이 필요하다는 것을 발견할 수 있을 것이다. 가능하다면 이러한 목적만을 위한 새로운 일지를 하나 마련하여 자기발견을 기록하라. 글을 쓰는 동안 정서적으로 미숙한 부모가 그동안 충분히 주지 못했던 중요한 정서적 지지와 인정을 스스로에게 주게 될 것이다.

이러한 과정은 당신이 이해하기 어렵고 규정되지 않았던 이전의 경험에게 말을 할 수 있도록 도움을 줄 것이다. 책을 읽으면서 떠오른 감정, 기억, 통찰에 대해 꼭 적어 두기 바란다. 이 항목들은 부모님이나 당신이 알고 있는 모든 EI 사람에 관한 것일 수 있다. 자신의 경험들과 깨달음 등에 대해 적을 때, 다음에 떠오를 통찰을 위한 빈칸을 두세 줄 남겨 두도록 하라. 이 기록은 나중에 경험에 대해 되돌아보고 당신의 시작이 어땠는지 볼 수 있는 귀중한 자료가 될 것이다. 그런 의미에서 이 책을 어떻게 읽으면 좋을지 살펴보자.

연습: 왜 이 책을 선택하였는가

무엇이 당신을 이 책에 끌리게 하였는지 잠시 생각해 보세요. 이 책의 제목을 처음 보았을 때 호기심을 불러일으킨 것들을 적어 보세요. 당신은 무엇을 혹은 누구에 대해 알아보고 싶었나요? 그 사람이 당신을 어떻게 느끼게 했나요? 이 사람과의 관계가 어떻게 달라졌으면 하나요? 만약 그 사람이 살아 있지 않다면, 당신과의 관계가 과거에 어떻게 되었으면 좋았겠다고 생각하나요?

이제 EI 부모/사람들과 관계가 어떠했는지, 그리고 그들이 당신을 어떻게 느끼게 하는지 살펴보자. 이것은 자기발견 과정에서와 같이 오래된 문제를 불러일으킬 수 있으므로, 필요한 경우에는 꼭 심리치료자를 찾아 추가적인 도움과 지원을 받도록 하라.

그들과 함께하는 것이 어떤 것인지

EI 부모/사람들은 눈에 띄는 대인관계 스타일을 가지고 있다. 다음은 그들과의 관계에서 예상되는 열 가지의 경험에 대한 설명이다.

1. 그들의 주변에서 정서적으로 외로움을 느낀다

EI 부모 밑에서 자라는 것은 **정서적 외로움**을 조성한다. 부모가 당신의 곁에 신체적으로 함께 있었다 하더라도 정서적으로 혼자 남겨져 있다고 느꼈을 수 있다. EI 부모와 가족 간의 유대감을 느낄 수도 있지만, 그것은 정서적으로 안정된 부모-자녀 관계와는 매우 다를 것이다.

그들은 자녀에게 무엇을 해야 한다고 말하지만, 정서적 양육에 불편감을 느낀다. 자녀가 아플 때 잘 돌볼 수 있지만 상처받은 감정이나 상심한 마음을 어떻게 해야 할지 모른다. 결과적으로 그들은 고통받는 자녀를 달래려고 할 때 인위적이고 어색해 보일 수 있다.

2. 그들의 상호작용이 일방적이고 좌절감이 느껴진다

EI 부모의 자기 집착과 제한된 공감은 상호작용을 일방적으로 느끼게 한다. 마치 그들은 자기몰입에 갇혀 있는 것 같다. 만약 자녀가 중요한 것을 말하려고 하면, 그들은 훈계하거나 주제를 바꾸거나 자신에 관한 이야기로 돌려 자녀가 말하는 것을 무시하곤 한다. 그들의 자녀는 종종 부모가 생각하는 것보다 훨씬 더 부모의 문제가 중요하다고 생각한다.

EI 부모는 화가 났을 때 자녀의 경청을 요구하지만, 반대로 자녀가 괴로워할 때 그들은 거의 듣지 않거나 공감해 주지 않는다. 함께 앉아서 자녀의 문제를 들어주는 대신, 일반적으로 피상적인 해결책을 제시하고 걱정하지 말라고 하거나, 심지어 화가 난 것에 대해 짜증을 내기도 한다. 그들은 마음이 닫혀 자녀를 위한 연민이나 위로를 할 만한 내면적 공간이 전혀 없는 것처럼 보인다.

3. 당신은 강요당하고 구속받는 것처럼 느낀다

EI 부모는 자녀에게 부모를 우선시하게 하고 자녀의 모든 상황을 좌지우지하려고 한다. 이를 위해 그들이 원하는 것을 할 때까지 수치심, 죄책감, 두려움으로 자녀에게 강요한다. 만약 시키는 대로 하지 않으면 비난과 분노가 폭발할 수 있다.

많은 사람이 이런 정서적 강압에 대해 조종이라는 단어를 사용하지만, 나는 그 단어가 오해의 소지가 있다고 본다. 이런 행동은 생존본능에 더욱 가깝다. 그들은 그 순간에 더 통제되고, 보호받고 있다고 느끼는 데 필요한 것이라면 무엇이든 하고 그것이 어떤 대가를 치르게 할 수도 있다는 것을 망각한다.

당신은 또한 그들의 피상적인 관계적 방식으로 인해 구속받는 것처럼 느낄 수도 있다. 그들은 피상적이고 자기중심적인 방식으로 관계하기 때문에 그들과 이야기하는 것은 종종 지루하게 여겨진다. 또한, 안전하다고 느끼는 대화 주제를 고수하기 때문에, 그들과의 대화는 금방 정체되고 반복된다.

그들과 함께하는 것이 어떤 것인지

4. 그들이 우선이고 자녀는 부수적이다

EI 부모는 극도로 자기참조적이며, 이는 모든 것이 항상 그들에 관한 것임을 의미한다. 그들은 욕구를 충족시키기 위해 자녀가 부수적이기를 요구한다.

그들은 자녀의 감정이 매우 상할 정도로까지 자신의 이익만을 추구한다. 동등한 관계를 원하지 않으며 그들의 욕구에 대한 맹목적인 충성을 우선적으로 고려하기를 원한다.

부모가 자녀의 정서적 욕구를 기꺼이 돌보지 않는다면, 자녀의 감정은 불완전한 상태로 남아 있을 것이다. 부모가 당신을 생각하거나 돌봐 주리라는 것에 의문을 품는 것은 자녀를 스트레스, 불안, 우울에 대해 취약하게 만들 수 있다. 이는 자녀의 욕구를 알아차리거나 자녀를 압도하는 일로부터 보호해 주지 못한 부모를 신뢰할 수 없었던 어린 시절 환경에 대한 합리적인 반응이다.

5. 그들은 당신에게 정서적으로 친밀하거나 취약하지 않을 것이다

그들은 정서적으로 매우 반응적이지만 실제로는 더 깊은 감정을 회피한다(McCullough et al., 2003). 그들은 정서적으로 노출되는 것을 두려워하고 종종 방어적인 겉모습 뒤에 숨는다. 심지어 자신의 자녀를 너무 취약하게 만들까 봐 자녀에게 부드럽게 대하는 것을 피한다. 또한, 그들이 가진 전부가 힘이라 생각하기 때문에 사랑을 보여 주는 것이 부모의 힘을 약화시킬 수 있다고 걱정할 수 있다.

EI 부모는 자신의 취약한 감정을 숨기지만, 배우자와 싸울 때, 자신의 문제에 대해 불평하거나, 화를 삭일 때, 분노가 폭발할 때, 자녀에게 격렬한 감정들을 보여 주게 된다. 화가 났을 때, 그들은 자신이 느끼는 것을 전혀 두려워하지 않는 것처럼 보인다. 그러나 이러한 일방적인 감정 분출은 단지 정서적 압력의 방출일 뿐이다. 이것은 진실한 정서적 연결을 솔직하게 드러내고자 하는 의지와는 별개의 것이다.

이러한 이유로 그들을 위로하는 것은 어려운 일이다. 그들이 얼마나 흥분해 있는지 자녀가 느끼길 원하지만, 실질적인 위로를 위한 친밀감에 대해서는 저항한다. 만약 자녀가 위로해 주려 하면, 자녀를 밀어낼 것이다. 이처럼 낮은 **수용 용량**(McCullough, 1997)은 자녀가 제공하려고 하는 모든 위로와 연결을 받아들일 수 없게 한다.

6. 그들은 정서적 전염을 통해 소통한다

EI 사람들은 자신의 감정에 관한 이야기 대신, **정서적 전염**을 통해 비언어적으로 자신을 표현하고(Hatfield, Rapson, & Le, 2009), 경계를 넘어와서 당신을 그들만큼 화나게 한다. 가족체계 이론에서 이러한 건강한 경계의 부재를 **정서적 융합**(Bowen, 1985)이라 하며, 구조적 가족치료에서는 **밀착**이라고 한다(Minuchin, 1974). 이것은 EI 가족들이 서로의 감정과 심리적 문제에 몰두하는 과정이다.

그들은 어린아이들처럼 말 한마디 없이도 자신이 느끼는 것을 자녀가 직감적으로 알기를 원한다. 그들이 원하는 것이 무엇인지 자녀가 당연히 알 것이라고 예상하며, 그들의 욕구를 알지 못할 때 상처받고 분노를 느낀다. 그들이 무엇을 원하는지를 말하지 않았다고 이의를 제기하면, 그들은 "만약 네가 나를 정말로 사랑한다면 알았겠지. 너는 나를 그만큼 사랑하지 않는 거야."라고 반응할 것이다. 자녀가 그들의 곁에서 계속해서 동조하기를 기대한다. 아주 어린아이의 경우 부모로부터 그러한 보살핌을 받기를 원하는 것은 타당한 일이나, 부모가 그들의 자녀로부터 그것을 기대하는 것은 잘못된 일이다.

7. 그들은 당신의 경계나 개별성을 존중하지 않는다

EI 부모들은 경계의 개념을 제대로 이해하지 못한다. 그들은 그러한 경계가 거절을 의미한다고 생각한다. 즉, 자녀의 삶에 자유롭게 접근할 수 있도록, 그들을 충분히 소중히 생각하지 않는다는 것을 의미한다고 여긴다. 그래서 자녀가 사생활을 존중해 달라고 요청하면, 그들은 믿을 수 없는 행동을 하거나 기분을 상하게 하고 심지어 상처받는다. 언제든지 당신을 마음대로 할 수 있을 때만 사랑받는다고 느낀다. EI 부모는 다른 사람들의 경계를 존중할 필요가 없는 지배적이고 특권적인 역할을 추구한다.

EI 부모는 자녀의 개별성 또한 존중하지 않는다. 그렇게 해야 할 필요성을 느끼지 않기 때문이다. 가족과 역할은 그들에게 신성불가침의 영역이며, 자녀가 그들과 별개의 공간이나 개인의 정체성을 원하는 이유를 이해하지 못한다. 자녀가 그들처럼 될 수 없고, 생각할 수 없고, 같은 믿음과 가치를 가질 수 없는지를 이해하지 못한다. 당신은 그들의 자녀이고 따라서 그들의 소유라고 생각한다. 심지어 자녀가 성인이 된 이후에도 그들에게 순응하는 아이로 남아 있기를 기대하거나, 자녀가 자신의 삶을 고집한다면 적어도 항상 그들의 충고를 따르기를 기대한다.

8. 당신은 그들과의 관계에서 정서적 작업을 책임진다

정서적 작업(Fraad, 2008)은 다른 사람들의 욕구에 감정적으로 적
응하기 위해 하는 노력이다. 정서적 작업은 예의 바르고 유쾌하게
하는 것과 같이 쉬울 수도 있고, 제멋대로인 청소년에게 옳은 것에
관해 이야기하려 애쓰는 것과 같이 매우 복잡할 수도 있다. 정서적
작업은 공감과 상식, 동기에 대한 자각, 다른 누군가가 당신의 행동
에 대해 어떻게 반응할 것인가에 대해 예상하는 것 등으로 구성되
어 있다.

인간관계에서 무언가 잘못되면, 정서적 작업의 필요성이 급증한
다. 사과하고 화해하려 노력하고 보상해 주는 것은 건강하고 장기
적인 인간관계를 유지하기 위한 정서적 노동 중에서도 가장 힘이
많이 드는 일이다. 하지만 EI 부모는 관계 회복에 관심이 없기 때문
에 다시 관계를 연결하려는 노력은 자녀에게 주어질 수밖에 없다.
그들은 무언가를 보상하거나 사과를 하는 대신, 불평하거나 타인
의 탓을 하고 자신의 행동에 대한 책임을 부인함으로써 상황을 악
화시킨다.

사과하는 것이 더 쉬운 상황에서도, EI 부모는 잘못된 행동들을
인정하지 않고 자녀의 탓으로 미루고, 자신들이 상처를 받았다고
말한다. 그들의 요구대로 자녀가 더 잘 알고 제대로 했더라면 이런
문제는 일어나지 않았을 것이라고 한다.

9. 그들로 인해 정서적 자율성과 정신적 자유를 잃는다

EI 부모는 자녀를 자신의 확장으로 보기 때문에 자녀의 생각과 감정의 내면세계를 무시한다. 대신, 자녀의 감정을 합리적이거나 부당한 것으로 판단할 수 있는 유일한 권리를 주장한다. 그들은 자녀의 정서적 자율성, 자유 그리고 자신만의 감정을 가질 자녀의 자유와 권리를 존중하지 않는다.

자녀의 생각은 그들의 생각을 반영해야 하므로, 부모의 기분을 상하게 하는 생각을 가진다면, 그들은 충격과 거부감으로 반응할 것이다. 심지어 자녀의 속마음까지 고려할 자유가 주어지지 못할 것이다("그런 건 생각조차 하지 마!"). 자녀의 생각과 감정들은 그들에게 편안한지 아닌지의 기준에 따라 좋거나 나쁨으로 결정될 것이다.

10. 그들은 흥을 깨 버리고, 심지어 가학적일 수도 있다

EI 부모는 자녀와 타인에게도 정도가 심하게 흥을 깨는 사람이 될 수 있다. 타인의 감정에 거의 공감하지 못하기 때문에 다른 사람의 행복을 통해 기뻐하지 않는다. EI 부모는 자녀의 성취를 즐기는 대신, 자녀의 자기가치감을 손상하는 방식으로 반응할 수 있다. 또한 자녀에게 우울한 어른들의 현실을 상기시켜 줌으로써 자녀의 꿈을 좌절시키는 것으로 유명하다.

예를 들어, Martin은 청소년기에 첫 음악 공연으로 50달러를 벌었다고 아버지에게 자랑스럽게 말했다. 아버지의 즉각적인 반응은 고작 그 정도의 돈으로는 아무도 한 가족을 먹여 살릴 수 없다고 지적하는 것이었다. 공감 능력이 부족하다 보니 그의 아버지는 감정적인 부분을 완전히 놓쳐 버리고 만 것이다.

가학증은 이러한 흥을 깨는 행동과 함께 고통과 창피를 주고, 살아 있는 존재에 대한 강제구속을 통해 실제적인 쾌락을 느낀다. 또한, 관계에서 가장 강력하고 중요한 사람으로서 역할을 주장하는 한 방법이기도 하다. 가학적인 EI 부모는 신체적 또는 심리적 수단으로 자녀를 고통스럽게 만드는 것을 즐긴다. 신체적 학대는 분명히 가학적이지만 숨겨진 가학증은 종종 '놀림'과 '농담'으로 표현된다.

예를 들어, Emily가 약혼자를 가족에게 소개했을 때, 그녀를 신체적으로 학대했던 아버지는 약혼자에게 만약 Emily가 너무 말이 많으면 갖다 버리라고 '농담'을 던졌다. 그녀의 어머니와 자매들은 그저 그녀를 '놀리려고' 그 말에 맞장구를 치며 그녀가 난처해 하는 것을 보며 비웃었다.

가학적인 부모는 자녀가 무력감을 느낄 때를 좋아한다. 이들은 심각한 체벌을 가하거나, 긴 시간 동안 자녀들에게 반응을 거부하거나, 헤아릴 수 없을 정도로 긴 제한을 주는 등의 방식으로 은근히 자녀를 절망하게 만드는 것을 즐긴다.

예를 들어, Bruce가 어린 소년이었을 때, 그의 아버지는 그를 자신의 무릎 사이에 앉혀 허벅지로 꽉 누르며 놓아주지 않았다. 만약 Bruce가 꿈틀대거나 울기 시작하면, 아버지는 그를 방으로 데려가 벨트로 때리고는 했다. 나중에 그의 아버지는 사과했지만, Bruce가 너무 '나쁜' 행동을 해서 자초한 것이라고 설명했다.

다음 절에서는 EI 부모가 다른 사람들의 감정과 자부심에 어떻게 영향을 미치는지 살펴볼 것이다. 그들의 대인관계 방식은 당신의 감정과 자존감에 즉각적으로 잠재적인 영향을 미친다. 그들이 당신에게 어떻게 반응하는지는 당신을 통제하고 싶은지 또는 자신의 편으로 만들고 싶은지에 따라 당신이 스스로를 나쁘거나 좋게 느끼게 할 수 있다.

정서적으로 미숙한 관계 시스템

정서적으로 미숙한 사람들은 스스로 자존감이나 정서적 안정을 잘 조절하지 못한다. 그들은 안정을 유지하기 위해 다른 사람들이 필요하다. 이것을 달성하기 위해 다른 사람들에게 계속해서 그들을 행복하게 해야 한다는 책임감을 느끼게 하는 방식으로 행동을 한다. 그들은 복잡하고 미묘한 신호를 통해 다른 사람들에게 영향을 주고 느끼게 한다. 이것을 **정서적으로 미숙한 관계 시스템**(EIRS)이라고 부른다.

정서적으로 미숙한 관계 시스템은 자녀의 감정보다 EI 부모의 감정 상태에 더 주의를 기울이도록 한다. 이 관계 시스템의 영향으로, 아마도 당신의 본능은 자신의 말을 듣는 대신 EI 부모의 정서적인 요구에 더 동조하게 된다. 무슨 수를 써서라도 EI 부모의 기분을 진정시키는 것이 필수적이라고 느낀다. 그들의 욕구와 감정을 자기 자신의 정서적 건강보다 우선시하는 자신을 발견하게 된다. 그들을 진정시키는 것에 대한 건강하지 못한 지나친 염려는 그들의 반응에 집중하며 그들의 기분 상태에 집착하게 만든다. 일단 이런 일이 일어나면, 그들은 자녀를 정서적으로 장악한 것이다. **정서적 장**

악은 자녀가 부모의 감정 상태를 중심에 두고 주의를 기울이게 되었을 때이다.

인생의 초기에는 EI 관계 시스템이 정상적인 것이다. 정서적으로 미숙한 관계 시스템은 아기들과 돌보는 사람들 사이에 필요한 정서적 체계이다. 생존과 성장을 위해서, 아이들의 욕구에 계속해서 주의를 기울여 주고, 놀라거나 화가 났을 때 달래 줄 수 있고, 사랑을 주는 어른이 필요하다. 아기의 울음소리에 일반적인 부모는 아이를 달래기 위해 뭐든 해야 할 것으로 여겨 괴로워한다. 민감한 부모의 경우, 아이의 고통은 즉시 부모의 고통이 되고 아이의 신체적 편안함과 아이의 감정 상태에 대해 걱정하게 될 것이다 (Ainsworth, Bell, & Strayton, 1974; Schore, 2012). 이 중요한 정서적 도움은 영유아기에 매우 중요하다.

보통 아이들의 경우, 지속적인 관심과 위안의 필요성은 성장함에 따라 줄어든다. 그러나 EI 부모는 자라면서 정서적 자기조절력이 충분히 발달하지 못했다. 자신의 감정과 실망감을 조절하지 못하기 때문에 여전히 그들 자신이 어떤 대우를 원하는지 다른 사람들이 알아주기를 원하면서 기분이 나아지게 해 주기를 기대한다. 만약 그들이 우선순위가 되지 않는다면 그들은 무너질 것처럼 상대방을 위협한다. 어린아이들처럼, 안정감을 유지하기 위해 많은 관심과 순응 그리고 긍정적인 피드백이 필요하다. 하지만 아이들과 달리, 그들은 관심을 통해 자라지 않는다. 그들의 초기 정서적 상처와 박탈감은 보살핌을 받더라도 오래된 방어 패턴에 갇히게 하는 심리적 방어를 촉진한다.

그들의 정서적으로 미숙한 관계 시스템이
당신에게 어떻게 영향을 미치는가

당신이 처음 누군가의 EI 관계 시스템에 휘말리게 되면 아마도 알아차리지 못할 것이다. 이 대인관계 시스템에서의 정서적 전염 (Hatfield, Rapson, & Le, 2009)은 즉각적이고 강력해서 그것을 알아차리기 전에 이미 그 영향력 안에 있게 한다. 그래서 그들의 관계 압력을 미리 이해하는 것이 당신의 경계, 정서적 자율성 및 자기가치감을 보호하는 데 매우 중요하다. EI 관계 시스템이 당신을 지배하지 않도록 경계하고 준비해야 한다.

당신은 그들의 감정에 대해 책임감을 느낀다

EI 관계 시스템이 그들의 행복은 곧 당신의 책임이라는 것을 확신시키는 당신에게 걸었던 일종의 주문이라고 생각해 보라. 마치 그들의 불편함을 당신이 막았어야 했던 것처럼, 그들의 분노와 나쁜 기분의 책임이 당신에게 있다고 생각하게 된다.

EI 부모/사람들이 기분이 상할 때, 그들의 괴로움은 당신의 마음을 좀먹게 하여 결국 마음의 가장 중요한 부분을 차지한다. 어떻게 하면 일을 바로잡을 수 있는지에 대해 강박적으로 고민하고 그들이 한 말이나 행동을 머릿속에서 지울 수 없다. 심지어 당신이 다른 일을 하거나 밤에 잠을 자려고 할 때조차도, 당신 머릿속을 맴돌면서, '내가 뭘 잘못했을까?' '어떻게 하면 더 나아질 수 있을까?' '내가 그들을 위해 최선을 다했을까?'와 같은 생각을 끊임없이 불러온다.

당신이 그들의 불행에 점차 녹아들게 되면서, 마치 모든 일을 바로잡는 것이 자신에게 달려 있다고 느끼게 된다. 그들의 EI 관계 시스템은 당신을 그들 경험 안으로, 그들의 고통이 마치 당신의 고통인 것처럼 만드는 지점까지 당신을 끌어들였다. 당신은 자신의 감정과 욕구를 놓치게 된다. 일단 그들의 관계 시스템이 당신을 정서적으로 사로잡고 나면, 이성적으로 더 잘 알고 있더라도 그들의 문제는 자신의 문제처럼 느껴진다.

John의 나이 든 어머니는 아주 좋은 실버타운에서 지내고 있지만, 그녀는 시설 직원들이 쉽게 도울 수 있는 문제인데도 자주 전화를 했다. 그녀는 언제나 아주 다급하게 이야기해서 John은 모든 일을 멈추고 서둘러 가서 도와야 할 것처럼 아주 급하게 느꼈다. 사실, 어머니는 딱히 도움을 줄 사람이 필요한 것이 아니었다. 그저 아들이 부를 때마다 언제든 곁에 온다는 사실을 알고 싶었을 뿐이었다. John은 어머니가 보이는 것만큼 절박하지 않다는 것을 알고 있었지만, 어머니의 화난 목소리에 마음을 놓을 수가 없었다.

Frank의 이혼한 아버지인 Robert는 술을 많이 마신 뒤 한밤중에 Frank를 자주 불렀다. 아버지는 종종 자신의 아파트 문을 잠가 놓고서 Frank에게 전화하여 데리러 달라고 했다. 아버지가 병에 걸리자 Frank에게 '내 곁에는 아무도 없기' 때문에 병원에 함께 있어 달라고 부탁했다. 그 말이 너무나 측은하여 거절할 수 없었으며, 아버지의 문제에 점점 더 몰두하게 되면서 자신의 가족과 일에 어려움을 겪기 시작했다. 아버지의 문제에 너무 동질감을 느꼈기 때문에 아버지가 해결해야 할 여러 가지 문제를 자기 일처럼 매달리게 되었다.

그들의 정서적으로 미숙한 관계 시스템이 당신에게 어떻게 영향을 미치는가

건강하고 성숙한 사람들도 당연히 때때로 도움이 필요하지만, 그것에 대해 다르게 생각한다. 그들은 도움을 요청할 때, 상대방의 상황을 고려하며 상대방이 거절할 수 있는 여지를 남겨 둔다. 모든 일을 당장 그만두고 자신들에게만 주의를 기울이기를 바라지 않으며, 당신이 그들을 도와줬을 때는 고마워한다.

정반대로, EI 부모들은 정서적 압박을 가한 다음, 거절하면 당신이 정말로 그들에게 신경 쓰지 않고 있다는 암시를 한다.

당신은 지쳐 있고 걱정스럽다

다른 사람의 EI 관계 시스템의 영향 아래에 있는 것은 그들을 위해 너무 많은 감정적 허비를 해야 하므로 매우 지치는 일이다. EI 부모/사람과의 관계에서, 당신은 다른 사람들과의 관계보다 훨씬 더 많은 심리적 에너지를 소비할 것이다.

또한, 그들의 다음 문제가 무엇이 될 것인지에 대해 만성적으로 염려하기 때문에 당신은 늘 마음을 졸이며 기다리고 있게 된다. 일단 그들의 관계 시스템이 피부로 느껴지기 시작하면 그들의 다음 기분 변화를 위협적으로 느끼게 되어 계속해서 비상경계 태세를 갖추고 있게 된다. 이렇게 무의식적으로 끊임없이 그들의 기분을 관찰하는 것은 믿을 수 없을 정도로 당신을 지치게 한다.

이와는 달리 성숙한 사람들은 당신이 언제나 그들 곁에 있을 수는 없다는 것을 알며, 당신의 상황을 헤아리고 당신의 한계를 존중한다.

당신은 그들을 거절할 수 없다고 느낀다

EI 부모는 매우 초조하고, 희생양이 된 것처럼 그들의 문제를 자녀에게 떠넘겨 거절할 수 없게 한다. 그것을 깨닫기 전에 당신은 자신의 감정은 중요하지 않으며 목표는 그들을 안정시키는 것이 되어 버린다. 일단 이런 일이 발생하면 자신의 정서적 자율성, 즉 자신이 느끼는 것을 존중하고 따를 자유를 상실한 것이다.

EI 부모는 자녀에게 그들의 정서적 욕구에 가장 잘 맞는 역할을 하도록 강요한다. 예를 들어, 그들이 압도당했다고 느낄 때, 당신은 문제를 해결하기 위해 나서는 자신을 발견하게 된다. 그들이 뭔가 잘못되었다고 느끼면, 당신은 그들을 대신해 복수심을 느낀다. 그들이 자기를 외롭거나 중요하지 않은 존재라고 느낀다면, 당신은 자신이 실제로 느끼는 것보다 더 높은 수준의 사랑과 충성을 표현하는 자신을 발견할지도 모른다. 이것이 EI 관계 시스템의 힘이다.

EI 부모는 자녀가 도움을 주지 못할 때, 상처받거나 버림받은 척만 하지 않는다. 그들의 말을 따르지 않는다면 금방 화를 내거나 격분할 것이다. 먼저 그들은 당신의 동정심에 호소하다가 불쾌감으로 당신을 위협할 것이다. 만약 당신이 즉시 그들의 기분을 풀어 주지 않으면 모욕적인 행동을 하며 무정하다고 비난한다. 그들의 문제를 최우선으로 여기지 않으면 당신은 이기적이고 신뢰할 수 없는 사람으로 낙인찍힌다.

가정에서 EI 부모의 EI 관계 시스템은 정서적 독재 분위기를 조성한다. 자녀가 부모의 고통을 달래지 않으면 부모는 점점 고조되어 자제심을 잃을 수 있으므로 모든 관심은 그 부모의 기분과 욕구에 집중되어 있다. 자녀에게는 어른이 된 부모가 정서적으로 와해

그들의 정서적으로 미숙한 관계 시스템이 당신에게 어떻게 영향을 미치는가

되는 것을 목격하는 것보다 더 무서운 것은 없으므로 이것이 일반적으로 자녀를 제재하게 된다. 이런 일은 누군가의 친구나 애인, 직장 내 상하 관계에서도 일어날 수 있다.

당신은 그들의 문제를 해결하려고 할 때 패배감을 느낀다

그들이 자녀에게 불평은 하더라도, 일반적으로 EI 부모는 문제해결에 대한 어떤 의견도 받아들이지 않는다. 그들에게 이것은 양방향 상호작용이 아니다. 만약 당신이 제안한다면, 그들은 심지어 모욕을 당한 듯이 불쾌하게 행동할 수도 있다. 그들은 당신의 문제해결 과정을 견디지 못하고 가끔은 "알아. 그렇지만……."이라고 말한다. 그것은 당신이 그들의 문제 상황을 잘 이해하지 못하고 있다고 느끼기 때문이다. 사실, 그들은 당신이 그것이 그렇게 간단하게 해결될 수 있다고 생각하는 것에 약간 분개한다. "너는 이 문제가 얼마나 어렵고, 복잡하고, 특별한 것인지 아직도 모르겠니? 그냥 내 편에 서면 안 돼?"

EI 부모는 "이 일을 도와줄 수 있겠니?" 혹은 "이 상황을 해결하기 위해 어떤 조치를 취해야 할까?"와 같이 문제에 대해 정중하게 도움을 요청하는 경우는 거의 없다. 대신, 그들은 마치 그들의 문제를 떠맡고 해결하는 것이 자녀의 일인 것처럼 그들의 위급한 불안을 자녀에게 전염시킨다. 하지만 만약 당신이 그 첫 번째 문제를 해결한다고 해서 그것이 끝은 아니다. 그저 시작일 뿐이다.

당신의 도움은 그들을 오랫동안 만족시키지 못할 것이다. 그들의 주된 목표는 자녀의 주의와 관심을 가능한 한 길게 끄는 것이기 때문에, 하나의 도움으로는 절대 끝이 날 수 없다. 그들은 도움이 아니라 당신을 원한다. 그들의 지속적이고 해결할 수 없는 문제들은 그 목적을 위한 완벽한 수단이다. 일단 그들의 문제를 해결하기 시작하면 그들의 문제는 히드라의 머리들보다 더 빠르게 확산될 것이다. 문제는 당신을 그들의 EI 관계 시스템에 가둬 두는 화폐와 같다.

당신은 그들의 기대를 저버렸다는 비난을 받는 것처럼 느낀다

EI 부모는 무의식적으로 자신의 불만족스러운 초기 부모-자녀 관계를 자녀와의 관계에 투사할 가능성이 크다. 이것이 종종 당신이 그들을 충분히 사랑하지 않거나 돌보지 않는 것처럼 행동하는 이유일 수 있다. 어린 시절의 트라우마를 만든 그들 부모의 배반과 같은 행동을 자녀가 다시 재현했을 때, 그들에게는 그것이 모두 자녀인 당신의 탓인 것처럼 느껴질 것이다. 당신이 어떤 사람인지와 과거의 오래된 가족 이야기 사이에는 관련성이 거의 없는데도 당신은 마치 악당처럼 느껴질 수 있다.

> **제인의 이야기**
>
> Jill의 어머니 Claire는 상처가 나지 않은 정도의 가벼운 교통사고를 당한 지 일주일 만에 Jill이 오래전부터 계획한 여행을 떠나자 정신이 혼미해졌다. 그녀는 Jill이 여행을 취소하기를 내심 바랐지만, 그러지 않자 상처를 입었다. Claire는 어릴 적 엄마가 할머니와 함께 살도록 그녀를 떠나보냈을 때처럼 상실감을 느끼며 딸에게 "네가 날 사랑하는 줄 알았어."라고 소리쳤다. 어린 시절의 유기 트라우마를 성인인 딸과의 관계에 무의식적으로 투사하면서 어머니는 불우한 어린 시절 자신을 버린 엄마인 것처럼 딸을 대했다.

그들의 정서적으로 미숙한 관계 시스템이 당신에게 어떻게 영향을 미치는가

당신은 그들에게 지나치게 강렬한 정서적 반응을 보인다

EI 부모는 특별한 정서적 강도로 자신들에게 반응하도록 이끌 수 있다. 그것은 자녀에게 같은 감정을 불러일으키는 방식으로 행동함으로써 그들의 불쾌한 감정 상태를 완화하기 때문이다. 그들은 그런 감정이 없는 척하지만, 사실은 그런 감정을 자녀에게 투사해서 포함되고 처리되어 자녀가 그 감정이 있는 것처럼 보이게 한다. 예를 들어, 수동-공격적인 EI 사람은 자신이 얼마나 화를 내는지 알지 못하면서 당신을 화나게 할 수 있다. 다른 사람들이 그것을 느끼게 함으로써 불쾌한 감정을 제거하는 이 무의식적인 방법을 투사적 동일시(Ogden, 1982)*라고 한다.

어린 시절부터 당신은 그들의 어렵고 외면당한 감정을 안고 있게 된다. 이것은 매우 빠르게 일어나며 의식 수준 아래에서 일어나기 때문에 자신도 모르게 이러한 감정의 한가운데에 있는 자신을 발견하게 된다. 이것은 그들이 다른 사람에게 무의식적이고 외면당한 감정을 불러일으키는 방식으로 대처하는 특이한 심리적 현상이다.

따라서 만약 당신이 다른 누군가의 EI 관계 시스템에 얽히면, 항상 자신에게 '이 감정은 대체 누구의 감정이지?' 하고 질문해 보는 것이 필요하다. 만약 자신의 반응이 너무 지나치게 강렬하거나, 이상

---

* 역자 주: 투사적 동일시(projective identification)란 Melanie Klein에 의해 설명된 개념으로 자신이 감당할 수 없는 생각이나 행동의 어떤 측면을 상대방에게 투사해서 그에 맞는 반응을 상대방이 하도록 유도하는 것을 말한다. 예를 들면, 열등감이 심한 사람이 자신의 열등감을 상대방에게 투사하여 상대방이 열등감이 많은 것 같다고 생각하고, 이러한 투사를 받은 상대방이 자신이 열등감이 많은 사람이라고 생각하고 행동하게 되는 것을 말한다.

하도록 멍하거나, 자신답지 않다면, EI 사람들은 그들의 감정을 대신 처리하게 하려고 당신에게 유도한 감정일 수 있다. EI 사람들과 있을 때, 자신에게 '이것들이 그들에게서 온 것일까? 아니면 나로부터 만들어진 것일까?' 하고 물어봄으로써 자신의 반응에 대한 관점을 가지도록 한다. 한 발짝 물러서서 이 질문을 하는 것이 중요하다. 만약 전이가 일어났다는 것을 알게 되면, 자신이 그 감정에 대해 잘못된 책임을 지는 것으로부터 자유로워질 것이기 때문이다.

정서적으로 미숙한 부모는 어쩌다 이렇게 되었을까

EI 부모는 학대와 정서적 박탈의 이력을 포함하여 힘든 어린 시절을 보냈을지도 모른다. 이전 세대에는 아동의 권리를 보호하는 문화적 규범이 부족했고, 부모교육, 심리치료, 학교 상담 등의 경험도 부족했다. 당시에는 체벌, 정서적 학대, 수치심 주기는 흔한 징계 수단이었다. 그들이 방임되거나 트라우마가 있는 어린 시절을 겪었다면, 치유되지 않은 상처를 항상 확인하는 사람처럼 즉각적인 욕구에 지나치게 몰두함으로써 그러한 징후를 보일 것이다. 다음은 당신이 부모의 양육에 대해 고려해야 할 몇 가지 질문이다.

그들은 충분히 깊은 유대감 없이 성장하였는가?   EI 부모들은 정서적으로 풍부한 영양을 공급받은 사람들이 가지고 있는 안정적 깊이가 부족하다. 그들에게는 어린 시절 세심한 양육자와의 유대감을 통해 길러지는 안정감과 깊은 자기수용이 보이지 않는다. 아마도 자녀들에게 절대적인 충성심과 희생을 고집하게 만드는 것은 그들 자신의 어린 시절 유대감이 부족했기 때문일 것이다. 그들은 마치 자신들이 별로 중요하지 않다는 것에 너무 두려워하는 것처럼 행동한다.

어린 시절에 안정적인 애착이 형성되지 않으면 방어적인 감정을 느끼며 자랄 수 있고, 깊은 감정을 경계하며 자녀들과 따뜻한 유대감을 형성할 수 없다. 이것은 그들이 피상적인 수준에서 관계를 맺도록 제한한다. 사랑받지 못하고 안정감을 얻지 못한 것을 나중에 다른 사람들을 통제함으로써 어떻게든 채우려 할 수 있다.

그들은 미해결된 가족 트라우마를 내면화하였는가?　내담자 중 많은 경우, 상실, 유기, 박탈, 학대, 중독, 재정적 재난, 건강 위기 또는 회피성 이사와 같은 다세대 외상의 가족력을 보고했다. 불행히도 가족 트라우마는 부모와 자녀 사이에 전달되고 재연되는 경향이 있어(Van der Kolk, 2014) 가족 중 누군가가 마침내 멈추고 고통스러운 감정을 의식적으로 처리할 때까지 여러 세대에 걸친 정서적 고통과 미숙함을 만든다(Wolynn, 2016).

그들이 자아의식을 발달시키도록 허용되었는가?　과거 세대에는 아이들이 아무 말도 하지 말고 얌전히 있어야 했다. 그러한 사회적 분위기에서 EI 부모는 자아의식을 느낄 만큼 충분한 정서적 인식을 발달시키는 데 도움을 받지 못했을 가능성이 있다.

자아의식은 우리가 누구인지에 대한 정서적 토대이기 때문에 중요하다(Jung, 1959; Kohut, 1971; Schwartz, 1995). 이러한 자아의식이 없다면 우리는 온전하거나 가치 있거나 진정한 자신감을 느끼지 못하며 외부의 누군가가 내린 정의에 따라 자신의 정체성이 흔들릴 수 있다. 많은 EI 부모는 외부 참조가 유일한 안정감의 원천이 될 정도로 내부 경험을 무시하거나 억압했다. 진정한 자기가치감과 정체성이 없는 사람은 외부 세계와 다른 사람들로부터 그것을 빼앗아 와야 한다.

우리 자신을 관찰하고 우리의 행동이 다른 사람에게 어떤 영향을 미치는지 관찰할 수 있는 자아 인식과 자기성찰을 위해서도 자아의식을 기르는 것이 필요하다. 어릴 때 길러진 자아의식이 없으면 자기성찰을 할 수 없고, 따라서 심리적으로 성장하고 변화할 방법이 없다. 대신, 그들은 다른 사람을 비난하고 다른 사람이 먼저 변하기를 기대하는 것으로 한정된다.

꼭 기억해야 할 사항

이제 당신은 EI 부모와 어떤 일을 겪었는지 알 수 있다. 당신은 그들의 EI 관계 시스템과 그것이 어떻게 자신으로 하여금 그들의 자존감과 정서적 안정에 대한 책임을 느끼게 하는지에 대해 배웠다. 다른 사람들이 그들의 문제에만 집중하도록 상호작용을 어떻게 독점하는지와 당신이 어떻게 생각하고 느껴야만 하는지 말해주는 것을 보았다. 우리는 EI 부모의 어린 시절이 그들의 성격과 행동에 어떻게 영향을 미쳤는지, 그리고 당신의 부모가 어떻게 미해결된 가족 트라우마를 짊어지게 되었는지 살펴보았다. 이제 당신은 이 가족의 역동에 의문을 제기할 수 있고, 누군가의 정서적인 강압에도 불구하고 자기 자신을 돌보고 발전시킬 수 있는 매우 좋은 위치에 있다.

정서적으로 미숙한 부모 이해하기

-그들의 성격특성과 정서적 장악-

EI 부모/사람은 타인들을 무시당했다고 느끼게 만드는 '내가 우선'인 방식으로 삶과 대인관계에 접근한다. 하지만 일단 그들의 성격특성을 이해하고 나면, 그들의 거부를 그렇게 개인적으로 받아들이지 않을 것이고, 그들의 정서적 욕구에 그렇게 압박감을 느끼지 않을 것이다. 더 나아가기 전에 부모의 정서적 미숙의 특성을 살펴보자.

당신의 일지에 다음 진술 중 어느 것이 부모님 중 한 분 또는 모두를 설명하는지 적어 보라(Gibson, 2015).

1. 부모님은 비교적 사소한 일에도 과민 반응하는 경우가 많았다.
2. 부모님은 내 감정에 대한 인식이나 공감을 많이 표현하지 않았다.

3. 감정과 정서적 친밀감이 깊어지게 되면, 부모님은 불편해 보이고 한 발짝 물러나려 한다.

4. 부모님은 다른 관점이나 개인차를 이해할 수 없다고 짜증을 내는 경우가 많았다.

5. 내가 자랄 때, 부모님은 나를 친구처럼 여겼지만, 나의 친구는 되어 주지 않았다.

6. 부모님은 가끔 다른 사람의 감정을 전혀 생각하지 않은 채로 말하거나 행동했다.

7. 나는 내 몸이 아팠을 때 말고는 부모님으로부터 큰 관심이나 공감을 받아 본 적이 없다.

8. 부모님은 앞뒤가 맞지 않았다. 때로는 현명했고 때로는 비이성적이었다.

9. 대화는 주로 부모님의 관심사에 초점이 맞춰져 있었다.

10. 내가 화를 내면, 부모님은 피상적이고 도움 되지 않는 말을 하거나 화를 내고 비꼬았다.

11. 부모님의 말씀에 동의하지 않고, 다른 의견을 정중하게 이야기하더라도 부모님은 매우 방어적으로 변한다.

12. 부모님에게 내가 잘한 점을 이야기하는 것은 중요하지 않아 보였기 때문에 주눅 들었다.

13. 부모님을 위해 뭔가를 충분히 하지 않았거나, 충분히 돌보지 않았다는 죄책감을 자주 느꼈다.

14. 부모님의 의견에 대해 실제 사실과 논리로 맞서는 것은 의미가 없다.

15. 부모님은 자신들을 되돌아보지 않았으며, 문제가 생겼을 때 그들이 어떻게 했는지에 대해 거의 생각하지 않았다.

16. 부모님은 흑백논리로 생각하며, 새로운 생각을 잘 받아들이지 않는 경향이 있었다.

이런 모든 행동은 EI 성격의 전형적인 모습이기 때문에, 이러한 특성 중 몇 개만 가지고 있어도 정서적 미숙의 존재를 강하게 암시하고 있다고 볼 수 있다.

정서적으로 미숙한 부모의 유형들

정서적 미숙은 매우 약한 단계에서부터 심각한 병리적인 단계에 이르기까지 넓은 스펙트럼을 가지고 있다. 정서적으로 미숙하다는 것은 정신적으로 아픈 것과 다르지만, 많은 경우 정신적으로 아픈 동시에 정서적으로도 미숙하다. 정서적 미숙은 임상적 진단보다 광범위한 개념으로 더 많이 쓰이고 덜 병리적이다. 이것은 특히 자기애성, 연극성, 경계성, 반사회성, 편집성 성격장애와 같은 많은 심리적 문제의 근간이 될 수 있다. 모든 EI 사람이 공통으로 가지고 있는 것은 자신에 대한 집착, 낮은 공감, 가장 중요한 사람이 되고자 하는 욕구, 개인차의 존중 부족, 정서적 친밀감의 어려움이다.

EI 부모는 **외향적** 또는 내향적일 수 있다. 외향적인 EI 부모는 관심과 상호작용을 요구하기 때문에 그들의 자기중심성을 더 쉽게 발견할 수 있다. 내향적인 EI 부모는 눈길을 덜 끄는 것처럼 보일지 모르지만, 속으로는 더 시끄러운 부모들만큼이나 자기몰입적이다. 그들은 또한 자녀의 경험에 대한 제한된 공감이나 관심을 보여 주고, 비록 조용한 방법일지라도 자신들에게만 초점을 맞추는 일방적인 관계를 만들어 간다.

이제 EI 부모들의 네 가지 기본 유형을 살펴보자(Gibson, 2015).

1. 감정적인(emotional) 부모는 감정에 지배를 받으며, 그들을 놀라게 하거나 화나게 하는 것에 의해 과도하게 반응하고 압도될 수 있다. 그들의 기분은 매우 불안정하고 무섭게 변덕스러울 수 있다. 작은 일이 세상의 종말과도 같을 수 있고, 자신의 소망이 충족되는지에 따라 다른 사람들을 구원자 또는 버리는 자로 보는 경향이 있다.

2. 주도적인(driven) 부모는 엄청나게 성취 지향적이며 늘 바쁘다. 그들은 끊임없이 앞으로 나아가고, 향상에 초점을 맞추고, 다른 사람들을 포함한 모든 것을 완벽하게 하려고 노력한다. 그들은 가족들을 마치 마감기한이 있는 프로젝트처럼 운영하지만, 자녀의 정서적 욕구에는 신경 쓰지 않는다.

3. 수동적인(passive) 부모는 비교적 친절하지만, 배우자가 나쁜 사람이 되도록 내버려 둔다. 자녀들을 잘 돌보는 것처럼 보이지만 깊은 공감이 부족하며 자녀를 보호하기 위해 개입하지 않는다. 그들은 더 애정이 있는 것 같이 보이지만, 더 지배적인 부모의 학대와 방임을 못 본 체하고 묵인할 것이다.

4. 거부적인(rejecting) 부모는 인간관계에 관심이 없다. 그들은 상호작용을 피하고 가족이 자녀가 아닌 자신의 욕구에 집중하기를 기대한다. 그들은 다른 사람들의 욕구를 용납하지 않고 혼자 알아서 하도록 두고 떠나 버린다. 거의 참여하지 않으면서 일이 뜻대로 되지 않으면 화를 내거나 심지어 폭력적으로 학대할 수도 있다.

다음은 정서적 미숙함을 드러내는 성격특성을 파악하는 방법에 대해 알아보겠다.

그들이 정서적으로 미숙함을
어떻게 드러낼까

1장에서 보았던 관계적 문제 이외에도, EI 부모들은 특정한 심리적 특징을 가지고 있다. 이제 EI 부모들과 일반적인 EI 사람들의 정서적 미숙의 전형적인 지표인 성격특성과 행동을 알아볼 것이다.

정서적으로 미숙한 부모들이 삶에 접근하는 방식

EI 부모는 삶에 대해 매우 자기중심적인 성향을 가지고 있고 '내가 우선'인 방식으로 다른 사람들을 대한다.

그들은 근본적으로 두려움과 불안정을 가지고 있다

앞 장에서 보았듯이, 많은 EI 부모는 아마도 어린 시절에 정서적 박탈, 학대 또는 외상으로 인한 고통을 겪었을 것이다. 가장 심층적 수준에서 그들은 진정으로 사랑받지 못하는 것처럼 행동하며, 버려짐에 대한 불안, 무능하고 수치스러운 사람이 되는 것에 대한 두려움을 극대화한다. 버려지는 것에 대한 불안과 수치스러울 정도로 사회적 부적격자가 되는 것에 대한 두려움이 그들의 불편함을 부채질한다. 사랑받을 수 없는 존재가 되는 것에 대한 깊은 두려움으로, 그들은 더 안전하다고 느끼기 위해 다른 사람을 통제해야 한다.

그들은 지배하고 통제해야 한다

감정적이고 주도적이고 거부적인 EI 부모는 다른 사람들을 통제하려 하고, 반면 수동적인 EI 부모는 지배적인 부모가 하는 모든 일에 동조한다. 모든 유형은 안정감을 얻는 데 필요한 모든 조치를 취한다.

EI 부모는 자녀의 감정을 이용하여 가장 효과적으로 지배한다. 두려움, 수치심, 죄책감, 자기회의를 유발하는 방식으로 자녀를 대함으로써 자녀의 행동에 영향을 미친다. 일단 EI 부모가 이런 부정적인 감정 상태를 끌어냈을 때, 문제는 그들이 아니라 자녀이다. 그들은 일단 자녀가 '나쁜' 사람이 되면 일시적으로 편안함을 느끼지만, 오랫동안 안정감을 느끼게 할 수는 없다. 그러한 행동을 정당화하기 위해 EI 부모는 다른 사람들을 판단력과 능력이 부족한 사람으로 취급한다. 이것은 그들이 자녀에게 무엇을 해야 하고, 어떻게 되어야 하는지를 말할 수 있는 권한을 부여한다. 이러한 과도한 통제는 자녀의 효능감과 자신감을 파괴할 수 있다. 그들은 또한 만약 부모의 조언을 따르지 않는다면 끔찍한 일이 일어날 것을 예견함으로써 자녀들의 행동을 제지한다.

그들의 초점은 통제하는 것에 있기 때문에, 더 성숙한 사람들이 가지고 있는 진정한 따뜻함이 부족하다. 그들은 따뜻한 것처럼 행동할지 모르지만, 위선적으로 느껴진다. 진정한 따뜻함과 열린 마음 대신, EI 사람들은 매력과 카리스마로 한정된다. 그들은 관계적 연결이 아니라 관계적 지배에 초점을 둔다.

그들은 자신과 타인을 '역할'로 규정한다

역할은 EI 부모의 안전과 자기 정체성의 핵심이다. 그들은 다른 사람들이 명확한 역할 안에서만 머물기를 원한다. 사람들을 지배와 피지배의 역할로 분류하는데, 평등한 인간관계는 누가 힘이 있는지 판단하기 어렵게 만들기 때문이다.

EI 부모는 종종 자신의 부모 역할을 이용하여 자녀의 사적인 경계를 마음대로 드나든다. 이런 식으로, 그들이 원하는 편안한 위치에 자녀를 두려고 한다. 그들은 가족 역할을 위협할 수 있는 어떤 개별성도 허용하지 않을 가능성이 크다.

그들은 자기중심적이며 자기성찰이 없다

EI 부모는 자신의 욕망을 최우선으로 한다. 자신에게 원하는 대로 할 수 있는 자격이 있다고 생각하며 스스로를 객관적으로 보지 않는다. 자신의 내면세계를 살펴보지 않았기 때문에 자신의 동기나 반응에 대해 거의 의문을 제기하지 않는다. 예를 들어, 그들이 자신의 어려움을 일으키고 있는지에 관심이 없다.

개인적 성장은 그들과는 관련되지 않은 개념이며, 그들은 보통 그것을 비웃곤 한다. 자기성찰이 부족한 그들은 자신이 원하는 것을 더 많이 얻을 방법 외에는 자신에 대해 배우거나 관계를 개선하는 데 관심이 없다. 일반적으로 성장은 예측할 수 없는 변화이며 불안정을 의미하기에 그들에게 위협으로 다가온다.

자기성찰적이지 않기 때문에, EI 부모는 거르지 않고 생각 없이 말을 던진다. 그들은 부적절한 발언으로 사람들을 놀라게 할 수 있다. 그들은 자신의 둔감함에 직면하게 되면, 모든 생각을 큰 소리로 말하는 것이 정상적인 행동인 것처럼 "나는 내가 생각한 것을 말했을 뿐이야."라고 할 것이다.

그들이 정서적으로 미숙함을 어떻게 드러낼까

그들은 다른 사람들을 비난하고 자신을 변명한다

많은 EI 부모는 세상이 자신들을 적대시하는 것으로 보고 불신한다. 그들은 종종 다른 사람들이 정당한 이유 없이 그들을 불행하게 만들고 있다고 본다. 그들의 불신은 일이 잘못될 때 타인을 비난하게 만들고, 그들의 관계를 매우 불안정하고 대립하는 관계로 만든다. 그들의 취약한 자존감이 비판을 받아들일 수 없으므로 책임을 회피한다. 그들의 자존감은 일이 뜻대로 되었는지 아닌지에 따라 결정되는데, 일이 잘 풀리면 부풀려지고 그렇지 않으면 절망한다.

그들은 충동적이고 스트레스를 견디지 못한다

EI 부모는 스트레스를 잘 다루지 못한다. 기다리는 것을 힘들어하고 종종 자녀와 다른 사람들을 조급하게 재촉한다. 스트레스에 대한 내성이 낮은 그들은 살아가면서 어떤 작은 난관에 부딪힐 때 모든 것이 상실되었다고 느끼게 한다. 그들은 문제를 최대한 빨리 해결하는 것 외에는 자신을 진정시키는 방법을 모른다. 그들의 기분을 나아지게 하는 다음 행동에만 매달린다. 그 방법이 때로는 효과가 있고, 때로는 효과가 없다. 종종 그들이 떠올린 해결책은 상황을 더 악화시킨다. 그들은 자신들에게 역효과를 주는 충동적인 행동을 하는 것으로 알려져 있다. 스트레스를 피하려는 그들의 시도는 일반적으로 훨씬 더 많은 스트레스를 일으키고 있다.

그들이 현실을 다루는 방식

EI 부모는 현실에 적응하는 대신 현실을 재구성하려고 노력한다. 현실은 비록 잔혹하고 시끄럽고 냄새를 풍기는 수많은 자극으로 뒤섞여 있지만, EI 사람은 현실을 합리적이고 간결하게 이해하고 통제할 수 있도록 지나치게 단순화하여 대처한다.

그들은 현실에 저항하는 대처 기제를 사용한다

George Vaillant(1977)는 건강, 성공적인 기능 및 행복과 관련된 요인을 확인하기 위해 수십 년 동안 남성의 삶을 추적한 연구 프로젝트인 하버드의 성인발달 연구에 30년 동안 참여한 것으로 유명해진 연구자이다. 그는 한 사람이 얼마나 성공적으로 그리고 적응적으로 삶을 다루는지를 평가하기 위한 평가척도를 개발했는데, 이는 일종의 정서적 성숙지수이다. Vaillant는 우리가 자신의 감정과 동기를 인식하고 현실을 객관적으로 평가할 수 있을 때 삶에 가장 잘 적응한다고 결론지었다.

적응력이 좋고 정서적으로 성숙한 사람들은 균형 잡힌 삶을 살고 정서적으로 만족스러운 관계를 맺는다. 그들은 자신과 타인들의 내면적 경험들과 편안하게 관계를 맺을 수 있다. 그들은 자신의 방식으로 현실을 받아들이고 그것에 적응하고 대부분 싸우지 않는다. 대처 기제는 유연하며, 모든 것을 엄격하게 통제하는 대신, 모든 요인을 고려한 가장 적응력이 높고 스트레스를 덜 받는 해결책을 찾는다. 힘든 시기를 헤쳐 나가기 위해, 그들은 유머, 창의성, 도움이 되지 않는 생각을 의도적으로 억제하고 이타주의를 사용할 수 있다.

이에 반해 가장 미숙한 EI 사람들은 자신이 좋아하지 않는 사실을 부정하거나, 묵살하거나, 왜곡하여 현실을 바꾸려 한다. 부적응적 대처 기제의 가장 낮은 수준에서, 모두가 인정하는 현실과의 접촉을 잃고 정신증 환자가 될 수 있다.

그들이 정서적으로 미숙함을 어떻게 드러낼까

일부 EI 사람들은 객관적인 현실을 직시할 수는 있지만, 감정을 다루지는 못한다. 그들은 불쾌한 감정을 피하거나 거리를 두기 위해 합리화, 주지화, 최소화 등의 방어 기제를 사용한다. 그들은 또한 실제로는 현실에 대한 인식이 손상되지 않았음에도 불구하고 고통스러운 감정을 숨기기 위해 약물 남용이나 기타 형태의 행동에 탐닉할 수 있다.

그들의 감정에 의해 현실이 결정된다

EI 부모/사람은 그들의 삶에 대해 사려 깊게 접근하기보다는 감정적으로 접근하기 때문에(Bowen, 1985) 그들의 현실을 어떻게 느끼는지에 따라 정의한다. 현실을 현재 느끼는 것과 동일한 것으로 인식하는 것을 정서적 사실주의(Barrett, 2017; Clore & Huntsinger, 2007)라고 한다. 우리는 기분이 좋을 때 상황이 좋아 보이지만, EI 사람들은 이것을 너무 과도하게 받아들여 그들이 느끼는 대로 사물을 바라본다.

예를 들어, Darcy의 어머니는 그런 생각이 들었다는 이유만으로 사실이 아닌 것들에 대해 말하곤 했다. Darcy는 이것이 왜 어머니를 화나게 하는지 알 수 없었지만, 그것이 어머니의 병리적 자기중심성을 나타내는 것이라는 걸 알아차렸다. 모든 것과 모든 사람은 어머니가 생각했던 대로 되어야 한다는 것이었다.

그들은 다른 사람들이 느끼는 것을 부정하고 묵살한다

EI 부모는 자신의 감정에 대해서는 아주 민감하지만, 다른 사람의 감정에는 무관심한 경우가 많다. 공감 능력이 낮아서 다른 사람들에게 둔감하거나 상처를 주는 방식으로 자주 반응한다. 이러한 타인과의 정서적 공명 부족은 그들의 정서 지능(Goleman, 1995)을 떨어뜨려 사람들과의 관계를 더욱 어렵게 만들 수 있다.

그들의 강렬한 감정은 현실을 지나치게 단순화시킨다

EI 부모/사람은 어린아이의 조절되지 않은 감정처럼 강렬하고 이분법적인 감정을 가지고 있다. 그들은 사람과 상황을 모두 좋거나 모두 나쁜 범주로 지나치게 단순화한다. 이들의 흑백사고는 상충되는 감정을 동시에 경험하는 것을 방해하기 때문에 감정의 균형이나 조절이 거의 없다. 다각적인 현실에 대한 더 풍부하고 진실한 인식을 위해서는 혼합되고 미묘한 감정이 필수적이기 때문에 이것은 심각한 문제이다. 정서적인 성숙함은 슬프지만 고마움을 느끼거나, 화가 나지만 조심스러운 감정과 같이 동시에 혼합되는 감정을 경험할 수 있게 해 준다. 우리는 우리 자신의 복합적인 감정을 통해서만 타인의 미묘한 감정을 알아챌 수 있으며, 현실의 완전한 의미를 파악할 수 있다.

그들은 현실의 시간 순서를 무시한다

인생의 사건들이 시간의 흐름에 어떻게 연결되어 있는지를 이해하는 것은 원인과 결과가 어떻게 작용하는지를 이해하는 데 매우 중요하다. 그러나 EI 사람들은 즉각적인 감정적 순간에 살기 때문에 시간에 따른 인과관계를 잘 인식하지 못할 수 있다. 현실을 시간의 흐름으로 보는 대신 사건들을 서로 관련이 없는 분리된 일시적인 순간으로 경험한다. 이것은 그들이 미래를 예견하거나 실수로부터 배우는 것을 어렵게 만든다. 시간의 순차적 현실을 무시하는 것은, 과거의 진술이나 행동이 논리적으로 일치할 필요성을 느끼지 못하기 때문에 가장 어리석은 말을 하고 행동하게 한다. 예를 들어, 그들의 최근 행동이 어떻게 그들을 환영받지 못하게 만들었는지에 대해 전혀 의식하지 못할 수도 있다. 그들은 다시 상호작용할 준비가 되었을 때, 왜 일이 정상으로 돌아가지 않는지를 알지 못한다.

자신의 실수를 다시 한번 살펴보는 대신 그들은 '그땐 그때이고, 지금은 지금이지!'라고 생각한다. 그들은 "그냥 넘어가자!"와 "이제는 마음에 담아 두지 말고 잊어버려라." 등으로 제대로 처리하지 않는 그들만의 논리를 말한다. 그들은 그들 인생의 전반적인 궤적을 보기 위한 점선들을 이어서 보지 않는다. 따라서 그들은 과거의 실수를 반복할 때도 알아차리지 못하며, 다른 미래를 향해 나아갈 수도 없다.

미래는 그들에게 실제 고려사항이 아니므로 자유롭게 남을 속이거나 관계를 끊거나 적으로 만들 수 있다. 즉각적인 만족을 추구하다 보니 그들의 미래는 그때 가서 생각하는 것으로 방치되며, 종종 예상할 수 있는 부정적인 결과를 초래하기도 한다.

시간 순서에 대한 인식 부족은 거짓말을 합리적인 해결책처럼 보이게 한다. 그들은 과거의 행동이나 거짓말이 자신을 따라 다니고 있다는 것을 결코 깨닫지 못하는 것 같다. 그들은 자신을 궁지에서 벗어나게 하는 무언가를 꾸며 내지만, 과거의 거짓말로 인해 다른 사람들이 의심할 것이라는 사실을 깨닫지 못한다.

EI 사람들에게 그들의 과거 행동에 책임을 지도록 하는 것은 화가 나는 일일 수 있다. 그들의 기억이 현재와 의미 있게 연결되어 있지 않기 때문에, 그들은 과거의 일들이 왜 지금 관심사가 되어야 하는지 이해하지 못한다. 그건 이미 끝난 일인데 왜 너는 나처럼 넘어가지를 못하니? 그들은 특히 다른 사람들의 감정이 개입되어 있을 때 원인과 결과의 지속성을 이해하지 못한다.

그들이 생각하는 방식

George Vaillant(1977)는 앞에서 언급한 연구에서 대처의 성숙도는 개인의 교육 수준이나 사회적 지위에 의해 결정되는 것이 아니라고 언급했다. 정서적 성숙은 지적능력이나 일반적인 성공보다 훨씬 더 심층적이다. EI 부모/사람은 특히 인간관계와 감정의 영역에서 특징적인 사고방식을 보이는 경향이 있다.

그들의 지능은 감정의 영역으로까지 확장되지 않는다

정서적으로 미숙하다고 해서 그 사람의 타고난 지능에 반드시 영향을 미치는 것은 아니다. 그들을 불안하게 할 감정적 요소가 없는 한 충분히 지적일 수 있다. 일부 사람들은 매우 지적이고 이론적인 개념에 능숙할 수 있으며 추상적인 아이디어나 사업 모델을 잘 다룰 수 있다. 예산이나 회계 분석, 퇴직계획 등 주제가 완전히 인지적이거나 자료에 기반을 두고 있을 때, 그들은 과거와 미래를 잘 다룰 수 있다. 하지만 그것들이 관계나 유혹, 민감성이나 재치와 같은 감정적으로 자극적인 상황이 왔을 때, 그 원인과 결과에 주의를 기울이지 않는다.

삶에 대한 그들의 생각은 단순하고, 경직되고, 융통성이 없다

EI 사람들의 미숙한 성격 구조는 지나치게 단순화된 흑백사고와 모든 선 또는 악에 대한 엄격한 도덕적 범주화를 초래한다

(Kernberg, 1985). 미묘한 복잡성이나 모호한 상황 등 중요한 요소를 무시하는 단순한 판단으로 결론지어질 수 있다. EI 부모의 사고는 그들이 선호하는 소수의 개념과 진부한 은유를 기반으로 융통성이 없는 경향이 있다. 변화하는 현실의 불확실성을 싫어하기 때문에 그들에게 익숙한 것을 비이성적으로 방어할 수 있다. 복잡성을 싫어하면서, 그들의 선입견과 일치하는 빠른 결론에 성급히 도달하기 위해 다양한 요인을 무시할 것이다.

때때로 사람들은 그들의 지나친 단순화를 지혜로 오해하기도 한다. 그들은 쉽게 이해가 되는 것처럼 귀에 쏙쏙 들어오고 소신 있게 들리는 진술을 잘하는 것으로 알려져 있다. 그들의 자기몰입 덕분에 이러한 선언들을 권위 있게 잘 전달한다. 그러나 그들의 말을 자세히 살펴보면, 당신에게 새로운 것이 아닌 진부한 것들이라는 것을 알게 될 것이다. 이것은 생각할수록 더 깊어지는 성숙한 사람들의 지혜와는 다르다.

EI 사람들의 정신적 경직성은 규칙과 권위주의적 가치에 집착하게 만든다. 그들은 통제하고 있다는 느낌을 너무 좋아하여 규칙을 위해 임의로 규칙을 만들 것이다. 그들은 상황이 너무 복잡하여 엄격한 규칙이 상식에 어긋나더라도 고집스럽게 규칙을 고수한다.

그러나 그들의 자기중심주의는 또한 자신들의 이익을 위해서는 동일한 규칙을 언제든지 깰 수 있다는 것을 뜻한다. 이것이 바로 일부 EI 사람들이 규칙을 지켜야 하는 문화 안에서 터무니없는 도덕적 비행을 저지를 수 있는 이유이다. 만약 특정 행동에 대한 특정 규칙이 없다면, 그들은 그렇게 할 것이다. EI 사람들이 너무 잘못된 행동으로 유명해서 아무도 그것에 대해 명확한 규칙을 만들 생각을 하지 못했다.

그들은 상황이 더 복잡해지거나 스트레스를 받을수록 점점 더 편협하고 완고해진다. 그들의 편협한 마음은 개인차나 예상치 못한 결과를 고려하지 못하게 한다. 그들은 완고함을 자랑스러워하며 판단의 경직성을 '도덕적 엄격함' 또는 '주관이 뚜렷하다'라고 한다.

Frieda의 EI 아버지는 그녀가 다른 인종의 남자와 약혼을 했을 때, 아주 크게 분노했다. 그는 자녀가 자신의 규칙 중 하나를 어겼기 때문에 자녀의 생각이나 입장을 들어볼 생각이 전혀 없었다. 아버지는 그녀에게 마음을 바꾸도록 위협할 수 없게 되자 그녀와 의절했다. 혼자가 된 그녀를 아무도 가족으로 환영해 주지 않아서 그녀는 마치 유령이 된 것처럼 느꼈다.

061

그들은 집착하게 된다

Frieda의 아버지처럼 EI 부모/사람은 상처를 받거나 당황하거나 권위가 무시당할 때 강박적인 분노에 휩싸인다. 그들은 세상이 좋은 사람과 나쁜 사람으로 구성되어 있다고 보고 자신에게 해를 끼쳤다고 생각하는 사람에게 집착한다. 그들은 사물을 다른 방식으로 보려는 정신적 유연성이나 정서적 의지가 부족하다.

그들은 감정을 차단하기 위해 피상적인 논리를 사용한다

공감해 주는 대신, EI 사람들은 다른 사람들의 문제를 최소화하기 위해 부적절하게 논리를 적용한다. 그들은 자신의 문제에 대해 매우 예민하게 반응하지만, 타인의 문제는 지나치게 단순화하고 더 깊은 정서적 요인을 무시한다. 그들은 전형적으로 당신의 특별한 어려움을 고려하기보다는 진부한 이야기로 대신한다. 그들의 마음속에서 당신의 문제는 그들의 단순하고 지나치게 이성적인 충고를 따라야 한다. 공감이 필요할 때 단순한 논리는 감정적으로 부적절한 반응임에도 말이다.

EI 부모들은 아이들이 위로를 받으러 올 때, 부적절한 논리를 사용하여 설명하는 경우가 많다. 상처를 준 사람에게 말했어야 할 현명한 말들을 아이들에게 조언해 주곤 한다("그랬다면, 너는 그 사람한테 이렇게 말했어야지!"). 그들은 아이에게 속상해하지 말고 고통을 극복하고 걱정하지 말라고만 한다. 당연히 그것은 불가능하다. 아이에게 정말로 필요한 것은 아이가 문제를 다룰 때까지 자신의 고통을 처리할 수 있도록 도와주는 경청하고 공감하는 부모이다.

아이들이 실수할 때, EI 부모들은 아이가 애초에 실수를 피했어야 했다는 입장을 고수함으로써 부적절한 논리를 사용하기도 한다. 미리 충분히 생각했다면, 결코 실수할 필요가 없었다는 비현실적인 논리를 고수한다. 따라서 아이들은 실수로 인해 기분이 상할뿐만 아니라, 자기 자신이 부족하다는 것을 배운다.

이제 여러분은 EI 부모의 성격특성과 행동에 대해 잘 이해하게 되었으니, 그들이 당신을 통제하기 위해 어떻게 기분을 상하게 만드는지 알아보도록 하자. 그들은 우리가 가지고 있는 자신에 대한 부정적인 감정을 이용하여 당신이 그들의 정서적 안정성, 항상성, 그리고 자존감을 지원할 책임이 있다고 느끼게 만든다. 이게 그들이 정서적 강압을 통해 당신을 지배하는 방법이다.

정서적으로 미숙한 사람들의
정서적 강압과 장악 전략

정서적 강압은 EI 사람이 두려움, 죄책감, 수치심, 자기회의감을 유도함으로써 당신을 통제할 때 발생한다. 아무도 당신에게 무엇을 느끼도록 강요할 수 없다는 것을 알고 있지만, 우리 대부분은 그렇지 않다. 사실, 그들은 그들에게 유리한 것들을 당신이 느끼도록 하는 데 있어 달인이다. 아이들은 자신이 의존하는 강력한 어른들에 의해 뭔가를 느끼게 되며, 성인이 되어서도 사람들 사이에 힘의 불균형이 있을 때마다 같은 일이 일어난다. 우리의 성취 가능한 목표는 그들의 영향을 받지 않는 척하는 것이 아니라, 더 빨리 알아차리고 그들이 시도하는 통제로부터 자신을 빨리 분리하는 것이다.

궁극적으로, 당신이 정서적인 장악을 알아차리고 거부하는 것에 능숙해지면, 어떤 것을 느끼게 하려는 누군가의 시도에 더는 취약하지 않을 수 있다. 하지만 그러는 동안, 일어날 수 있는 정서적 강압으로부터 자유롭기 위한 작업을 계속하도록 노력해야 한다.

다음으로, 우리는 EI 사람들이 어떻게 당신을 굴복시켜 그들이 당신을 장악하도록 만드는 해로운 감정을 유발하는지 살펴볼 것이다.

자기회의는 자율성과 자기 가치를 약화시킨다

EI 부모는 자녀가 자신의 마음에 들지 않는 생각이나 감정을 표현하면 정서적인 유대를 철회함으로써 처벌한다. 이 소외에 대한 두려움은 자녀가 자신에게 의심을 품게 하고 자기 생각과 감정을

063

명료하게 하지 못하게 한다.

일단, 자신을 의심하게 되면, 다른 사람들의 관점을 자신의 관점보다 더 신뢰하면서 길을 찾기 시작한다. 자신이 정말로 생각하고 느끼는 것을 아는 대신에 단지 받아들여지는 것에 몰두하게 된다. 그러한 모순은 자신감을 떨어뜨리고, 자신의 감각과 직관의 접촉이 어려워진다. 당신은 자기회의가 부모의 수용을 가져오지만, 자율성을 느끼는 것은 긴장을 유발한다는 것을 깨닫는다. 만약 당신이 EI 부모에게 받아들여지고 사랑받기를 원한다면, 자신에 대해 너무 확신하지 않는 것이 도움이 된다.

그러나 자신의 더 깊은 본능을 의심할 때, 당신은 마음의 명료성을 잃는다. 당신의 생각은 오염된 자기회의와 거절에 대한 두려움으로 인해 흐려진다. 그들의 강압적인 전술에 직면하여 명확하게 생각하는 것이 점점 더 어려워진다.

우리가 정서적 강압에 굴복하는 경향이 있는 것은 부모가 우리에게 하는 행동을 우리가 싫어한다는 사실을 마주하기가 너무 고통스럽기 때문이다. 그러나 싫다는 것은 우리가 통제되고 있다는 신호일 뿐이며, 우리 중 누구도 누군가의 기분에 의해 죄책감을 느끼거나 인질로 잡히는 것을 좋아하지 않는다. 당신의 피할 수 없는 정서적 반응은 당신이 충분히 좋은 사람이 아니었거나 애정을 보이지 않았다며 스스로 걱정하게 만들 수도 있다. 그러나 자신의 선의와 자기 가치를 의심할수록, 당신은 그들의 영향을 더 많이 받게 된다.

두려움은 자신을 통제하기 쉽게 만든다

두려움은 당신을 다루기 쉬운 심리적인 상태로 밀어 넣는 정서적 장악으로 그들의 가장 단순하고 직접적인 전략일 것이다. EI 부모/사람은 두려움을 심어 주고 안전하지 않다고 느끼게 만드는 데 천재적이다. 폭력적인 분출이든 감정적 붕괴이든, 그들은 본능적으로 당신을 겁주어 그들이 원하는 행동을 하도록 만들기 위해서는 무엇이든 할 것이다. 일단 두려움을 느끼면, 당신은 훨씬 더 그들을 우선시할 것이다.

신체적 학대는 가장 큰 공포전략이다. 신체적인 두려움은 깊숙이 파고 들어가며, 그 영향을 알기 위해서는 의식적인 노력이 필요하다. 하지만 정서적 철수, 유기, 심지어 자살의 위협도 마찬가지로 해를 끼칠 수 있다.

자기 스스로를 억제한다

처음에는 EI 부모의 반응을 두려워할 수도 있지만, 곧 자신의 감정을 두려워하기 시작할 수 있다. 우선 EI 사람들과 충돌이 발생하는 것을 막기 위해 자신의 자연스러운 반응을 문제로 인식하기 시작한다. 안타깝게도, 당신은 부모가 좋아하지 않을 만한 것을 느낄 때마다 점차 불안해지게 되는 것을 깨닫고 불안을 느끼는 법을 배운다(Ezriel, 1952). 자신의 감정 중 일부를 위험하다고 꼬리표를 붙이면, 그들에게 반응할 기회를 주기 전에 그 감정이 떠오를 때마다 즉시 그것들을 억제한다. 이런 자기 억제는 자신이 그들의 정서적 통제하에 빠졌음을 보여 준다. 다시는 스스로를 차단하기 위해 외부의 위험이 필요하지 않다. 무슨 일이 일어날지 알잖아. 그러니, 그냥 가지 마!

당신은 종종 죄책감을 느낀다

죄책감은 만성적인 상태가 아니라 잠시의 교정 신호여야 한다. 그것의 건전한 목적은 다른 사람들과 좋은 관계를 유지하기 위해 사과를 촉구하는 것이다. 죄책감은 자신을 싫어하는 것이 아니고, 사과하도록 동기부여해야 한다. 성숙한 죄책감은 우리가 실수로부터 배우고, 바로잡고, 다시는 그것을 반복하지 않도록 돕는다.

그러나 EI 부모는 죄책감의 강압적인 잠재력을 이용한다. 자녀들이 스스로에 대해 끔찍하다고 느끼게 만들며 더 완벽해져야 할 필요성을 느끼도록 가르친다. 그런 자녀들은 실수를 스스로 용서하도록 교육받지 못하며, 잘못에 대한 책임을 지고 보상함으로써 죄책감에서 벗어날 수 있는 길이 있다는 것을 배우지 못한다. EI 부모가 죄책감을 더 많이 느끼도록 만드는 이유는 자녀가 그들의 요구에 맞추어 더 고분고분하고 순응하기 때문이다.

특히 EI 부모는 자녀들이 충분히 희생하지 않은 것에 대해 죄책감을 느끼게 하고, 부모보다 더 행복한 삶을 살고 있다고 느낄 때마다 생존자의 죄책감을 느끼게 한다.

자신을 희생하지 않은 것에 대한 죄책감　EI 부모들은 종종 자녀가 줄 수 있는 것보다 더 많은 것을 요구한다. 하지만 당신이 싫다고 하면, 그들은 당신이 정말로 그들을 사랑하지 않았던 것처럼 행동한다. 그들의 성인 자녀로서, 좋은 사람이 되는 유일한 방법은 자신을 희생하는 것이라고 느낄 수 있다.

어느 날, Gina의 나이 든 부모는 자신들을 더 잘 돌볼 수 있도록 그녀와 더 가까운 곳으로 이사할 계획이라고 알려 왔다. Gina는 당황했다. 그녀는 부모와 가깝다고 느껴 본 적이 없었고, 그들의 비위를 맞추기가 불가능했다. Gina는 장녀였고 항상 가족 구성원의 대리모 역할을 했었다. 또한, 그녀는 유방암에서 회복 중이었고 이미 3명의 10대 소년들을 둔 싱글맘으로서 벅찼다. 그녀는 부모를 돌보는 일이 어떨지 상상조차 할 수 없었다. Gina는 자기중심적인 부모를 떠맡는 것은 더는 견딜 수 없는 한계라고 느꼈다. 그녀는 부모에게 안 된다고 말하고 싶었지만, 그렇게 하기에는 너무 큰 죄책감이 들었다. 그녀는 나에게 물었다. "하지만 부모를 책임질 의무가 있지 않나요?"

내 대답은 단호하게 "아니요."였다. 부모가 돌봐 주길 바란다고 해서, 그들이 원하는 것을 위해 그녀 자신의 상황을 무시할 의무는 없었다. 부모가 그녀를 자신들의 돌보미로 택했다는 이유로 정신적·육체적 건강을 위태롭게 하는 것은 그녀의 의무가 아니었다. 부모는 경제적으로 안정적이었고 지원하는 친구 커뮤니티와 함께 의지할 수 있는 두 명의 다른 자녀가 근처에 있었다. 현실적으로 조금도 죄책감을 느끼지 않고 부모의 요구를 거절할 수 있었지만, 그녀는 여전히 괴로움과 의무감을 느꼈다.

부모는 그들의 바람이 Gina에게 얼마나 어려움을 주고 있는지에 대해 잠시도 고민하지 않았을 것이다. 어떻게 생각하는지를 묻지도 않았다. 그저 그들은 그쪽으로 이사를 한다고 알릴 뿐이었다. 지나는 그 순간 '싫다.'고 생각한 것이 그들을 사랑하지 않는다고 비난받을지도 모른다는 생각으로 두려워했다. 하지만 이것은 잘못된 결론이다. 한계를 설정하는 것이 누군가를 사랑하지 않는다는

정서적으로 미숙한 사람들의 정서적 강압과 장악 전략

의미는 아니다. 그것은 단지 자신에 대해서도 생각할 권리가 있다는 것을 주장하고 있다는 의미이다.

다행히 Gina는 무슨 일이 벌어지고 있는지 깨달았고, 부모의 기분에 맞춰 주기 위해 자신의 건강을 희생하고 싶지 않았다고 해서 나쁜 사람이 아니라는 것을 알 수 있었다. 결국, Gina는 그들에게 싫다고 말했고, 그들은 약간의 상처와 분노 철회 후에, 대신 그녀의 다른 자매 집 근처로 이사하기로 결정했다.

생존자의 죄책감　　때때로 성인 자녀들은 단지 삶이 어느 정도 나아지고 있다는 이유로 부모 주변에서 죄책감을 느낀다. 다른 사람들과 비교하여 더 잘 지낸다고 해서 스스로 죄책감을 느끼는 생존자의 죄책감은 EI 부모가 제대로 기능하지 못할 때 발생할 수 있다. EI 부모는 가끔 일과 관계 모두에서 여러 가지 문제를 겪는다. 생존자의 죄책감을 불러일으키는 EI 부모는 우울하거나, 정신적으로 아프거나, 중독되어 있거나, 성인으로서 생활이 제대로 기능하지 못할 수 있다. 만약 당신이 그들보다 더 나은 삶을 살고 있다면, 아마 당신의 성공에 대해 실제로 죄책감을 느낄지도 모른다. 죄책감은 쉽게 말로 표현되는 의식적인 감정이다. 당신은 왜 죄책감을 느끼는지 이유를 찾고 그 감정을 묘사하는 것에 관해 이야기할 수 있다. 죄책감은 익숙하고 표현하기 쉬우므로, 때때로 우리는 실제로 수치심을 느낄 때 죄책감을 느낀다고 생각한다.

수치심은 당신을 지배하기 쉽게 만든다

수치심은 다른 사람들에게 거부당했다는 느낌에서 비롯된다

(DeYoung, 2015). 수치심은 인간으로서의 당신의 선함에 대한 의문을 제기하는 감정이기 때문에 단순한 당혹감보다 훨씬 더 심층적이다. 수치심은 뭔가 **잘못**을 저질렀을 뿐만 아니라 한 인간으로서 당신에게 뭔가 **잘못된** 것이 있다는 것을 말해 주는 강력하고 원초적인 경험이다. 수치심은 너무나 참을 수 없는 것이라서 단순한 위협만으로도 EI 사람들이 원하는 것을 당신이 하도록 강요할 수 있다. 사랑받지 못하고 수용받지 못한다는 느낌은 Jerry Duvinsky(2017)가 말하는 핵심 수치심 정체성, 즉 당신의 긍정적인 자질과 상관없이 지속되는 만연한 무가치감으로 이어질 수 있다.

수치심은 자기 생각과 감정에 대한 신뢰를 잃게 만들 수 있다. EI 부모는 "너 미쳤니?" "너 제정신이야?" "어떻게 감히!" "그런 생각은 하지 마!" "그렇게 느끼면 안 돼!" 또는 "내 평생 그런 말은 들어 본 적이 없어!"와 같은 말로 당신을 수치스럽게 하였을 것이다. 자녀들은 이러한 반응으로부터 자신에게 뭔가 심각한 문제가 있다고 결론을 내린다. 자녀들을 당황시키고 수치심을 줌으로써, 이후의 성인기 인간관계에서 다른 사람들의 정서적 지배에 굴복하도록 가르친다.

EI 사람들이 당신을 이기적이라고 부른다면 수치심에 특히 취약할 수 있다. 민감한 사람에게 다른 사람을 신경 쓰지 않는다는 말을 듣는 것보다 더 상처를 주는 비난은 없을 것이다. EI 부모는 민감한 자녀들에게 '이기적'이라는 꼬리표를 붙임으로써 자녀를 쉽게 통제한다. 그러나 EI 부모/사람들이 일반적으로 의미하는 이기심은 당신이 그들의 요구에 자동으로 굴복하는 대신 자신의 욕구에 대해 잠깐 멈춰 생각하고 있다는 뜻이다.

욕구가 있는 것에 대한 수치심

자녀의 의존성은 종종 자기중심적 EI 부모를 짜증 나게 한다. 자신의 문제에만 몰두하는 그들은 성급하고, 자녀들의 욕구에 마치 잘못된 행동을 한 것처럼 반응할 수 있다. 이러한 부모는 자녀들에게 욕구나 필요를 느끼는 것이 잘못되었으며, 그것이 부모의 인생을 더 힘들게 만든다고 생각하도록 한다. 당신이 어린 시절에 이러한 방식으로 양육되었다면, 지금도 여전히 문제가 생겼거나 도움이 필요할 때 부끄러움을 느낄지도 모른다.

수치심 제거하기

Patricia DeYoung(2015)은 우리의 정서적 욕구가 가장 큰 순간에 누군가가 연결을 거부할 때 얼마나 절망적으로 느낄 수 있는지를 설명한다. 위로나 유대감을 위한 간청이 거절당하는 것은 참을 수 없을 정도로 수치스러운 일이다. 만약 부모를 향한 아이의 이러한 노력이 실패하면, 자녀는 세상에 혼자 버려져 있는 것처럼 절망감을 느낄 수 있다. DeYoung은 자녀들이 스스로가 중요하지 않다고 느낄 때 그들의 연약한 성격 구조가 붕괴하는 느낌, 즉 마치 죽을 것 같은 경험을 하게 된다고 설명한다. 부모가 반응이 없는 것은 마치 세상의 끝에 서 있는 것과 같이 느껴질 수 있는 것이다.

EI 부모의 성인 자녀와의 작업에서, 그들 중 많은 이가 부모가 가장 필요한 순간에 부모로부터 정서적으로 거부당한 깊고 전면적인 수치심을 기억했다. 그들은 이 끔찍한 감정을 "어둠 속으로 가라앉는 것" "블랙홀 속으로 빠지는 것" "우주 바깥으로 밀려나는 것" "깊은 연못에 빠지는 것" 또는 "신체적으로 죽어 가고 있는 것"으로 묘사한다. 이러한 존재의 종말은 냉담한 사람이 당신의 욕구를 보면서도 반응하지 않을 때 심리적 붕괴를 느끼는 것과 같다(DeYoung 2015). 이러한 경험은 너무 고통스러워서 사람들은 때로 그 기억들을 지워 버리고 떠올리지 않으려 한다.

그러한 무기력한 괴로움은 부모가 자신을 보고 반응하도록 자녀들에게 어떤 행동이든지 하도록 만든다. 그것이 바로 어린아이들이 가끔 대수롭지 않아 보이는 것들 때문에 정신적인 혼란을 겪는 이유다. 부모가 아이들의 주관적 경험을 인정하지 않거나 이해하지 못할 때(Stern 2004), 내적 응집력은 산산조각이 나고, 공허 속으로 빠져드는 것처럼 느낀다. 아이들은 부모의 지지적인 애착이 없이는 안정감을 느낄 수 없다(Wallin 2007).

우리는 수치심을 감정으로 인식하지 않는다

수치심을 그저 감정이라는 것으로 배우지 않았기 때문에, 수치심에 대한 두려움은 어린 시절부터 우리를 지배한다. 우리는 우리가 부당한 대우를 받았다는 것을 깨닫지 못하고 대신 수치심을 느끼는 것이 우리가 나쁘다는 증거라고 생각한다(Duvinsky, 2017). 한 내담자는 알아차리는 순간에 "나는 그렇게 느꼈기 때문에 내가 쓸모 없다고 믿었다."라고 말했다. 수치심은 아주 강렬한 정서적 경험이기 때문에 실제인 것처럼 느껴진다. 그러나 자녀들이 수치심을 또 다른 감정으로 인식하고 느끼도록 부모가 돕는다면, 그것은 자책으로 번지지 않을 것이다. 하지만, EI 부모는 그들 내면에 묻어 둔 수치심이 너무 많아서, 자녀들이 그것을 이해할 수 있도록 도울 수 없다.

수치심과 무가치감의 감정은 버림받는 것에 대한 두려움에 뿌리를 두고 있습니다. 수치심과 싸우기 위해 Jerry Duvinsky(2017)는 수치심에 대한 두려움을 적어 보고, 있는 그대로 노출해 그것들이 정확하게 어떤 것들인지 표현하는 것으로부터 그 영향력을 완화시킬 수 있다고 제안합니다. 나만의 방법은 걱정하거나 불안해하는 내담자들에게 일어날 수 있다고 상상할 수 있는 가장 창피한 일을 적어 보게 하는 것입니다. 가장 두려워하는 수치심의 최악인 상황이 무엇인지를 알게 될 때까지 "그다음은?"이라고 물음으로써 두려움을 한 단계 더 끌어올립니다. 그런 다음 잠시 앉아서 나쁜 일이 일어나지 않는다는 것을 알아차리고 그것은 그냥 느낌일 뿐이다!

다음으로, 스스로에게 수치스러운 상태를 불러일으키는 끔찍한 이야기를 서술하세요. 수치심을 불러일으키는 자기 이미지는 무엇인가요? 이것이 세상이 끝날 것 같은 느낌에 동의하는 대신, 자신에게 얼마나 끔찍한 감정을 불러일으켜 왔는지에 대해 연민을 느낄 수 있나요? 이제 이 수치스러운 내면의 자기 자신을 구해 내고 다시 스스로에 대한 좋은 느낌과 위로와 인정을 해 주는 것을 상상해 보세요.

스스로에게 나쁜 감정이 어린 시절의 정서적 거부에서 비롯된다는 것을 알면, 자신을 다르게 보게 될 것이다. 사랑받지 못했다는 느낌은 아마도 부모가 정서적 친밀감을 느끼지 못한 것으로부터 비롯된 것이며, 자신의 근본적인 결함이 아님을 이해할 수 있다. 정서적 유대에 대한 당신의 욕구는 정상적이었고, 혐오스럽거나 사랑스럽지 않은 것이 아니었으며, 충분히 성숙한 부모에게는 벅차지 않았을 것이다.

또래와 성인 사이의 미묘한 수치심

미묘한 수치심은 사회적 지배력을 행사하는 데 자주 사용된다. 이러한 사회적 행동들은 당신의 접근에 응답하지 않거나, 관심을 무시하거나, 성가신 존재라는 것을 암시하는 것과 같이 매우 미묘할 수 있다. 다른 사람들의 이런 미묘한 수치심을 유발하는 행동은 품위를 떨어뜨리거나 무례하지 않기 때문에 파악하기 어려운 경우가 많다. 당신은 이 사건들이 꽤 오랫동안 진행되어 왔다고 생각할 수도 있지만, 왜 그렇게 기분이 나쁜지 정확하게 알 수 없을 것이다. 하지만, 일단 미묘한 수치심을 있는 그대로 볼 수 있다면, 훨씬 더 기분이 나아질 것이다. 무슨 일이 일어나고 있는지 알게 되며, 열등감을 느끼는 것에 동의함으로써 EI 사람들의 자신감을 키워 주는 일을 그만둘 수 있게 될 것이다.

👥 **연습**: 자신이 감정을 장악당한 경험 성찰하기

> EI 부모/사람에 의해 정서적으로 강압을 느꼈던 때를 일지에 써 보세요. 그들이 원하는 것을 당신이 하게 하려고 두려움, 죄책감, 수치심 또는 자기 회의를 이용했던 때를 기억하나요? 당신에게 가장 효과적이었던 것은 무엇인가요? 당신은 어떤 유형의 정서적 강압에 가장 취약한가요? 누군가가 그들의 이익을 위해 당신을 기분 나쁘게 할 때 당신은 어떤 신체적인 감각을 느끼나요? 이것에 대해 생각한 후, 미래에 정서적 강압을 인식하고 그것이 당신을 지배하지 않도록 하는 방법을 써 보세요.

정서적으로 미숙한 사람들의 정서적 강압과 장악 전략

기억해야 할 핵심사항

이 장에서는 당신이 EI 부모를 가졌다는 것은 어떤 것인지와 일반적으로 EI 사람의 본질적인 성격특성뿐만 아니라 다양한 유형의 EI 부모에 대해 배웠다. 또한, 삶에 대한 그들의 자기중심적인 접근, 현실에 저항하는 방법, 시간에 대한 그들의 독특한 지향에 대해서도 배웠다. EI 부모가 어떻게 자녀의 자기회의, 두려움, 죄책감, 수치심을 사용하여 그들의 자존감, 정서적 안정 및 안전을 강화하도록 자녀를 정서적으로 강압하는지를 보았다. 이러한 정서적 장악은 그들의 지배력을 확고히 하고 자녀의 자신감을 약화시킨다. 단, 그들이 무엇을 하는지 당신이 보지 못할 때이다.

정서적으로 미숙한 부모와의
관계에 대한 갈망

−계속해서 노력하는 이유−

EI 부모가 있다면, 당신은 여전히 그들과 더 가까운 관계를 갈망할 것이다. 계속해서 부모가 당신의 삶에 더 많은 관심을 보여 주기를 원할지도 모른다. 그리고 무엇보다도, 여전히 언젠가 인정받고 있다고 느껴지는 방식으로 그들이 당신을 다시 사랑하기를 바랄지도 모른다. 만약 적절한 대화 시작과 기술만 찾는다면, 그들에게 다가갈 길이 있을 것이라고 꿈꾸었을지도 모른다. 마침내 당신은 성인이 되어서 그들과 정서적으로 접촉할 방법을 찾기를 바랐을 것이다.

불행하게도 EI 부모의 성격방어와 두려움은 그들이 오랫동안 친밀함을 견뎌 내는 것을 거의 불가능하도록 만든다. 이 장에서 EI 부모와의 더 나은 관계에 대한 희망이 때때로 왜 당신을 실망하게 하고 정서적으로 외롭게 만드는지를 알아볼 것이다.

당신이 갈망하는 관계 경험

EI 부모의 성인 자녀로서 당신은 아마도, 어린 시절의 정서적 유대, 친밀한 의사소통 또는 부모의 인정 등 부모로부터 사랑받는다고 느끼는 모든 것들을 충분히 받지 못했을 것이다. 그러나 부모는 당신이 사랑받지 못했다고 느낀다는 생각을 비웃을지도 모른다. 만약 당신을 사랑하지 않았다는 것을 그들에게 직면하게 한다면, 그들도 당신처럼 혼란스러울 것이다. 물론 그들은 당신을 사랑했고 당신은 그들의 자녀이다. 그들은 당신이 사랑받는다고 느끼기 위해 자녀를 특정한 방식으로 대해야 한다는 것을 전혀 알지 못했다.

EI 부모로부터 사랑을 느끼는 것은 사진을 보면서 산을 경험하려고 하는 것과 같다. 당신은 색깔과 모양은 볼 수 있지만, 공기의 상쾌함, 바스락거리는 나무 소리, 대기를 가득 채우는 맑은 공기와 웅장함은 경험할 수는 없다. 사진처럼 부모를 볼 수는 있지만, 그들의 정서적 존재에 대한 감각은 빠져 있다. 그것은 마치 얼굴을 마주하는 대신 거울에 비친 그들의 모습을 보고 소통하려는 것과 같다. 그 거울에 손가락을 대볼 수는 있지만, 그들을 만질 수는 없다. 어떻게 말할 수는 없지만, 당신은 그들과 연결되지는 않는다는 것은 알고 있다.

자, 이제 당신은 EI 부모로부터 무엇을 놓쳤고 갈망했는지 더 자세히 알아보도록 하자.

그들이 당신을 알아주기를 갈망한다

우리는 자녀에게 관심과 애정 어린 유대감이 필요하다는 것을 알고 있지만, 부모로서 그것을 수행하려면 정확히 어떻게 해야 할까? 바라보고 들어주는 것 이상의 무언가가 더 필요하다. 부모의 적극적인 심리적 관여가 있어야 한다. 부모는 자녀를 쳐다보고 자녀가 말한 모든 것을 반복할 수 있지만, 부모가 자녀의 내면 상태를 민감하게 바라보지 않는다면, 자녀는 유대감을 느끼지 못할 것이다(Fonagy et al., 2004). 그것은 부모가 '말하는' 것이 아니라 부모가 자녀의 독특한 주관적 경험에 관심을 '보이는' 방식이다(Stern, 2004). 부모의 내면적 자아가 아이의 내면적 세계에 동조할 때 자녀는 부모의 사랑이 눈에 보이고, 이해받고 사랑받고 있다고 느낀다.

어린 자녀와 부모가 함께 있는 모습을 보면 자녀가 부모와 눈을 마주치고 의미 있는 상호작용을 하기 위해 얼마나 많이 부모를 바라보는지 알 수 있다(Campbell, 1977). 이것은 단순히 관심을 끌기 위한 것이 아니다. 자녀들은 부모와 연결되는 이러한 순간들로부터 **정서적 재충전**을 받는다(Mahler & Pine, 1975). 자녀는 더 강하고, 더 안정적이고, 결국에는 더 독립적으로 성장하기 위해 부모의 정서적 관여와 애정이 필요하다. 부모의 사랑이 그토록 중요하게 느껴지는 것은 당연하다.

EI 부모와 더 나은 관계를 원하는 자녀로서 성인의 욕구는 부분적으로는 여전히 눈에 보이고 응답받기를 원하는 내면의 아이로부터 비롯된다. 불행히도 EI 부모와 연결되고자 하는 이러한 시도들은 가끔 더 깊은 관계로의 관여를 거부하곤 한다. 깊은 정서에 대한 부모의 신경성 회피는 그들의 감정 공포증(McCullough et al., 2003)

에 의해 그러한 친밀감에서 멀어지게 만드는 것이다.

더 나은 의사소통을 원한다

성인으로서, 당신은 좋은 의사소통 기술과 그것들이 관계를 만족시키는 데 얼마나 중요한지 배웠을 것이다. 당신은 아마도 문제가 생겼을 때는 털어놓고 이야기하고 문제를 해결하기 위해 다른 사람과 함께 노력하는 법을 배웠을 것이다. 이러한 새로운 기술을 당신의 부모에게도 시도했을 수도 있다. 그리고 나서, 당신은 효과적인 의사소통이 좋은 관계에 매우 중요한 것은 사실이지만, 상대가 기꺼이 참여할 때만 효과가 있다는 것을 알게 되었을 것이다.

EI 부모는 정서적 의사소통을 불편해한다. 그들은 다른 사람들의 감정을 다루는 데 익숙하지 않고 무슨 말을 해야 할지 모른다. EI 부모는 자녀들이 속상할 때 공감하면서 말을 들어주거나 애정으로 달래 주는 대신, 간식이나 놀이 등을 통해 자녀를 위로하려고 한다. 자녀가 다 컸다고 해서 더 쉬워지는 일이 아니다.

아마도 당신은 단지 그들과 마음 터놓고 이야기하거나 관계를 개선하는 방법을 이야기하고 싶을 것이다. 당신은 더 친밀해지기 위해서 진심 어린 시도를 하고 있다고 생각할지 모르지만, 그들은 헤엄칠 수 없는 깊은 곳에 던져지고 있다고 느낄 수도 있다.

잠깐, 당신의 EI 부모의 관점에서 당신의 요청을 살펴보자. 아마도 당신의 부모가 어렸을 때, 누군가가 "이야기 좀 하자."라고 말하는 것은 그들에게 문제가 생겼다는 것을 의미했을 것이다. 따라서 그들에게 이야기하고 싶다고 말하는 것은 그들이 무언가에 대해 비난을 받게 될까 봐 걱정하게 만들어 방어 행동이 증가할 수도 있다. 이런 이유로 그들과 더 친밀해지고 싶은 대화를 만드는 가장 좋은 방법은 먼저 5~10분 정도의 짧은 시간을 요청한 다음, 구체적인 대답을 할 수 있는 특정 질문을 하거나, 한 번에 한두 가지 감정만을 공유하는 것이다. 당신이 처음에 짧고 구체적인 질문을 지속하면 그들은 점차 많은 개방형 질문에도 기꺼이 응답하려는 의지가 생겨날 것이다.

🧑‍🏫 연습: 의사소통을 시도했을 때 어떻게 되었는가?

> 부모님이 더 깊은 수준에서 당신의 말을 듣고 이야기하도록 노력했던 때를 떠올려 보세요. 그들은 어떻게 반응했나요? 그들에게 시도한 뒤 당신의 기분은 어땠나요? 당신의 일지에 이 기억에 대해 써 보세요. 만약 그들의 반응이 감정적으로 만족스럽지 못했다면, 지금까지 읽은 내용으로 볼 때, 그들이 더 깊은 수준에서 관계를 맺는 데 어려움을 겪었을지도 모른다고 생각하나요? 당신의 결론을 적어 보세요.

당신은 그들의 칭찬과 인정을 갈망한다

EI 부모의 많은 성인 자녀는 성취와 성공이 부모의 관심을 더 많이 끌 수 있는 마법의 열쇠가 되기를 바란다. 심지어 성인 자녀들이 스스로 성공적인 삶을 살더라도, 여전히 부모의 승인을 기대하고 있다.

완벽주의와 성공 추구는 우리 중 일부가 가장 중요한 부모의 승인과 칭찬을 얻으려고 시도하는 방법이다. 이를 위해, 우리는 부모를 감동시키기 위해 직업을 선택하거나 부모가 원하는 배우자와 결혼을 하기도 한다. 하지만 자기중심적인 EI 부모에게 칭찬을 받기란 쉽지 않다. 부모가 밖에서 자랑할 수 있는 것이 아닌 이상, 그들은 자녀들의 성취에 그다지 관심이 없다.

많은 내담자가 부모가 자신에게는 직접 자랑스럽다고 말한 적은 없지만, 그들의 친구에게 자랑했다는 사실에 매우 놀랐다고 보고했다. 이것은 혼란스러울 수 있지만, 다른 사람들에게 자랑하는 것은 EI 부모가 자녀의 성과를 사회적 통화의 가치로 사용하면서 정서적인 거리를 유지할 수 있다는 것 때문에 이해가 될 것이다. 그들에게는 자녀의 눈을 보면서 이것이 '얼마나 기쁜지'를 말하는 것보다 감정적으로 더 안전하게 느껴질 것이다. EI 부모는 그런 직접적이고 감정적으로 친밀한 칭찬을 매우 불편하게 여긴다.

유대를 방해하는 정서적으로 미숙한 행동

다음은 EI 부모와 친밀한 관계를 유지하기 어렵게 만드는 다섯 가지 일반적인 행동이다.

1. 그들은 관심을 보이지 않는다

EI 부모는 종종 자녀들의 삶에 관심이 부족한 것처럼 보인다. 공감 능력이 낮고 자신의 관심사에 몰두하기 때문에, 당장 자신에게 닥친 중요한 것 외에는 거의 관심을 보이지 않는다. 이러한 부모는 자신들의 관심사를 이야기할 때 얼굴이 잠시 밝아지지만, 자녀가 삶에 대해 무언가를 공유할 때 무관심하거나 산만한 행동을 한다.

Brenda의 아버지 Ben은 뉴잉글랜드 특유의 과묵한 사람이었다. Brenda가 열다섯 살 때, 변덕스럽고 가혹한 어머니와 사별하고 그 후부터 Brenda를 키웠다. 아버지는 대부분 혼자 과묵하게 지냈지만, 가끔은 엄마에게 폭언을 들은 Brenda를 위로해 주곤 했다. 그래서 Brenda는 아버지가 자신의 활동에 거의 관심을 보이지 않았음에도 불구하고 더 자상하게 보았다.

그녀는 상당히 존경받는 의학 연구원이 되었고, 권위 있는 국제회의에서 그녀의 연구에 대해 발표하도록 초대받았을 때, 그녀는 아버지가 마침내 자신의 업적에 대해 흥분하고 감명을 받으리라 생각했다.

하지만 아버지는 거의 관심을 보이지 않았다. 자신의 성공에 대한 아버지의 미지근한 반응에 그녀는 상처를 받았다. 아버지의 승인을 얻기 위해 했던 모든 노력을 회피하는 것처럼 보였다. 심지어 시상식에서도, 그녀의 연구에 대해 거칠고 무시하는 발언으로 사람들 앞에서 그녀를 당황하게 했다. 아버지의 생각이 너무 강해서 지금이 자신의 의견을 말할 때가 아니라는 것을 아버지는 깨닫지 못했다.

아버지는 주로 자신의 정치적 신념과 경제 상황에 초점을 맞춘 매우 편협한 관심사를 가지고 있었다. Brenda가 성취한 것이 무엇이든, 아버지 자신의 관심사들에 비하면 그것은 중요하지 않은 것 같았다. 그녀는 집에 전화를 걸 때마다 아버지에게 자신을 자랑스럽게 여겨 달라고 애원하고 있다는 굴욕감을 느꼈다.

2. 그들은 지나치게 바쁘다

일부 EI 부모는 잠시 멈추거나 유대감을 형성하기에는 너무 바빠서 거리를 두려고 한다. 지나치게 바쁜 부모 밑에서 자란 아이들

유대를 방해하는 정서적으로 미숙한 행동

은 부모의 진짜 관심사가 다른 곳에 있으며 자신보다 부모가 추구하는 외부 활동이 더 중요하다는 것을 알고 있다. 이렇게 항상 일만 하는 부모는 너무 활동적이거나 성공에 집착하여 자녀와의 관계가 시들해질 수 있다. 그들은 자신들이 어떻게 자녀를 소외시키는지 알지 못한다. 그들은 항상 최선을 다해 자신이 가진 모든 것을 주는 데 말이다.

지나치게 바쁜 부모는 가족과 함께하는 시간을 잘못 판단한다. 그러한 부모는 일중독, 신체 활동, 고급 학위 취득, 끊임없는 사회활동, 또는 지속적인 자원봉사에 도가 지나칠 수 있다. 이러한 부모는 그런 생산적인 활동이 누군가에게는 해로울 수 있다는 것을 상상조차 할 수 없는 것과 같다. 만약, 문제의 징후가 보이면, 모두의 관점에서 약간의 희생을 감수할 가치가 있는 활동의 중요성을 합리화한다.

Katie의 이야기

Katie의 어머니 Bella는 집 청소, 식사 준비, 전화 통화와 같이 늘 일을 마무리해야 하는 상황에 있었다. Katie가 방문했을 때, 그녀는 항상 바쁘게 일을 해야 한다고 안절부절못하면서 Katie와 함께 시간을 가지는 것은 나중으로 미루자고 말하곤 한다. 그러나 그 시간은 절대 오지 않았다. Katie가 앉아서 어머니와 함께 이야기할 기회가 있었을 때도 어머니는 텔레비전에서 눈을 떼지 않거나 그녀의 단어 게임장에 낙서하기 시작했다. 그것에 대해 어머니에게 이야기했을 때도, 어머니는 "듣고 있어!"라고 말했지만 멈추지 않았다. 그녀의 아버지도 같은 방식으로, 아버지의 차고에서 작업할 첫 기회를 빼앗아 갔다. 그녀의 부모들이 너무 바빠서 지속적인 정서적 유대감이 뿌리를 내리지 못했다. 친밀감에 대한 그들의 불편함은 "일을 먼저 끝내야만 한다."라는 말 뒤에 숨겨져 있었다.

03 정서적으로 미숙한 부모와의 관계에 대한 갈망

누구나 힘든 업무나 돌보는 책임과 같이 너무 많은 활동이나 의무에 휘말릴 수 있다. 하지만 부모가 정서적으로 민감하다면, 만약 자녀가 그들과 충분한 시간을 보내지 못한다고 불평한다면, 그들은 진지하게 받아들일 것이다. 정서적으로 더 성숙한 부모는 자녀의 경험에 공감하고, 가능하다면, 부모의 활동과 자녀들과 함께할 가능성 사이에서 더 많은 균형을 유지하려고 노력할 것이다.

물론 때로는 경제적인 현실로 인해 어려움을 겪고 있는 부모는 그들이 정서적으로 성숙하더라도 곁에 있는 것이 불가능할 수 있다. 부모가 해야 하는 일에 대한 선택의 여지가 많지 않을 때는 가족 전체가 힘든 시기이다. 그러나 부모가 자녀의 감정에 귀를 기울이고 경제적 상황을 설명한다면, 적어도 자녀가 경험하는 이별이 부모가 다른 것에 더 관심이 있어서가 아니라 중요한 이유 때문이라는 것을 알 수 있게 될 것이다.

3. 그들은 시기와 질투를 보인다

일부 EI 부모는 실제로 자녀의 성공과 사회적 관심을 시샘한다. 시기심이 많은 부모는 자녀를 위해 기뻐하는 대신, 자녀의 능력과 성취를 깎아내리고 최소화할 가능성이 더 크다. 이러한 부모들은 다른 사람의 행운을 간접적으로 함께 누릴 수 있는 성숙함이 부족하다. 그들의 삶에 대한 경쟁적인 접근방식에서, 성공적인 자녀는 그들의 주목을 빼앗는 위협으로 느낀다.

질투심 많은 부모는 자녀가 다른 사람의 관심을 받을 때 소외감을 느낀다. 이러한 부모는 그들의 것이어야 할 관심을 자녀가 빼앗아가는 것으로 간주한다. 시기는 탐욕스러운 것이지만, 질투는 관계에 기반을 두고 있다. 이 부모들은 자신이 받기를 원하는 특별한 관심을 자녀가 받는 것에 분개한다.

Shonda의 어머니 Ayana는 사교계에서 우두머리 역할을 하는 것을 좋아했고, 사람들이 Shonda에게 더 많은 관심을 기울이는 것을 참을 수 없어 했다. 심지어 딸이 성장한 후에도 어머니는 어떤 사회적 상황에서도 계속 어린 자녀처럼 대했다.

가족 모임에서 삼촌이 그들을 맞이하러 다가왔다. Shonda는 보호관찰관이었고, 삼촌은 이웃에서 일어난 악명 높은 청소년 범죄에 대한 그녀의 의견을 듣고 싶다고 말했다. Shonda가 대답하기 전에 하찮다는 말투로 "Shonda? Shonda가 그것에 대해 무엇을 알겠어?"라고 먼저 말했다. Shonda는 실제로 그것에 대해 많이 알고 있었지만, 어머니는 Shonda에게 관심이 쏠리는 것을 참지 못했던 것이다.

George의 미숙한 아버지는 주목받는 것을 좋아했다. 어린 시절 George가 친구들을 데려온 적이 있었는데, 아버지는 George에게 수많은 농담과 멸시의 말을 퍼부었다. 아버지는 어린 소년들을 자기편으로 끌어들여 George의 기분을 상하게 만들고, 친구 관계의 유대를 방해하였다.

이러한 상황에서 시기 질투하는 부모의 자녀는 경쟁적인 부모로부터 굴욕을 당하지 않기 위해 자신의 재능을 숨기거나 관심을 받지 않는 것이 더 낫다는 것을 배울지도 모른다. 부모의 시기 질투로 인해 성인 자녀들에게 성공은 양면적인 문제가 될 수 있다.

4. 그들은 쉽게 흥분하고 마음이 상한다

일부 EI 부모는 위기의 혼란과 불안한 감정 속에서 살고 있으므로, 그 누구와도 좋은 정서적 유대를 유지하지 못한다. 그들은 쉬지도 못하고 일을 내버려 두지 못하며 아주 사소한 일에도 극도로 예민하다. 그들은 병리적으로 비판에 민감해서, 종종 의도가 없는 경우에도 비난으로 받아들이며, 누군가가 충분히 신경을 쓰고 있다는 것을 느끼지 못한다. 때때로 이러한 부모는 의심이 많아 다른 사람들이 정당한 이유 없이 그들에게 반대한다고 확신한다. 그들은 쉽게 흥분해서 그들을 안심시키고, 사소한 일이 잘못될 때도 그 일을 처리할 수 있도록 주변 사람들이 곁에 있어야 하는 역할을 할 수 있다. 자신의 불안과 투사에 너무 사로잡힌 사람은 평화롭고 사랑스러운 관계를 맺을 여지가 없다.

085

5. 그들은 일관되지 않고 모순적이다

EI 부모는 정서적으로 분열되고, 구분되어 있는 성격 구조가 통합되지 않아 매우 모순되고 일관성 없는 행동을 보인다. 아이처럼, 반응적인 감정의 혼합체로 보이기 때문에 그들은 친밀한 인간관계를 유지하기가 어렵다. 1장에서 보았듯이 그들은 내면의 항상성과 안정감을 줄 수 있는 응집력 있는 자아의식을 발달시키지 못한 것 같다.

모든 사람의 성격특성은 전반적인 성격 내에 자율적인 하위성격과 같은 내면 부분이 있다(Schwartz, 1995). "내가 왜 이러는지 모르겠어!" "오늘은 너답지 않아 보여!" "나의 일부는 그렇게 하고 싶지만, 다른 일부는 그렇지 않아!"와 같은 말을 할 때 우리는 내면의 다면성을 인정한다(Goulding & Schwartz, 2002). 다양한 치료자들은 이러한 성격 측면을 내면의 아이(Bradshaw, 1990; Whitfield, 1987; Capacchione, 1991), 내면적 역할과 목소리(Berne, 1964; Stone & Stone, 1989) 또는 내면 가족체계(Schwartz, 1995)라고 부른다. 자신의 성격에 다른 측면이 있다는 것은 '다중인격장애'와 같은 임상적 질환이 아니라 인간 성격의 자연스러운 특성이다.

정서적으로 건강한 사람들의 성격 부분은 원활하게 작동하는 위원회처럼 의식적이고 잘 통합된 방식으로 함께 기능한다. 그러나 EI 부모의 성격 부분은 고립되고 모순된 채로 남아 있다. 좋은 성격 통합이 부족하면 방어적인 EI 성격 부분이 예고 없이 갑자기 장악할 수 있다. 이러한 모순된 성격 부분의 예기치 못한 활성화는 EI 부모의 놀라운 불일치를 종종 설명하고 있다.

EI 부모/사람은 그들의 가장 조심스럽고 방어적인 성격 부분을 통해 상호작용함으로써 정서적으로 자신들을 안전하게 유지한다(Schwartz, 1995). 때때로 그들은 사랑에 빠질 때처럼 경계심을 늦추지만 그들의 방어적인 부분이 진정한 정서적 친밀감을 오랫동안 허용하지 않기 때문에 혼란과 불신이 곧 돌아올 것이다. 친밀감이 감돌면 이 방어 부분은 곧 의심이 들거나, 다른 사람을 비난하거나, 싸움을 시작할 이유를 찾는다. 이것이 EI 사람이 때로는 부드러운 순간을 공유하면서도 지속적인 친밀감을 견딜 수 없는 이유이다.

당신도 정서적으로 미숙하다고 두려워할 수도 있다

부모의 정서적 미숙에 대해 읽으면서, 당신은 때때로 자녀에게 EI 부모 역할을 하고 있지 않았을까 하는 의문이 들 것이다. 우리는 때로는 무관심하거나, 지나치게 바쁘거나, 질투하거나, 동요하거나, 일관성이 없다고 느꼈기 때문에 그럴 만도 하다. 차이점은 정서적으로 연결된 사람은 이러한 것이 그들의 관계능력에 지장을 주지 않는 일시적인 상태라는 것이다.

이 책을 읽고 있다면, 당신은 아마도 부모님과의 유대감 부족으로 얼마나 고통스러웠는지에 대해 인식하고 있을 것이다. 당신은 중요하지 않게 여겨지고 있는 것 혹은 정서적 박탈이나 학대로 인해 자기 가치가 낮아짐을 느끼는 것이 어떤 것인지 알고 있을 것이다. 이러한 자기인식은 아마도 당신이 자녀에게 미칠 영향에 대해 생각하게 될 것이며, 양육에서 같은 종류의 정서적 고통을 물려주지 않을 것을 의미한다.

당신이 자녀들에게 영향을 미칠까 봐 걱정한다는 사실만으로도 당신은 정서적으로 미숙해질 위험성이 낮다는 것을 말한다. 정서적 미숙에 대한 우려는 EI 사람들에게서 거의 볼 수 없는 자질인 자기성찰, 타인에 대한 공감, 심리적으로 더 성숙해지려는 욕구를 가질 수 있음을 의미한다. 우리는 때때로 실수를 하거나 타인에게 상처를 주지만, 만약 다른 사람의 내면에서 일어나는 일과 감정을 느끼려는 것에 관심이 있거나, 인간관계를 키워 가고, 문제 상황에서 자신의 역할에 대한 책임을 진다면, 당신은 충분히 정서적으로 성숙하다.

EI 부모가 있다고 해서 당신이 정서적으로 미숙한 부모가 된다는 의미는 아니다. 사실, 당신이야말로 오랜 시간 동안 가족 내의 세대와 세대를 통해 내려온 감정적 고통의 고리를 끊을 수 있는 사람이 될 것이다. 당신이 해야 할 일은 자녀가 어떻게 느끼는지 알아차리고, 공감을 통해 마음으로 자녀의 말을 들어주고, 당신의 마음속에서 자녀가 얼마나 중요하고, 당신이 자녀를 걱정하는 마음이 얼마나 단단한지를 자녀가 알 수 있도록 해 주는 것뿐이다. 당신이 잘못했을 때는 사과하고, 자녀에게 진심으로 대하고, 빈정거림과 조롱을 피하며, 존중해야 한다. 당신이 함께 있고, 존중해 주고, 공감적이며, 공정하다는 것을 알게 되면, 자녀는 당신이 느꼈을지도 모르는 정서적 외로움을 느끼지 않을 것이다.

당신이 계속해서 인간관계에 희망을 품고 시도하는 이유

EI 부모와 관계가 얼마나 상처받고 외로울 수 있는지를 알면서도 성인 자녀는 왜 계속해서 그들과 연결되고자 애를 쓸까? 왜 성인 자녀는 부모가 자주 상처를 주거나 지배하려 함에도 여전히 부모가 세심하고 존중해 주는 사람이 될 것이라는 희망을 버리지 않는 걸까? 대답은 부모가 그러한 희망을 버리지 못하는 이유를 가끔 주며, 그러한 기대치를 조정하는 데는 긴 시간이 걸리기 때문이다. EI 부모의 자녀가 계속해서 기대하며 시도하는 이유를 살펴보자.

때때로 그들은 당신의 욕구를 충족시켜 준다

자녀들은 부모로부터 지속적인 분리와 거부를 당하면, 유대감에 대한 희망을 끊는다. 그러한 부모는 닫힌 문과 같아서 자녀는 그것을 알아차린다. 하지만 때때로 정서적으로 접근 가능한 부모는 계속해서 자녀에게 희망의 끈을 놓지 못하게 한다. 아주 가끔, 기분이 좋은 날, 그들은 빗장을 풀고 자녀와 즐길 수 있을 만큼 충분히 유대관계를 맺는다. 이러한 짧은 순간의 행복한 경험들은 모든 연령대의 자녀에게 언젠가 부모와 함께 유대감을 갖게 될 거라는 희망의 자양분이 되어 준다.

예를 들어, 당신은 부모와 특별한 시간을 보내고 다정하고 마음 편한 순간을 즐겼을 수 있다. 그들의 빗장이 내려간 순간 속에서는 덜 엄격하고 애정 어린 모습에 동지애를 느끼고 보람을 느껴지도록 하였을 것이다. 그들은 기분이 좋을 때 장난을 치고, 차에 태워 주고, 그들의 즐거움 안으로 데려가 푹 빠지게 하였을지도 모른다. 그러한 시간 동안, 부모님은 당신과 함께 다시 아이가 되는 것처럼 즐거웠을 것이다. 당신이 EI 부모가 좋아하는 것을 함께 하기만 한다면, 모든 것이 다 좋았을 것이다.

하지만 그들이 자녀의 감정을 생각하거나 자녀의 욕구를 위해 노력해야 한다면 재미가 없어질지도 모른다. 그들은 좋은 시간이 계속되려면, 그들이 원하는 것을 자녀가 원해야 한다는 것을 분명히 한다. 그들은 "이거 재미있지 않니?" 또는 "하고 싶지 않지?"와 같은 말들로 그들이 원하는 대답을 설득함으로써 순응하도록 할 수 있다. EI 부모는 자녀의 욕구가 자신의 욕구와 충돌할 때 빠르게 차가워질 수 있다.

당신이 계속해서 인간관계에 희망을 품고 시도하는 이유

EI 부모는 때때로 매우 관대할 수 있지만, 함정이 있다. 그들은 자신의 취향을 먼저 생각하고 나서 그들이 얻고 싶은 것을 자녀에게 준다. 그들의 선물은 보통 자녀의 선호가 아니라 부모의 관심사에 따른다. 마치 잠재적으로 자신에게 주고 싶은 것을 대신하는 것과 같다. 또 다른 경우, 자녀의 관심사를 고려하지 않고 일반적인 아동용 선물을 선택한다. 하지만 물론, 때때로 그들은 정확하게 아주 좋은 선택을 하기도 하여 그들에게 이해받고 사랑받기를 바라는 자녀의 희망은 다시 샘솟는다.

때로 EI 부모는 극단적인 역경이나 심지어 죽을 때와 같은 거대한 강압하에서 방어를 낮추고 마음을 열어 보인다. 이러한 특별한 상황에서 일부는 자신의 행동을 반성하고 회한의 모습을 보인다. 이렇게 깊은 관계를 엿볼 수 있어 그 순간이 소중하게 여겨지지만, 자녀가 더 나아가려고 하면, 부모는 다시 문을 닫을 수도 있다. 불행하게도 EI 부모의 방어적 태도는 더 깊은 개방성을 유지하는 것을 불가능하도록 만든다.

당신은 유대감을 느끼면 관계가 가능하리라 생각한다

유대감과 관계는 별개의 것이다(Stern, 2004). 유대감은 친숙함과 신체적 근접성을 통해 만들어진 안정된 소속감이다(Bowlby, 1979). 유대감은 가족과 부족 공동체의 느낌을 주지만, 관계는 다른 사람을 알고, 또 상대방이 나를 아는 정서적 욕구를 충족시킨다. 따라서 그들이 당신의 주관적인 경험에 대한 관계적 관심을 거의 나타내지 않더라도, 당신은 그 사람에게 매우 유대감을 느낄 수 있다(Stern, 2004).

EI 부모의 성인 자녀는 부모에게 유대감을 느낄 수 있고 그것을 사랑받는 것과 같은 것으로 생각할 수 있지만 그렇지는 않다. 하지만 유대감이 강하게 느껴질 때, 마치 만족스러운 인간관계도 당연히 가능하다는 느낌을 준다. 불행히도 이것이 반드시 따라오는 것은 아니다. 유대감과 인간관계를 구별하기 위해, 당신이 유대감을 느끼는 사람이 당신 내면의 감정 상태와 주관적인 경험을 알고 있는지 스스로에게 물어보라. 관심이 있고, 공감적인 요소가 없이는, 당신의 관계는 관계적인 사랑보다 유대감에 더 기초할 수 있다.

EI 부모에 의한 정서적 장악으로부터의 회복의 일환으로 당신은 유대감이 친밀한 관계와 같은 것이 아니라는 것을 스스로 재교육해야 할 수도 있다. 성인으로서, 당신은 정서적으로 반응이 없는 부모와 가질 수 있는 관계의 기대치를 낮추면서 자신과의 더 깊은 관계에 투자하는 것이 더 나을 수 있다.

당신은 자신의 성숙함과 강점을 그들에게 투사한다

우리 대부분은 자신의 잘못을 남에게 덮어씌우거나, 누군가가 우리를 쫓아올 거라는 비현실적인 두려움과 같은 부정적인 심리적 방어수단으로 투사에 대해 알고 있다. 하지만 그와 다르게 자신의 긍정적인 자질을 다른 사람들에게 잘못 투사하는 것도 큰 문제가 될 수 있다. EI 부모의 성인 자녀는 특히 다른 사람들에게 성숙도와 잠재성이 있다고 가정하여 너무 좋게만 바라보며 자신과 심리적으로 유사하다고 생각하는 경향이 있다. 누군가를 선의로 해석하는 것은 괜찮지만, 그들이 할 수 없는 행동을 기대한다는 점에서는 부정적이다. 이러한 지나친 낙관주의는 어린 시절에 아이가 부모의 선함을 믿어야만 했던 때에 형성된 습관이다.

　그것이 EI 부모와의 관계든 다른 성인과의 관계든, 정서적으로 미숙한 성격특성과 자신의 자질 사이의 차이점을 파악하는 것이 중요하다. 당신의 강점과 감수성을 그들에게 투사함으로써 이것들을 혼동하고 싶지 않을 것이다. 당신은 그들을 있는 그대로 보고, 그것을 통해 가능한 한 인간관계에 대해 제대로 된 선택을 하기를 원하는 것이다.

당신은 현실을 바라보기에 너무 고통스러울 수 있다

　EI 부모는 그들의 정서적 무능함에 너무 실망해서 자녀가 그들을 있는 그대로 보는 것을 참을 수 없다. 자녀는 종종 EI 부모와 관계에 대한 환상을 고수함으로써 자신을 보호한다. 자녀는 부모와 연결되어 있다고 믿기 위해 그들이 정서적으로 파괴적이거나 거리를 둘 때조차도 부모의 장점을 크게 부풀린다. 나는 처음에 자신의 어린 시절과 부모를 근사한 용어로 묘사하는 내담자들에게서 이 점을 보았고, 결국 나중에 스스로가 정서적으로 결핍이 있었다는 사실을 깨닫게 되었다.

　좋은 친밀한 관계에 대한 환상은 때로는 당신이 얼마나 부족한 공감을 받았는지, 그리고 그동안 쌓아 온 연결이 얼마나 큰 착각이었는지에 직면하는 것보다 더 바람직하였을 것이다. 심리치료를 받는 사람들에게 가장 생산적인 순간은 그들이 결코 받지 못한 것에 대한 감정적인 진실을 마주한 순간이다. 슬프고 화가 날 수 있지만, 그 후 다른 사람들과의 연결을 찾는 것에 더 관심을 갖게 된다. 당신은 다음 연습에서 이 과정을 시작할 수 있지만, 혹시라도

강렬한 감정이 올라올 때 도와줄 심리치료나 지지 집단을 고려해
보라.

🧑‍🏫 연습: 당신이 잃어버렸을 수도 있는 것들

이 과정을 시작하려면 일지를 가져와서 티 부모를 둔 결과로 어린 시절에
잃어버린 것을 생각해 볼 수 있는 조용한 시간을 가져 보세요(이 연습을 하
면서 자신의 어린 시절 사진을 보는 것은 특히 의미가 있을 수 있음). 다음으
로, 이 문장들을 완성하고 당신이 쓴 것에 대하여 생각해 보세요.

나는 (   )가 될 기회를 잃었다.

나는 (   )를 느낄 기회가 없었다.

아프지만, 나는 (   )를 수용하는 법을 배웠다.

나는 (   )을 절대 느끼지 않았더라면 좋았을 텐데…….

만약 내가 마법 지팡이를 가지고 있었다면, 어머니를 더 (   )하게 만들고
싶다.

만약 내가 마법 지팡이를 가지고 있었다면, 아버지를 더 (   )하게 만들고
싶다.

나는 다른 누군가가 (   )으면 좋겠다고 원했다.

적은 것을 다시 한번 읽고 생각해 본 뒤, 당신 내면의 아이에게 이제 당신
이 잃어버렸을 수도 있는 관심과 수용을 자신에게 줄 것이며, 더 관심 있고
호의적인 사람들을 가까이서 찾을 것이라고 알려 주세요.

당신이 계속해서 인간관계에 희망을 품고 시도하는 이유

그들은 왜 변화할 수 없는가

EI 부모의 성인 자녀는 자신이 부모를 변화시킬 수 있고 그들과 보상적 관계를 맺을 수 있기를 은밀하게 소망하는 **치유 환상**(Gibson, 2015)을 갖기 쉽다. 나이 든 부모가 그녀 곁으로 이사하기를 원했던 2장에 나오는 Gina를 기억하는가? Gina는 그들의 요구를 고려했던 이유 중 하나는 언젠가 비판적이고 폭발적인 아버지가 그녀에게 마음을 열어 마침내 연결할 기회를 줄 것이라는 환상 때문이라고 고백했다. 그녀는 그들이 원하는 바를 들어주지 않으면, 친해질 수 있는 마지막 기회의 문이 닫히게 될까 봐 걱정했다.

이러한 치유 환상은 부모의 변화에 대한 가능성이 없는 희망을 연장하는 것이기 때문에 의문을 제기해야 한다. 대신, 당신은 부모가 할 수 있는 어떤 것보다도 자신의 노력으로 치유될 가능성이 더 크다. EI 부모와의 관계에서 무엇이 개선되든 간에, 그것은 그들이 변화해서가 아니라 당신의 관점이 변화해서일 것이다.

만약, 부모의 관심과 연결을 갈망한다면, 그들도 같은 것을 원하리라 생각할지도 모른다는 것은 이해할 수 있다. 하지만 EI 부모를 바꾸려는 어떤 시도에도 그들은 그러한 만남의 정서적 강렬함으로 인해 쉽게 불안정해지므로 노력이 통하지 않을 것이다. EI 부모에게 정서적으로 친밀감을 느끼려고 다가가면, 그들은 본능적으로 뒤로 물러서는 것이다. 당신은 사랑을 주려는 마음이지만, 그것은 그들에게 불편하게 느껴질 수도 있다. 그들은 이미 자신들을 방어하는 성격특성을 형성했고, 더는 변화하고 싶지 않을 것이다.

연결에 대한 자신의 깊은 욕구를 너무 많이 억제해 온 EI 부모는 이 모든 소란이 무엇에 대한 것인지 이해하지 못한다. 그들은 자녀의 정서적 안정과 자존감에 그들과의 관계가 얼마나 중요한지 모르기 때문에 왜 이것이 자녀에게 그렇게 중요한지 이해하지 못할 수도 있다. 많은 EI 부모는 자신의 존재와 관심이 자녀에게 얼마나 중요하다는 것을 상상할 수 없을 정도로 낮은 자기가치감을 가지고 있다. 이러한 부모들에게 자녀를 위해 그저 거기에 있어 주는 것만으로도 얼마나 많은 것을 제공하고 있는지에 대해 믿게 하는 것은 거의 불가능하다.

당신의 치유 환상을 포기하는 것에 대한 슬픔

EI 부모의 한계를 받아들이는 것은 자신이 더 현실적인 기대를 하는 데 도움이 될 수 있지만, 그들이 변화할 수 있고 당신이 필요로 하는 애정 어린 부모가 될 수 있다는 꿈을 포기하는 것은 매우 힘들 것이다. 그 환상은 아마도 그들이 만들었던 정서적 외로움과 자기회의를 언젠가는 다시 채워 줄 것이라는 희망이 그들과 함께 힘든 시간을 보내는 데 도움이 되었을 것이다. 그러나 희망적인 생각 대신에, 아마도 그것이 무엇인지 이해하는 것이 더 효과적일 것이다.

슬픔의 필요성

희망적인 환상을 놓아주는 것은 정말 힘든 일이다. 슬픔의 여지를 두지 않고는 그렇게 중요한 것을 포기하기 힘들 것이다.

당신은 부모에 대한 환상을 잃은 것을 슬퍼하면서, EI 부모에게 적응하기 위해 자신을 희생해야 했던 것에 대해 슬픔을 느낄 것이다. 억압했던 자신을 슬퍼할 수 있도록 하는 것은 이전에는 듣지 못했던 잃어버린 자신의 일부와 다시 접촉하게 해 줄 것이다. 이 억압시킨 부분의 슬픔을 돌봐 주는 것은 자기 자신으로서 자유롭고 온전한 자아가 되게 하고 완전함을 느끼게 할 것이다.

부모가 언젠가는 바뀔지도 모른다는 희망을 멈추게 되면, 당신은 마침내 어린 시절에 겪었던 상처와 외로움, 두려움과 마주하게 된다. 어린 시절에는 이러한 정서적 상처의 손실을 바로 바라보는 것을 억눌러야만 자랄 수 있었을 것이다. 언젠가는 그들이 당신의 감정에 관심을 주고 더 깊은 유대를 추구할 수 있기를 희망하는 것이 그 당시에는 건강한 방법이라 생각했을 것이다. 하지만 이제 성인으로서, 부모의 변화에 대한 기대를 포기하는 것이 더 건강한 방법이 된다. 그들의 도움을 갈망하는 것을 멈출 때, 당신 자신의 정서적 욕구와 연결될 수 있고, 따라서 당신의 미래 발전 그리고 향후 인간관계에 더 단단한 유대감이 생길 것이다.

고통받는 자신보다 적극적인 자신을 선택하라

EI 부모의 자녀로서, 당신 내면의 일부는 긁어 부스럼을 만들기보다 조용히 아파하는 것이 사이좋게 지내는 가장 좋은 방법이라고 생각할 것이다. 이 **고통받는 자아**(Forbes, 2018; Perkins, 1995)는 삶에서 무력하고 관계에 소극적으로 머무름으로써 지배적인 부모에 적응한다. 고통받는 자아는 분노를 느끼거나 자신이 원하는 것이 무엇인지 알기보다는 만성적인 불행과 무력감에 갇혀 있다. 어려운 어린 시절 상황에 적응하기 위해 자기주장을 포기해야 했지만, 계속해서 자신을 속이는 쇼를 지속해서는 안 된다(Schwartz, 1995).

고통받는 자아는 자기희생이 스스로를 착한 사람으로 만들거나 적어도 타인에게 사랑받을 가능성이 더 높음을 확신시킨다. 하지만 이제 이 고통받는 자아는 당신의 관계를 위한 모델에서 내려와야 한다. 소극적이고 무력한 것보다 자신을 위해 적극적으로 행동하는 것이 고압적인 부모들을 다루는 방법으로는 훨씬 좋은 방법이다. 성인으로서, 이제 당신의 최적 에너지와 스스로 돌보기 위해 최선의 행동을 취할 수 있다.

당신이 기대치를 조정하고 스스로 노력하라

당신은 치유의 환상에 대해 읽었으니, 당신이 원하는 것이 실제로 특정 부모들과의 친밀한 관계를 위한 것인지, 혹은 사랑받고 인정받고 싶다는 당신의 느낌을 위한 것인지를 스스로에게 물어보라. 당신이 원하는 바람직한 새 친구로 당신의 부모를 선택하겠는가? 아니라면, 당신은 다른 방법으로 기분을 좋게 할 수도 있다. 어쩌면 당신은 사랑받는다는 느낌을 위해 부모가 당신을 사랑해 줄 필요가 없을지도 모른다. 성인으로서 자신과 더 배려하는 관계를 통해 자신에게 줄 수 있지 않을까?

이 책의 후반부에서는 당신의 내면세계를 알아보고, 새로운 의도를 설정하고, 자아개념을 갱신함으로써 스스로와 만족스러운 관계를 맺는 방법에 초점을 맞출 것이다. 자신의 고유한 정체성과 개별성을 강화하면서 자기 성장을 지원하고 더 많은 즐거움과 더 나은 인간관계를 위해 마음을 여는 방법을 배울 것이다. 이러한 실천을 통해, 당신의 자기 발달은 EI 부모의 승인을 얻기 위한 은밀한 방법이 아니라 그 자체를 위해 추구될 것이다.

그동안에 당신은 EI 부모와의 더 만족스러운 관계에 대한 갈망과 그들의 한계를 이해하고 당신의 기대치를 수정함으로써 그들을 더 현실적으로 바라보려는 새로운 목표를 갖게 될 것이다. 이룰 수 없는 희망을 붙잡고 있는 한, 그 관계는 모두에게 좌절감을 안겨 줄 것이다.

당신은 그들을 바꿀 수도 없고 행복하게 만들 수도 없다. 아무리 노력해도, 당신이 할 수 있는 최선은 그들의 불만을 잠시 줄여 주는 것이다. 그들의 EI 관계 시스템이 당신이 그들의 행복을 책임져야 한다고 느끼게 하지만, 그들의 정서적 한계는 당신이 그들에게 주려고 하는 것을 받아들일 수 없게 만든다.

그들을 행복하게 하거나 그들의 삶을 고쳐 주거나 그들이 당신을 자랑스러워하게 할 수 없다는 것을 받아들이면, 마음은 훨씬 가벼워질 것이다. 보통 당신의 감정에 대해 생각하는 것은 그들의 능력 밖이고, 그들은 상호적인 정서적 친밀감을 유지할 수 없다. 그들은 당신의 말을 오래 들어주지 않을 것이며, 당신이 하는 어떤 것도 절대 충분하지 않을 것이다. 당신을 완전하고 유능한 성인이 아닌 자녀로 계속 보게 될 것이다. 그들은 지배력을 행사하고 관계에서 가장 중요한 사람이 되기를 요구할 것이다. 그들의 관심사가 항상 우선일 것이고, 비록 당신이 모범적인 성인일지라도, 그들은 여전히 당신에 대해 비판적이거나 모욕적이거나 무시할 수 있다.

다른 관계에 대한 자신의 기대치를 높여라

다른 사람들이 자신보다 더 중요하다는 것을 어린 시절에 배웠다면, 당신은 그것을 성인 관계에도 지속하고 있을 것이다. 당신은 상호관계에서 너무 많은 것을 바라며 기대하고, 만성적인 정서적 좌절을 관계에서 정상적이라 여길 것이다. EI 부모의 성인 자녀는 그것이 성장 경험이었기 때문에 "관계에는 많은 노력이 필요하다."와 같은 말을 수용한다. 결혼하기도 전에 커플상담을 받아야 하는 문제가 있다는 것은 이상해 보이지 않는다. 그들은 가까운 관계에서 만족스럽지 않고 불편한 의사소통을 잠재적으로 예상한다.

사랑하는 사람이 당신의 감정에 주의를 기울이고, 주관적인 경험에 관심을 가지고, 가능한 한 당신과 함께 있고 싶어 한다는 것은 낯선 개념일 수 있다. 만약 당신은 EI 부모가 있다면, 다른 사람의 시간 계획에 대한 부족한 관심에 그다지 불편하지 않고 특정한 상황에서만 만족하는 것을 용납할 수 있다. 그러나 누군가가 때때로 당신에게 정서적인 간식을 제공할 뿐 결코 만족스러운 관계를 맺지 않는다는 것을 깨닫게 되면 정서적인 양육의 새로운 원천을 찾을 수 있다.

어린 시절에 부모로부터 정서적으로 많은 것을 받지 못했다면, 성인이 된 당신의 인간관계에서도 너무 많은 일방적인 노력을 기울이려고 할 수도 있다. 당신은 행복하지 않을 수도 있지만, 주어진 모든 것을 받아들여야 한다고 느낄 수도 있다. 당신이 이제 해야 할 일은 어떤 일방적인 관계에 대해 의문을 제기하고 좀 더 만족스러운 것을 찾는 것이다. 당신의 삶에서 EI 부모/사람들에 대한 기대치를 낮추는 작업을 할 때, 당신은 공감적이고 상호적인 관계에서 당신만큼 많은 노력을 기울이는 친구나 파트너를 찾기 위한 기대치를 계속해서 높여야 한다.

💪 연습: 지금 당신이 찾고 있는 것

어린 시절에 부족했던 정서적 만족을 찾기 위해, 시간을 가지고 새로운 가능성에 대한 다음의 문장들을 완성해 보세요.

이제는 ( )할 기회가 있다.

마침내, 나는 ( )를 느낄 기회가 있다

이젠 더는 사람들의 ( )한 행동을 받아들이지 않을 것이다.

나는 ( )한 사람들을 찾을 것이다.

나는 ( )행동을 하는 사람을 찾을 것이다.

이제 나는 나 자신을 ( )로 본다.

요약하면, 지금 당신이 원하는 사람이 되기 위해 실제 부모로부터 재양육되어야 할 필요는 없다. 일단 자신의 성인 마음에 의지하여 마음의 소리에 귀를 기울이기 시작하면, 당신은 오래전에 가져야 했고 필요로 한 안내와 지원을 자신의 내면에서 모두 찾을 수 있을 것이다. 자신을 소중히 여기고 내면세계를 탐색함으로써 더는 당신을 있는 그대로 볼 수 없는 부모에게 상처받지 않게 될 것이다.

이제 당신은 사랑받고 가치로운 느낌을 당신 자신 그리고 같은 생각을 가진 사람들로부터 얻을 수 있으므로 더는 부모를 필요로 하지 않아도 된다.

꼭 기억해야 할 사항

EI 부모는 자녀들에게 연결, 의사소통 및 승인에 대한 욕구들을 충족되지 않은 채로 남겨 둔다. 그들의 자녀들에게 적절한 관심과 애정을 주는 대신 무관심, 시샘, 지나친 분주함 또는 정서적 동요를 보인다. 당신은 그들과 더 나은 관계를 원할 수 있지만, 그들은 방어적이고 일관성이 없어서 그들과 감정적인 수준에서 접촉할 수 없다. 하지만, 마침내 그들의 한계를 받아들임으로써, 당신 자신과 다른 사람들과 더 나은 관계로 당신의 관심을 돌릴 수 있게 된다. 일단 부모에게서 얻을 수 없는 것을 놓아주고 슬퍼하고 나면, 당신은 부모와 또 다른 사람들 그리고 자신과도 더 현실적인 관계를 맺게 될 것이다.

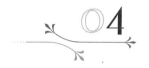

정서적 장악에 대항하는 법

—다른 사람들의 왜곡을 인식하고 자신과의 연결을 끊지 마라—

정서적 장악은 EI 사람이 그들의 이익을 위해 당신을 통제하는 데 도움이 되는 감정과 생각들을 유도할 때 발생한다. 이 장에서는 정서적 강압과 정서적 장악이 시작될 때 그것을 인식하는 법을 배우게 될 것이다. 당신이 해야 일은 EI 사람의 심리적인 움직임에 주의를 기울여 그들의 착취적인 관계 시스템에 더는 말려들지 않는 것이다. 당신은 EI 사람들이 어떻게 그들의 욕구를 설득력 있게 만들어 가면서 정서적 장악을 달성하는지 알 수 있을 것이고, 이것을 당신 스스로를 분리하지 않으면서 다루는 방법을 배울 것이다(이 장에서 일반적으로 EI 사람을 언급할 때 여기에는 모든 EI 부모가 포함된다는 점을 기억하라).

적극적인 마음가짐을 유지하기

이 장에서는 정서적 장악을 적극적으로 피하고 EI 사람이 원하는 것을 하도록 정서적으로 강요받는 것을 벗어나는 방법을 보여 줄 것이다. 그들에게 굴복하는 대신, 당신은 이제 그들이 방금 한 일에 대해 내가 뭔가를 할 수 있다는 것을 자신에게 상기시킬 수 있다. 이러한 적극적인 마음가짐을 다짐하는 것은 그들의 의제의 흐름에 휩쓸리는 것을 멈출 수 있게 해 준다.

한 여성은 이러한 적극적인 태도를 타인의 요구에 압박을 받지 않겠다는 결심이라고 설명했다. 그녀는 "나는 그들의 긴박감에 의해 좌우되지 않을 것이다. 나는 그들이 내 공간에 들어와서 내가 어떻게 해야 하는지 말하는 것을 용납하지 않을 것이다."라고 말한다.

당신이 EI 사람들의 압력에 굴복하는 대신 스스로 결정을 내리기로 할 때, 당신은 그들의 EI 관계 시스템의 잠재적 끌림과 그것이 야기하는 정서적 장악에 덜 취약해진다. 적극적인 마음가짐을 갖는 것은 자동으로 묵인하는 대신 스스로 생각할 수 있도록 준비시킨다. 그들의 가정에 의문을 제기함으로써, 적극적으로 당신의 경계와 독립성을 보호하게 될 것이다. 더는 그들의 자존감을 회복하거나 그들의 감정을 안정시키는 것이 당신 책임이라는 것에 동의하지 않을 것이다.

EI 사람들의 압력이 어떻게 느껴지는지에 민감해짐으로써, 그들의 정서적 장악은 당신에게 더 선명해지고 대응하기 쉬워질 것이다. 그들이 무엇을 하는지 한 번 볼 수 있게 되면, 그들의 강압적인 행동은 힘을 잃는다. 그들의 희생자가 되는 대신, 당신은 당신 자신의 편으로 돌아올 수 있게 될 것이다.

먼저, EI 사람이 그들의 문제를 당신에게 일어날 수 있는 어떤 것보다 더 중요한 것처럼 보이도록 어떻게 만드는지 살펴보자.

당신은 그들의 왜곡된 가정에 도전할 수 있다

EI 사람은 모든 것을 과장하고 자신의 욕구를 본질적으로 다른 사람들의 욕구보다 더 중요하게 보는 일종의 **왜곡된 장**(distortion field; Wald, 2018)을 통해 세상을 본다. 주의하지 않는다면, 당신은 그들의 왜곡을 현실로 받아들이고, 그것들이 비상상황으로 그들이 정말로 우선시되어야 한다는 것에 동의할 것이다.

그들이 가장 중요한 사람이라는 것을 받아들이지 마라

만약 당신이 EI 부모의 자녀로 자랐다면, 아마도 어떤 사람들은 다른 사람들보다 그들이 더 중요하다고 느꼈을 것이다. 예를 들어, 많은 가정에서는 EI 사람이 문을 열고 들어서자마자 모든 시선은 그 사람에게로 향한다. 관심의 중심이며, 그들이 기분이 좋지 않으면 아무도 다른 것에 집중할 수 없으므로, 모든 사람이 본능적으로 그들을 지켜보게 된다. 가족 신화는 이 EI 사람이 더 특별하고 가족 구성원들이 그들의 심기를 건드리지 않으려고 열심히 노력한다는 것이다.

그러니 한 사람의 감정 상태가 다른 사람의 삶을 지배하는 것이 정상이라고 생각하는 당신을 누가 비난할 수 있겠는가? 이 세상이 무엇인지 배우고 있는 어린이에게 EI 사람의 엄청난 위상은 관찰 가능한 사실로 보일 것이다.

EI 사람에 의한 이러한 가족지배가 비정상적이고 건강하지 않지만, 자녀는 다른 가족은 어떠한지를 보지 못하기 때문에 알 방법이 없다. 자녀는 EI 사람이 가족 내에서 어떻게 취급되는지를 지켜볼 수 있을 뿐이며, '이것은 진짜다.' '아빠는 정말로 세상에서 제일 중요한 사람이다.' '엄마의 기분이 다른 누구의 기분보다 더 중요하다.' 또는 '물론 여동생의 요구는 모두의 위기다.'라고 생각하게 된다.

하지만 이제 성인으로서, 당신은 더 잘 알고 있다. 자신의 욕구에 대해 생각할 권리가 있다. EI의 기대와 달리, 누군가를 실제보다 더 강력하다고 느끼게 하는 것이 당신 삶의 목적은 아니다. 사람이 그렇게 '느낀다'고 해서 다른 사람보다 더 중요하다고 말할 수는 없다. 당신과 그 EI 사람은 실존적으로 평등하다. 누구도 다른 누구보다 중요하지 않다. 당신은 그들의 소유물도 아니고 하인도 아니다.

정말 위급한 상황인지 자신에게 질문하기

EI 사람의 왜곡된 장은 모든 것을 큰 문제로 만든다. 그들에게는 일상적인 삶의 우여곡절이 지금 당장 해결해야 할 위기가 될 수 있다. 그들이 흥분했을 때, 당신은 먼저 그들에게 달려간 후 나중에 의문을 가진다. 당신이 EI 사람과 함께 자랐다면, 아마도 스트레스가 많은 불안 속에서 살았을 것이며, 그들의 위기상황을 지켜보면서 반응할 준비를 하였을 것이다. 당신은 그들의 방식에서 벗어나고 싶지는 않은가? 그들이 행복한지 아닌지 얼굴을 살피고, 누군가가 그들을 귀찮게 하지는 않는지 신경 쓰고, 그들의 불평을 듣고 달래 주고, 그들이 특별하다고 느끼게 만들면서 살고 싶은가? 만약 그렇다면, 그들의 정서적 불안정이 가져올 결과를 두려워하기 때문일 것이다.

EI 사람의 문제가 현실에 기반을 둔 것인지 아니면 단지 오래된 트라우마 각본인지 구분하기 어려운 경우가 많다. 그들이 실제로 피해를 당하고 있는 걸까? 누군가가 아무 이유 없이 실제로 공격한 걸까, 아니면 그들이 시작한 걸까? 그것을 알기가 어렵다. 그들의 왜곡된 장은 그들의 잘못은 없으며, 다른 모든 사람이 뭔가를 얻으려고 기를 쓰고 있다고 말할 것이다. 고맙게도, 당신은 이제 EI 사람의 긴박함을 적당히 걸러들어야 할 '정서적 장악'에 대해 충분히 알고 있다.

그들의 왜곡된 장 내부에서, 그들은 그들의 긴급한 문제에 대한 유일한 해결책이 당신뿐인 것처럼 행동한다. 하지만 그들의 왜곡된 자기중심성이 더는 당신을 사로잡지 못하게 되면, 당신은 알게 될 것이다. 큰 틀에서 그들이 당신을 장악할 권리가 없고, 그들이 자신보다 더 중요하지 않다는 것을 깨닫게 될 것이다. 거기에는 한 명이 아니라 두 명의 인생이 고려되어야 한다. 그들의 욕구가 그들을 더 중요하게 만들거나 다른 사람들보다 자격이 있게 만든다는 것은 사실이 아니다.

당신은 그들의 왜곡된 가정에 도전할 수 있다

그들의 아첨에 넘어가지 마라

EI 사람은 종종 그들이 원하는 것이라면 당신을 끌어들이기 위해 아첨을 사용하기도 한다. 그들은 당신이 모든 답을 가지고 있거나 그들의 문제를 해결할 수 있는 특별하고 강한 능력이 있는 것처럼 행동할 수 있다. 그들은 당신 없이는 무엇을 해야 할지 모르겠다고 말한다(이 말은 그들은 당신이 아니라면 기꺼이 다른 사람을 찾을 것이라는 뜻이다).

EI 사람은 극적인 관계의 거래를 제안한다. 만약, 당신이 그들이 원하는 것을 해 준다면 당신은 그들에게 **모든** 것이 될 것이다. 하지만, 그 세부내용에서는 당신이 그들을 위해 최근에 한 일만큼만 훌륭하다고 한다. 그러한 왜곡된 배열에서 당신은 한순간에 모든 것이 될 수 있고, 그 다음 순간에는 아무것도 아닐 수 있다. 이것은 그들이 관계를 보는 지극히 자기중심적인 방식을 가지고 있기 때문이다. 당신은 그들에게 훌륭하거나 쓸모가 없는 사람이다. 그 중간은 없다.

EI 사람들의 아첨은 누구에게나 매우 유혹적일 수 있다. 우리는 모두 특별하다고 여겨지고 싶다. 자신이 그들이 원하는 것을 줄 수 있는 정답인 것처럼 행동하는 누군가에게 흥미를 느끼지 않는 사람이 누가 있겠는가? 비록 그들이 나머지 모든 시간 동안 당신을 무시하고 함부로 하더라도, 그들에게 당신이 **모든** 것이라고 다시 느끼는 순간 그들을 용서하기는 쉽다. EI 사람이 가끔 당신을 중요하고, 사랑스럽고, 특별하게 느끼게 하는 한 당신은 많은 것을 참을 수 있을 것이다. 사기꾼, 사이비 교주, 독재자 및 기타 착취자들이 기회를 얻기 위해 이러한 아첨을 사용한 것으로 잘 알려져 있다. 그

108

들은 사람들이 특별하게 여겨지고자 하는 욕구가 있는 것을 알고, 그들의 힘을 공고히 하기 위해 아첨을 사용한다.

이 아첨 중 어떤 것도 당신에게 먹히도록 내버려 둘 필요는 없다. 이 유혹 중 어느 것도 어떤 수준에서든 이치에 맞는 관계 거래를 제공하지 않는다. 게다가, 당신은 진정 그들이 언제든지 부를 수 있는 그들의 특별한 사람이길 원하는가? 기분 좋을 때나 원하는 것이 필요할 때만 과장된 칭찬을 하는 사람이 아니라 친절하고 진심 어린 관심을 보여 주는 진정한 사람들을 선호하지 않는가?

그들의 왜곡된 장에서 벗어나기

이제 다시 한 걸음 물러나서 그들이 더 중요하다는 EI 사람의 왜곡된 장으로부터 자신을 벗어나게 할 수 있는 적절한 질문 방법을 알아보자.

그들의 긴급함을 평가하라

EI 사람은 모든 것을 과장한다. 어린아이처럼 모든 좌절과 모욕은 마치 세상이 끝나는 것처럼 말한다. 그들은 양치기 소년과 같아서 믿어야 할지 말지 모른다. 그러므로 상황에 대한 그들의 자기중심적인 관점을 맹목적으로 수용하지 않는 것이 매우 중요하다. 상황의 현실을 명확히 하는 것은 당신에게 달려 있다. 그렇지 않으면, 한 드라마에 연이어 휩쓸릴 것이고, 모든 것이 급해 보이고 절박해 보일 것이다. 자기보호를 위해서는 상황의 현실을 평가하고 그들의 왜곡된 시각을 균형 있게 받아들이는 것이 유익하다.

이것을 위한 첫 번째 단계는, EI 사람의 요청에 수반되는 절박한 긴급함에 저항하는 것이다. 당신은 그들의 과장과 왜곡을 함께 할 필요가 없고, 사실을 왜곡하는 것을 받아들일 필요도 없다. 한 걸음 물러서서 그들의 상황을 객관적으로 바라보거나 제3자의 입장에서 지켜볼 자유가 있다. EI 사람을 정확히 파악해야 한다. 상황이 보이는 것만큼 긴급하지 않을 수도 있다. 그들의 정서적인 왜곡을 고려해 볼 때, 그들 문제의 중요도를 그들의 말대로 받아들여야 하는가?

거리를 두고 문제를 분석하라

어떤 위기에서도 EI 사람은 왜곡과 두려움이 많으므로 고려하지 못한 것들이 많다는 것을 잊지 마라. 심각한 문제에 직면했을 때, 그들은 당황한다. 그들의 마음속에서 유일한 대답은 누군가가 그들을 구해 줘야 한다는 것이다. 그들은 당신이 달려가 절망의 블랙홀에 뛰어들어 그들을 꺼내 주고, 기적적으로 모든 것을 개선하기를 원한다.

당신이 어떻게 반응해야 할지는 그들의 압박과 들불과 같은 감정과는 별개로, 당신에게 달려 있다. 실제로 필요한 것은 그 수준이 어느 정도일까를 검토하는 것이 그들이 아니고 당신이어야 한다는 것이다. 그들의 긴급 상황에 대한 적절한 대응은 뛰어들지 않고 한 발 물러서서 현실을 먼저 평가하는 것이다.

당신이 즉시 용인하는 대신 상황을 분석하려 하면, 그들은 펄쩍 뛰며 화를 낼 것이다. 만약 그들의 반응이 문제를 만들었을지도 모른다고 한다면, 그들은 배신감을 느낄 가능성이 크다. 그들이 원하는 것을 바로 주지 않으면, 사랑이 부족함을 문제로 삼는다. 하지만, 그들에게 그들의 충동적인 해결책이 최선의 답인지 확신할 수 없고, 그들이 도움을 요청했기 때문에, 그들과 함께 다른 가능한 해결책을 생각할 시간이 필요하다고 당신은 말할 수 있다.

만약 그들이 이것을 거부한다면, 그들은 가장 큰 왜곡을 만들기 시작한다. 그들만큼 당신이 이 문제를 중요하게 여기지 않는다고 할 것이다. 다행히도 당신은 이 편향되고 일방적인 관계에 대한 의견을 받아들일 필요가 없다. 다른 성인의 요구를 자신의 것보다 우선시할 그 어떤 의무도 당신에게는 없다. 그것에 대해 생각해 보지 않고는 그 어떤 것도 진행하지 않을 것이라고 설명한 뒤, 만약 그들이 당신의 입장을 고려한다면 기꺼이 이야기할 수 있다고 말한다.

그들이 정서적 장악을 시도할 때 자신에게 물어봐야 할 질문

무엇이 현실인가(그들이 당신에게 말한 것 말고)?

확인 가능한 사실은 무엇인가?

위기의 심각성은 어떤가? 긴급 상황인가? 누구를 위해서?

그들의 요청이 문제에 대한 최선의 해결책인가?

그들이 진정되고 나면 스스로 문제를 해결할 수 있는가?

이것이 당신의 책임인가?

이 질문을 스스로에게 던져 봄으로써, 이것이 진정한 위기인지 아니면 그렇게 보이도록 가장한 정서적 장악인지 평가할 수 있다.

그들의 왜곡된 장에서 벗어나기

당신에게 실제로 의무가 있는지 확인하라

EI 사람이 위기에 처했을 때, 그들은 도와야 할 의무가 당신에게 있는 것처럼 느끼게 한다. 이것이 '그들의 문제는 곧 당신의 문제'라는 그들의 정서적 장악의 첫 단계이다. 만약, 망설이고 깊이 생각하고 싶다고 하면, 그들은 반드시 "내가 필요할 때 나를 위해 이것을 해 주지 않는다는 것을 믿을 수 없어!"라고 반응할 것이다. 하지만, 당신이 해야 할 일은 이 암묵적인 비난에 한 발짝 물러서서 이런 상황에서 이런 일들이 발생하는 데 실제로 의무가 있는지 자문해 보는 것이다. 그렇지 않으면, 그들은 당신의 양심을 자극하여 완전한 정서적 장악에 굴복하게 할 것이다.

당신 이외에는 누구도 관계 안에서 당신의 의무와 임무를 규정할 권리가 없다. EI 사람의 긴급함은 당신에게 선택의 여지가 없다는 것을 암시한다. 하지만 당신에겐 다른 선택지가 있다. 자신의 행복을 희생하지 않으면서 그것에 대해 신중하게 생각하여 도울 방법을 찾는다는 사실은 나쁜 사람이라는 뜻이 아니다. 스스로 다음과 같은 질문을 해야 하는 것을 기억하라. 긴급 상황인가? 이것이 최선의 해결책인가? 이게 내 책임인가? 그들이 당신이 해야 한다고 생각하는 모든 일을 당신은 검토할 권리가 있다. 다음을 고려하여 책임을 명확히 하라. 나는 무엇인가? 그들은 무엇인가? 그리고 만약 있다면 그것이 정말로 의무인가?

의무나 임무에 대한 강요를 느끼기 시작할 때, 누가 그것을 제안하고 있으며, 그 이유가 무엇인지 자신에게 물어보라. 둘 이상의 사람이 관련될 때는 하나의 선택권만 있을 수 없다. 함께함으로써 두 사람 모두에게 맞는 무언가를 찾아낼 수 있을 것이다. Byron

Katie(2002)가 제안한 것처럼 자신에게 물어보라. 당신에게 절대적인 것처럼 느껴지는 이 '의무'가 우주의 진리인가? 합리적인 의문이 EI 사람이 사물을 보는 유일한 방법이 아님을 드러낼 것이다.

당신은 그들을 조장하는 것에서 물러서라

조장*은 당신이 그들의 행동으로 인해 반복되는 결과로부터 구해 주거나, 그들 스스로 할 수 있는 일을 대신 해주는 것이다. 조장은 당신이 상대방의 문제에 대한 해답을 계속해서 제시하기 때문에 상대방의 문제해결 능력을 약화시킨다. 그들의 문제를 그들 스스로 해결하는 것이 불가능하다는 것에 당신은 동의하고 있다. 조장은 그들에게 당신의 삶을 장악할 수 있게 권리를 제공하는 것이다.

EI 사람이 왜곡의 장에 빠지면 당황하여 대안을 보지 못할 수 있다. 이것은 대안이 없기 때문이 아니라, 그들이 자신에게 대안을 볼 수 있는 충분한 시간을 주지 않기 때문이다. 그들은 모든 것을 서두르기 때문에 당신도 그 문제에 즉각적으로 반응해야 한다는 압박감을 느낄 것이다. 하지만 당신이 너무 빠르게 개입하면, 그들을 위해 다른 누군가가 그것을 해결해 주어야 한다는 그들의 믿음을 더 공고하게 만든다. 이것은 그들의 불안하고 요구적인 반응성을 강화한다.

113

----

* 인에이블링(enabling)은 우리말로 '허용' 또는 '조장' 등으로 해석될 수 있다. 구체적으로 심리치료와 정신건강 분야에서는 개인에게 힘이나 권한을 부여(empowering)하는 긍정적 의미와 이상행동(dysfunctional behavior)을 조장하는 부정적인 의미를 모두 갖는다(위키백과).

Bert는 남동생 Tom으로부터 당황스러운 전화를 받았는데, 그에게 10,000달러를 빌려 달라고 요청했다. Bert는 더 큰 부채 문제에 대한 충동적인 해결책이라는 생각이 들어 Tom에게 그것에 대해 좀 더 생각해 보라고 권했다. Bert는 상황을 늦추기 위한 지연 전술로, Tom에게 모든 상황의 세부사항을 적어 달라고 요청했다. 이것은 Bert가 기꺼이 무엇을 할 수 있는지에 대해 생각할 수 있는 시간을 주었을 뿐만 아니라, Tom에게도 앉아서 글을 쓰면서 문제에 대해 생각하고 해결하는 연습을 할 수 있게 해 줄 것이다. 그러나 Tom은 기분이 상했다. 그는 그것이 무슨 소용인지 알지 못했고 단지 돈을 원했다. Tom은 짜증을 내면서 근본적으로 받을 자격이 있다는 생각을 드러낸 것이다. Tom은 Bert가 10,000달러를 줄 것을 기대했지만, 그의 문제의 본질을 서면으로 명시해 달라는 합리적인 요청에 모욕감을 느꼈다. 어떤 대출 기관도 이 같은 요청 없이는 대출을 고려하지 않을 것이다.

그들의 긴박한 상황에서 놀라운 일이지만, 당장 그들의 문제로 돌아가지 않으면 문제가 저절로 해결된다. 당신이 EI 사람의 위기를 걱정하다가 나중에 그들이 이미 다른 일로 넘어갔거나, 잠이 들었거나, 그들의 기분을 나아지게 할 다른 무언가를 찾았다는 것을 알게 되는 것은 드문 일이 아니다. 당연하게도, 왜곡된 장 안에서 볼 수 있는 긴급 상황 또한 왜곡될 수 있다는 것을 기억하는 것이 좋다.

단지 기억하라. 당신은 시간을 가지고 당신이 정말로 돕고 싶은지 아닌지를 고려할 권리가 있다. 당신의 더 나은 판단에 반하여 그들의 강압으로 인해 도울 필요는 없다.

기꺼이 줄 수 있는 것이 무엇인지 미리 결정하라

당신이 어떤 상황에서 개입할 것인지, 미리 생각해 보라. 어떤 상황에서 개입할 것이며, 언제 개입하지 않을 것인가? 이것은 당신에게 도움을 요청할 다음 사건에 대비하여 상세하고 신중한 연습이 되어야 한다. 당신이 그들의 왜곡 지대에 들어가기 전에 허용 한계에 대해 생각하라.

예를 들어, 당신이 그들에게 한 달 치 집세를 주는 것은 괜찮지만, 집주인에게 직접 돈을 지불하는 경우에만 가능하다고 정할 수 있다. 또는 당신이 기꺼이 도울 수 있지만, 그들이 스스로 문제를 해결하기 위해 뭔가를 한 후에만 가능하다. 그러한 결정은 당신이 해야 하며, 그들의 상황에 대해 질문하고 그들의 평가를 액면 그대로 받아들이지 않을 모든 권리가 있다. 그들이 왜곡 지대에서 볼 수 없는 다른 형태의 도움을 당신은 제안할 수 있을 것이다.

또 다른 예시로, 한 노부부가 중독된 아들을 바로잡아 취업시키기 위해 수천 달러를 썼다. 아들은 그들에게서 돈을 훔쳤지만 계속해서 한 번 더 빌려 달라고 했다. 부부는 마침내 한발 물러서서 앞으로 어떤 조건에서 얼마를 줄 의향이 있는지 평가했다. 그들은 일어날 수 있는 온갖 끔찍한 시나리오에 대해 생각하고 그들이 어디까지 갈지에 대해 선을 그었다. 그리고 아들에게서 그들과 함께 살기 위해 이사할 것이라는 제안이 왔을 때 그들은 준비가 되어 있었다. 아들의 생활 방식이 그들의 은퇴 상황에 맞지 않는다는 것을 이미 알고 있었다. 그들은 그들의 건강과 부부생활이 우선이라는 것을 미리 생각해 놓았기 때문에 그의 정서적 장악이나 강압에 취약하지 않았다.

그들의 왜곡된 장에서 벗어나기

당신이 계속해서 그들과 함께 가거나, 당신의 삶에서 도움을 주기를 기대하는 티 사람을 생각해 보세요. 당신이 하고 싶거나, 하고 싶지 않은 모든 것을 목록으로 만들어 다음을 준비하세요. 그것은 당신이 주저하지 않고 허락하는 것(목이 마른 그들에게 당신이 목을 축일 수 있는 물을 주는 것)에서부터 당신을 잠시 멈추게 하는 것(그들이 가족 여행에 같이 가기를 원하는 것), 죄책감 없이 거절할 수 있는 요청들(그들의 친구들도 있으므로 비싼 것을 사주기를 원하는 것)에 이르기까지 다양해야 합니다. 이러한 가능성의 연속선 상에서, 당신이 돕고 싶거나 돕지 않고 싶은 가상의 미래 상황을 상상하고 순위를 정해 보세요. 물론 그것과 정확하게 같은 상황이 아닐 수도 있지만, 이 연습을 통해 편안한 한계에 대해 미리 생각하는 연습을 할 수 있다는 것을 기억하세요.

116

요청 거절에 대한 중요한 예외들

우리는 우리가 원하는 만큼 언제나 강하지 않기 때문에, 때로는 너무 지치고 당황해서 갈피를 잡지 못해 그대로 진행하거나 굴복할 수도 있지만 괜찮다. 그냥 굴복당하는 기분이 어떤지를 인식하고 미래를 위해 메모를 하면 된다. 또 다른 때에는 그저 안 된다고 하기에는 상황이 너무 심각하다고 느껴지고, 아무런 행동도 취하지 않기에는 위험이 너무 커 보여서 결국 도움을 줄 수도 있다.

생명이 위험에 처했을 때 도움을 줄 수 있다

위험에 처한 문제는 도움을 주기로 동의할 수 있는 좋은 예외이다. 예를 들어, 한 남자는 성미가 급하고 노숙자인 중독된 그의 동생을 위해 겨울 동안 저렴한 숙박 시설의 값을 지불하기로 결정했다. 그의 동생은 저체온증으로 병원에 입원한 적이 있었고, 동생을 감당할 자신은 없지만 동생이 얼어죽는 것을 원하지 않았다.

또 다른 어려운 상황으로는 자살에 대해 이야기할 때가 있다. 왜곡일까? 공포일까? 아니면 진짜일까? 위험도가 높으면 경찰이나 다른 전문가를 불러 개입하여 생명을 구하는 조치를 취해야 한다. 그런 상황에서 그들은 당신에게 다시 전화를 걸었을 때, 당신이 그들을 보호하기 위해 전문가를 불러 그들을 안전하게 보호해 줄 거라는 사실을 알게 될 것이다. 자살 위협은 가장 무서운 형태의 정서적 장악이다. 당신은 당신 혼자만의 노력으로 목숨을 구할 수 있는 유일한 사람이라는 역할에서 벗어나야 한다. 자살 위협은 누군가가 실제로 다칠 수 있는 인질 상황처럼 다루어야 한다. 절대 그것을 혼자서 처리하려고 해서는 안 된다. 당신은 법 집행 전문가에게 도움을 요청해야 한다.

무고한 제3자를 고려해야 할 수도 있다

때로는 당신은 무고한 제3자를 위하여 EI 사람의 요구를 받아들여야 할 수도 있다. 상황을 주의 깊게 살펴본 후에, 당신은 그들과는 다른 이유로, 그들과 같은 것을 원한다는 사실을 발견할 수도 있다. 예를 들어, 성인이 된 딸이 여러 번 돈을 요구하고 무책임하게

써 버리곤 한다. 그런데도 열 살 된 손자의 안전을 위해 그녀가 에 어백이 장착된 새 차를 사는 데 도움을 주기로 했다.

당신이 정서적 장악에 취약해지는 이유

EI 사람은 우리에게 그들이 원하는 것을 하도록 감정을 자극하기 때문에 우리는 한계를 설정하는 것을 꺼릴 수 있다. 당신은 다음과 같은 이유로 정서적 장악에 굴복할지도 모른다.

- '아니다'라고 말하는 자신에 대해 죄책감이 느껴져서
- 그들의 분노가 두려워서
- 평가받고 처벌받는 것이 두려워서

이제 이러한 두려움에 대해 하나씩 살펴보고, EI 사람이 압박을 가할 때 당신의 정서적 자율성을 유지하기 위해 무엇을 해야 하는 지 알아보자.

1. '아니다'라고 말하는 자신에 대해 죄책감이 느껴져서

정상적으로 자기를 옹호하는 것이 이기적이라고 느껴진다면, 당 신의 자존감은 아마도 EI 사람에 의해 인질로 잡혀 있을 것이다. 그 들과 함께 있으면, 당신은 요청을 거절할 수 없고, 계속해서 그들을 보살피는 것처럼 보이려고 할 것이다. 오직 왜곡된 그들의 세계에 서만 상황에 대해 신중한 태도나 한계를 설정하는 것이 나쁘거나 인

정머리 없는 것으로 해석될 수 있다. 하지만, 우리는 누구도 악당이 되고 싶지 않으며, 인정머리 없는 사람으로 보이는 것을 좋아하지 않기 때문에 그들의 고통스러운 반응은 상당히 효과적일 수 있다.

하지만 그들을 위협하지 않는 말, "나는 못되게 굴 생각은 없어요. 다른 관점을 갖는 것이 무정하다고 생각되나요?"와 같은 말로 그들의 왜곡을 바로잡을 수 있다. 혹은 "우리는 이것을 서로 다르게 볼 수 있고, 자신의 인생에 대해 각자가 책임을 지고 있기 때문이에요."라고 말할 수도 있다.

2. 그들의 분노가 두려워서

당신은 또한 그들의 화가 두려워서 정서적 장악을 허용할지도 모른다. 그것들은 마치, 잠자는 아기 주위를 살금살금 걷거나, 악을 쓰고 울어 대는 아기를 못 본체할 수 없는 것처럼 그들의 정서적 반응성으로 우리를 불안하게 만든다. 매우 통제적이거나 자기애적인 EI 사람은 원하는 바를 당신이 들어주지 않으면, 크게 분노할 수 있다. EI 사람은 신체적으로 해를 가하는 행동을 할 수도, 하지 않을 수도 있지만, 그들에게서 용광로처럼 분노가 발산되는 것을 우리는 느낄 수 있다. 순식간에 폭발할 것 같은 느낌이 든다.

휘발성의 불안정한 EI 사람의 경우, 직접 대면하기보다는 전화 통화로 하거나, 당신의 보호를 위해 가까이에 다른 사람들이 있는 장소에서 말하는 것과 같이 안전한 상황에서 그들의 한계를 설정하는 것이 좋다. 그들과 이야기할 때 비판적이거나 판단적이지 않으면서 당신의 한계를 설정하라. "당신이 원하는 것을 줄 수 있었으면 좋겠지만, 지금은 그걸 할 수가 없어요." 또는 "그래, 당신이 화가 난 걸 탓하지 않아요. 그러나 지금 그 일은 내게 너무 버거워서 힘들어요."라고 말할 수 있다.

물론, 잠재적으로 신체적 폭력에 대한 가능성이 있다면, 전문가와 상의하여 상황을 안전하게 처리하는 방법을 찾아야 한다.

3. 평가받고 처벌받는 것이 두려워서

그들로부터 평가받을 때, 당신은 무엇을 잘못했는지를 정확히 알아내는 것이 때때로 어렵다. 그들은 당신을 향해 소름 끼치게 행동하지만, 당신은 자신이 한 일이 왜 그렇게 끔찍한지 알지 못한다. 그들은 감정적 확신 아래 생각한다는 것을 기억하라. 이것은 당신이 완전히 그들의 편이 아니라면, 당신을 적으로 볼 수 있다는 것을 의미한다.

EI 부모의 많은 성인 자녀는 평가받고 처벌받는 것에 대한 강렬하고 비이성적인 두려움에 시달린다. 이러한 처벌적 평가에 대한 두려움은 EI 부모, 형, 교사, 또는 어떤 권위 있는 인물에게서 왔을 수 있다. 이런 어린 시절의 두려움이 다시 떠오르면, 마치, 희망이 없고, 몰락이 임박한 것처럼 무섭게 느껴진다. 이러한 처벌에 대한 두려움이 촉발되면, '이젠 끝이야! 절대 좋아질 일은 없을 거야! 난 완전히 망했어!'라는 생각을 하기 시작한다.

예를 들어, 내 내담자인 Betsy는 가끔 한밤중에 두근거리는 심장 때문에 잠에서 깼는데, 뭔가 그녀에게 끔찍한 일이 일어날 것 같은 기분이 들었다. 그녀는 상사와 같은 권위자들이 매처럼 그녀를 지켜보면서 실패하기를 기다리고 있다는 끊임없는 두려움 속에서 살았다. 어린 시절에 그녀의 도덕적인 부모는 너무 세밀하게 판단하고 처벌했기 때문에 그녀는 집에서 결코 안전하다고 느끼지 못했다. 그 부모는 그녀가 잘못한 줄도 몰랐던 일에도 빈번하게 그녀를 처벌했다. 그녀는 어린 시절에 어머니가 진공청소기를 돌리거나 전화 통화하는 소리를 들을 때만 진정으로 안전하다고 느꼈다고 기억했다. 그때는 어머니가 혼내지 않았다는 것을 알았기 때문이다.

그들은 당신을 평가하지만, 죄책감을 느끼거나 느끼지 않는 것은 당신만이 결정하는 것이다. 그들의 평가에 동의하지 않는 즉시 그들의 왜곡된 판단에서 벗어날 수 있다. 그들의 비판을 받아들이는 것을 거절할 수 있으며, 그들이 당신에 대해 말하는 것과 당신이 스스로에게 느끼는 것에 대해 명확히 구별할 수 있다. 그들이 무엇인가를 진실로 **느낀다**고 해서 **실제로** 그렇다는 의미는 아님을 기억하라. 그들이 아니라 스스로 자신을 정의할 수 있다. 불공평하다고 생각되면 그들의 판정을 거절하라.

우리는 때때로 정서적 미숙의 장악에 빠질 수 있는데, 그것은 너무나 기분을 상하게 만들어, 누구든지 상처나 두려움을 멈추기 위해 감정적으로 자신과 단절시킨다.

불행히도, 이러한 자기보호적 단절은 그들의 부정적인 왜곡이 우리의 마음과 생각을 더 쉽게 장악하도록 만든다.

해리 반응:
해야 할 말을 생각하지 못하는 이유

이제 기어를 바꾸어, 당신 자신의 감정과의 연결이 끊기는 것이 어떻게 EI 사람에 의한 정서적 장악을 촉진하는지 살펴보자. 해리 (dissociation)는 자기 자신으로부터 심리적으로 분리될 때이다. 그 것은 얼어붙게 하거나 안으로 움츠러들게 만들거나, 심지어 자신 이 몸에서 분리된 것처럼 느끼게 할 수 있다. 대부분 사람은 '다중 인격'과 같은 극적인 이야기에서만 해리에 대해 들어 봤을 것이다. 그러나 해리는 정상적인 방어로 자신에 대한 의식적인 경험으로부 터 거리를 두는 모든 형태가 될 수 있다. 이는 원시적인 유형의 정 서적 도피이며, 특히 안전하지 않은 환경에 있는 어린아이의 경우, 두려움이나 위험에 대한 매우 일반적인 심리적 방어이다. 자동으 로 차단되는 밸브로 생각하라. 그것은 잘못된 것을 바로잡아 줄 수 는 없지만, 정서적으로 압도당하는 것을 막아 준다.

당신의 자기 연결로부터 해리(분리)하는 것은 수동적으로 만들 고 순식간에 EI 사람의 정서적 장악에 빨려 들어가게 한다. 불행히 도, 이 자기단절은 너무 자동적이어서 언제 빨려 들어가는지 모를 수도 있다.

단절된 상태와 그것의 원인

해리되고 단절된 상태로 빠지는 것은 우리가 본능적으로 임박한 위험에 대처하는 방법의 하나이다. 그것은 동물들이 도망치기엔 너무 가깝게 포식자가 있다는 사실을 알았을 때, 죽은 척하거나 얼 어붙는 반응과 관련이 있다. 아마도, 해리를 망연자실한 느낌, 공 허함과 주도권 상실감을 동반하는 일종의 '정신을 잃은 것 같은 느 낌'의 상태로 경험했을지도 모른다. 무슨 말을 해야 할지, 어떻게 해야 할지 생각할 수 없다. 우리가 모두 이 폐쇄상태에 대해 잘 알고 있다. 우리는 이것을 깜짝 놀라서 어쩔 줄 모르고 순간 경직된 상태의 반응(자동차 헤드라이트 앞의 사슴 반응)이라고 부른다.

가장 극심한 스트레스하에서, 해리성 단절은 사람들로 하여금 마치 자신의 의식 바깥에 있거나 위에서 맴돌며 무슨 일이 일어나고 있는지 지켜보는 것처럼 그들의 몸을 빠져나간 것같이 느끼게 할 수 있다. 이것은 일반적인 트라우마 반응이며 누구나 인지하고 있지만 더는 행동할 수 없을 정도로 쉽게 연결을 끊을 수 있음을 보여 준다. 해리는 압도적인 수준의 외상적 고통, 부상 및 상실로부터 우리를 구해 준다. 때로는 우리 자신에게서 떨어져 아무것도 느낄 수 없다는 것은 축복과도 같다. 예를 들어, 어떤 형태의 자기단절은 부상을 당한 사람이 고통으로 힘들어하지 않고, 살기 위해 계속 싸우는 데 도움이 될 수 있다. 마찬가지로, 사별한 사람은 감각을 중지상태로 마비시킴으로써 돌이킬 수 없는 손실에 직면할 수 있다. 중독이 되는 약을 과용하는 사람들은 감정을 느끼지 않기 위해 일상적인 의식을 제쳐놓고 인위적인 방법으로 해리된 상태를 유도하는 것이다.

이 같은 해리의 기제는 당신을 멍하게 만들고, EI 사람이 정서적으로 통제하게 할 수 있다. 마음을 상하게 하는 말이나 무리한 요구에 당신이 무슨 말을 해야 할지 생각나지 않을 때, 당신은 약간의 쇼크 상태에 접어들어 생각할 수 없으며 작은 규모의 해리가 일어나고 있을 수 있다.

우리는 정서적으로 반응적인 EI 부모 밑에서 자라면서 해리성 습관을 어릴 때부터 배울 수 있었다. 당신은 다혈질이거나 정서적으로 유기하는 부모에게 대처하기 위해 당신의 감정과 단절할 필요가 있었을지도 모른다. 아이들은 자기단절이 고통을 없애 준다는 것을 알게 되면, 점점 더 사소한 위협에 그것을 사용할 수 있다. 그러

해리 반응: 해야 할 말을 생각하지 못하는 이유

고 난 후에, 스스로에게 내면의 경험에 낯선 사람이 될 수 있다. 단지 두려움이나 상처에서 벗어나는 대신, 모든 감정이 너무 둔해져서 삶 자체가 실제가 아닌 것처럼 비현실적이라고 느껴질 것이다.

자신과 단절하지 않는 것이 중요한 이유

일단 자기단절이 되면 더는 어떤 상황에 대해 선택을 할 수 없다. 그러므로 해리를 인식하고 예방하는 법을 배우는 것은 매우 중요하다. 해리를 예방하는 단계는 다음과 같다.

1. 무슨 일이 있어도 당신 자신과 접촉하라.
2. 멍해지기 시작하면 정신을 차리라.
3. 상황에 대처할 수 있는 적극적인 방법을 계속 생각하라.

가족 행사에서처럼 EI 사람들로부터의 탈출이 어려울 때, 당신은 그들에게서 벗어날 수 있을 때까지 자기 자각에서 벗어나 그저 떠다니고 싶은 유혹이 생길 수 있다. 그러나 자신과 단절하는 것은 그들 앞에서 당신이 무력하다는 것(이는 사실이 아님)을 확인시켜 준다. 그것은 또한 장기적으로 당신을 더 무력하고 비효율적이라고 느끼게 만든다.

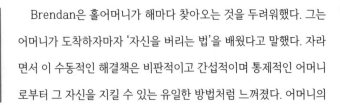

Brendan은 홀어머니가 해마다 찾아오는 것을 두려워했다. 그는 어머니가 도착하자마자 '자신을 버리는 법'을 배웠다고 말했다. 자라면서 이 수동적인 해결책은 비판적이고 간섭적이며 통제적인 어머니로부터 그 자신을 지킬 수 있는 유일한 방법처럼 느껴졌다. 어머니의 비판에 휩쓸리는 것보다 자기 자신과 단절하는 것이 더 낫다고 느꼈다. 어렸을 때, 그가 자신의 감정을 표현하는 것은 조롱, 거절, 또는 집 밖으로 내쫓겨나는 결과를 낳았을 뿐이었다.

그러나 그는 스스로 철회하고 분리시키는 대가를 치르게 되었다. 그는 어머니가 방문하는 동안 가사상태에 들어간 것처럼 느꼈고, 어머니가 떠나자마자 정크푸드와 술에 대한 강렬한 갈망이 뒤따랐다. Brendan의 자기 패배적인 해결책은 어머니에게 정서적인 표적이 덜 되도록 자신을 '비어 있는' 상태로 만든 다음, 그녀가 떠난 후에 폭음을 이용해 연료를 주입하는 것이었다. 먹고 마시는 것은 그의 통제하에 있는 경험이었고, 어머니와는 달리, 그에게 무언가를 준다는 확실한 보장이 있었기 때문이다.

그가 어머니와의 상황을 바꾸기 위한 첫 단계는 자신과의 분리를 멈추고 그 자신이 관심의 중심이 되도록 하는 것이었다. 나는 그가 자신의 진정한 생각과 감정에 계속 연결되어 있고 어머니의 자기중심적인 행동에 대처할 때 수동적이기보다는 적극적으로 행동하도록 격려했다. Brendan은 어머니의 말을 멍하게 듣고 있는 대신 그녀의 일방적인 대화를 중단하기 시작했다. 그는 자신이 표류하기 시작했다고 느꼈을 때, 갑자기 화제를 바꾸거나, 일어서거나, 밖으로 걸어 나가거나, 아니면 신체적으로 그들의 상호작용을 중단했다. Brendan은 자신으로부터가 아닌, 어머니로부터 적극적으로 휴식을 취하는 방법을 배우고 있었다.

그는 자신과의 단절을 멈추자 스스로 더 적극적으로 행동하게 되었다. 어머니가 그의 직업에 대해 원치 않는 제안을 했을 때, Brendan은 그가 조언을 원하지 않는다고 설명했고, 그저 공감적으로 들어달라고 부탁했다. 어머니가 그의 집에서 한 주간을 머무르겠다고 말했

125

해리 반응: 해야 할 말을 생각하지 못하는 이유

을 때, 그는 그것을 이틀로 줄였다. 또한, 어머니의 비판적 발언에 대해서도 다른 반응을 보이기 시작했다. 그는 멍해지는 대신 즉시 "잠깐만, 잠깐만요. 어머니가 방금 한 말에 대해 생각해 볼게요."라고 말하곤 했다. 그래서 그는 자신의 해리 습관을 멈췄을 뿐만 아니라, 스스로도 어머니가 그의 기분을 어떻게 느끼게 하는지를 인식하고, 그것에 대해 어머니에게 말했다. 그는 어머니 자신의 해리적 특성도 줄일 수 있었을 것이다. 왜냐하면, 대부분 EI 사람들의 지나친 장황함은 그들이 알고 싶어 하지 않는 더 깊은 감정으로부터 자신을 분리하는 해리적 방법이기 때문이다.

Brendan처럼, 당신도 EI 부모/사람과 상호작용하는 동안 의식을 유지하고 자신과 연결하려고 노력할 수 있다. 일단 스스로 분리를 멈추고 자신과 연결되고자 하면 더는 정서적 장악에 취약하지 않게 되기 때문에 계속해서 연습할 가치가 있다. 7장에서 당신의 자아 연결을 회복하기 위한 더 많은 방법과 기술을 살펴볼 것이다.

꼭 기억해야 할 사항

이 장에서, 우리는 EI 사람이 정서적 장악을 위해 사용하는 방법을 알았고, 그것에 저항하는 방법을 살펴보았다. 당신은 EI 사람의 왜곡된 장과 그들이 어떻게 그들의 긴박함을 당신의 도움에 대한 권리로 사용하는지에 대해 배웠다. 이제 당신은 하고 싶은 것보다 더 많은 것을 해야 한다는 압박을 느낄 때, 상황을 헤쳐 나갈 방법의 시간을 가질 권리를 주장할 수 있다. 당신은 이제 그들의 과장을 인식하고 당신을 불편하게 하는 어떠한 요청도 의식적으로 그리고 적극적으로 거절할 수 있다. 또한, 그들의 위협적인 압력, 분노, 판단이 당신을 어떻게 해리 지점으로부터 단절시킬 수 있는지를 깨닫기를 바란다. 당신은 자신으로부터 분리시킬 수 있는 어떤 상황에서도 스스로를 책임지고 행동하는 것의 중요성에 대해 배웠다.

127

꼭 기억해야 할 사항

상호작용을 관리하고 강압을 피하는 기술

-자신에게 힘을 실어 주는 행동-

EI 부모와 상호작용은 말문이 막히고 통제되고 무력감을 느끼게 할 수 있다. 만약 당신이 EI 부모 밑에서 자랐다면, 정서적 강압과 착취를 다루는 기술을 배우지 못했을 것이다. 하지만 이제 성인으로서, 당신은 새로운 방식으로 반응할 수 있을 것이다. 이 장에서는 경계를 설정하고 EI 부모의 장악 전술을 피하는 방법을 배우게 될 것이다.

하지만 이러한 새로운 기술을 당신의 성격 스타일에 맞게 조정하여 편안하게 사용할 수 있도록 하라. 어떤 자기주장 기술은 너무 과도하게 느껴져서 완전히 새로운 성격을 요구하는 것처럼 보일 수 있다. 지나치게 직설적인 자기주장은 할 수 있다 하더라도 어떤 부분에서는 불편해서 더는 하고 싶지 않을 수 있다. 예를 들어, 딱 잘라 거절하거나 그저 이유 없이 안 된다고 말하는 것은 어떤 사람들에게는 효과가 있을 수 있지만, 그것은 당신의 스타일이 아닐 수도 있다. 당신은 사과하고, 이의를 제기하고, 앞으로 나아가는 길을 즐겁게 하는 것이 더 편할 수 있다. 다음 기술들은 여러분이 천성적으로 주저하거나, 잘 순응하거나, 상냥할지라도 효과가 있을 것이다. 만약, EI 사람들과의 상호작용에서 당신이 의도한 결과를 얻게 된다면, 그걸로 된 것이다.

당신의 기술들을 더 효과적으로 만드는 지침

먼저, 이러한 기술들을 보다 효과적으로 만들 수 있는 몇 가지 기본적인 지침을 살펴보자.

당신은 자신의 시간을 가질 수 있다

EI 사람과 함께 있을 때, 당신이 생각할 시간을 가짐으로써 그들을 짜증 나게 하는 것처럼 그들이 얼마나 정신없이 서두르고 있는지 당신은 알고 있을 것이다.

그들은 항상 아이들을 재촉하고, 늦는 것에 대한 참을성이 부족하여 모두를 긴장시키고 불편하게 만든다. 그들은 매우 자기중심적이고 공감 능력이 낮아서 다른 사람들이 자신이 원하는 것을 즉각 주지 못하는 것을 이해하지 못한다.

그들의 긴박함에 굴복하기 쉽다. 대부분의 사람은 서두르면 당황하게 되고, 그러면 EI 사람의 정서적 장악에 대한 문을 더 활짝 열어 주게 된다. 그것을 알기도 전에, 당신은 스스로 그들을 위해 더 빨리해야 한다는 압박을 받게 될 것이다. 일단, 서두르기 시작하면, 그들은 당신의 정서적인 상태를 쉽게 통제할 수 있다.

자신의 시간을 갖는 것은 자신과 계속 접촉하기 때문에 정서적 장악을 막을 수 있다. 당신이 EI 사람에게 할 수 있는 가장 좋은 자기 보호적인 것 중 하나는 "나는 그것에 대해 생각할 시간이 필요해!"라는 말이다. EI 사람은 그 말을 아주 싫어한다. 그들의 마음속에는 생각하는 데 시간을 낭비할 필요가 없기 때문이다. 그들은 당신에게 생각해야 할 것들을 말해 주는데 왜 일을 빨리 처리하지 못하는지 알지 못한다.

그들의 시간개념에 따라 일을 처리하는 것에 동의하지 마라. 당신은 무엇에 관여하고 싶은지, 무엇에 관여하지 않을 것인지 충분히 생각할 시간이 필요하다. 만약 서두른다면 당신은 자기 자각의 이익 없이 가게 될 것이다. 그러면 결국 자신의 욕구가 아닌 그들의 욕구를 충족하게 될 것이다.

당신이 원하는 정확한 결과를 예측하라

EI 사람과의 각 상호작용이 어떻게 이루어지기를 원하는지에 초점을 맞추어라. 그들이 원하는 것에 대한 걱정보다는 당신이 바라는 결과를 향한 행동을 취하라. 만약 마음속에 원하는 정확한 결과가 없다면, 기본적으로 EI 사람은 더 엄격하고 편협한 접근방식으로 장악할 것이다.

원하는 결과를 설정하면 모든 상호작용에 필요한 구조와 방향이 제공된다. 구조는 목표를 가시적으로 유지하므로 그들의 주장이 당신에게 중요한 것을 놓치게 하지 않는다.

당신의 기술들을 더 효과적으로 만드는 지침

상호작용에서 원하는 결과를 확인하려면 다음과 같은 질문을 자신에게 하라.

- 이 상호작용에서 내가 원하는 것을 얻었다면 그것은 어떤 것일까? (그들에게 한계를 설정하거나, 정말로 하고 싶은 일에만 동의하는 등)
- 내가 고려하고 있는 결과는 내가 통제할 수 있는 것인가, 아니면 그들에게 달려 있는가? (당신이 달성할 수 있는 목표를 선택하라)
- 그들이 다르게 행동해야 한다는 것에 집착하고 있는가? (만약, 그들을 변화시키기를 원한다면, 당신의 능력 안에 있는 다른 결과를 선택하도록 하라)
- 이 상호작용에 대한 나의 목표는 내적 성장인가, 다르게 행동하는 것인가, 또는 둘 다인가? (자신의 감정을 계속 인식함으로써 성장을 촉진하거나, 동의하지 않을 때 목소리를 높여 새로운 행동을 시도할 수 있다)

이 체크리스트를 미리 검토하면, 원치 않는 내용에 동의하는 상호작용이 발생하지 않고, 집중력을 유지할 수 있다. 당신이 선호하는 결과를 우선순위로 만들어서 후회를 피하라.

미숙한 행동을 너무 진지하게 받아들이지 말라: 그냥 끈기를 가지라

EI 사람은 결정이 명확하게 당신의 몫일 때조차 당신이 무엇을 해야 하는지 말해 주는 것을 좋아한다. 이 부적절한 압박을 피하고

자 해야 할 일은 다음과 같다. 당신이 원한다면 그들의 이견을 인정하되("아!" "그래서요." "음"), 그러나 심각하게 받아들이지는 마라. 잠시 동안 모호하게 들으며, 밝은 어조를 유지하고, 편안하게 미소를 지으면서 하고 싶은 것 또는 하려는 것을 반복하라(Smith, 1975). 만약 당신이 저항에 부딪히더라도 크게 문제 삼지 말고, 이전에 말한 내용을 계속해서 반복하라. 그것은 극적인 기법은 아니지만, 강물이 바위를 깎아 내듯이 결국 효과가 있을 것이다.

당신은 자신의 선호에 대해 그들과 토의해야 한다는 전제를 받아들이지 않기 때문에 논쟁하지 않으리라고 결정을 내리는 것이다. 논쟁은 정당한 의지의 경쟁을 의미한다. 당신은 자신의 결정을 하는 것이다. 그저 당신의 결정을 반복함으로써 그들에게 서로 다른 사람의 두 가지 관점이 있음을 잊어버리지 않도록 상기시킬 수 있다. 당신과 그는 두 명의 **별개**의 사람이라는 사실을 말이다.

133

Vicki의 이야기

Vicki는 이번 추수감사절에는 남편의 가족과 함께하기로 했기 때문에, 친정어머니와의 저녁 식사에 참석하지 않을 예정이었다. 그녀의 어머니가 추수감사절 얘기를 꺼냈을 때, Vicki는 올해 일정을 잡는 것이 어려울 수 있다며 정확히 정해지는 대로 다시 알려 주겠다고 말했다. 그녀는 이미 어떻게 할 것인지를 알고 있었지만, 실제로 거절하기 전에 어머니에게 익숙해질 시간을 주려고 한 것이다. 마침내 어머니에게 갈 수 없다고 말하자, 어머니는 예상대로 기분을 상하게 하고 거부하는 행동을 했다. Vicki는 움츠러들기 시작했지만, 어머니의 감정을 너무 심각하게 받아들이지 말아야 한다는 것을 스스로에게 상기시켰다. 그녀는 어머니의 왜곡된 장("이건 말이 안 돼! 너의 계획에서 내가 가장 우선이어야 해.")이 작동하는 것을 볼 수 있었고, 어머니의 뜻

당신의 기술들을 더 효과적으로 만드는 지침

대로 되지 않았다고 해서 죄책감을 느끼지 말 것을 스스로에게 상기시켰다.

Vicki는 웃으면서 가볍게 받아들이며 어머니의 화를 피했다. 그녀는 자신의 계획을 반복해서 말하며 "엄마, 맞아요. 이번에는 상황이 달라요. 엄마가 우리랑 함께하기를 바란다는 것은 알지만, 올해는 어려울 것 같아요."라고 말했다. 반복하는 기법은 자기 자신의 주장을 고수하는 간단하고 정직한 방법이다.

Vicki가 해야 할 일은 어머니의 그 말이 줄어들 때까지 편안한 태도로 필요한 만큼 반복하여 말하는 것뿐이었다. 어머니의 말이 줄어들 때까지 아무 말도 하지 않았다는 것을 기억하라. 당신은 그들이 원하는 것에 대해서 화내는 것을 멈추는 것을 기대할 수는 없지만, 그 행동을 계속할 만한 보상을 주지 않음으로써 빈도를 줄일 수는 있다.

134

Jamal은 1년 만에 첫 직장을 그만두고 더 재미있어 보이는 새로운 회사에 가기로 했다. 그의 지배적인 아버지는 그 소식을 듣고 몹시 화를 냈다. Jamal에게 어리석은 짓을 하고 있으며, 그것이 그의 이력을 망쳐 놓을 것이라고 경고했다. Jamal은 "아버지의 말씀이 맞을 수도 있지만, 이것은 제가 놓치고 싶지 않은 기회예요."라고 말했다. 아버지가 계속해서 그와 언쟁을 벌이려고 하자 "아버지 말씀이 맞을 수도 있지만 잘 될 거라 생각해요."라고 반복했다.

Vicki의 어머니와 Jamal의 아버지는 둘 다 성인이 된 자녀들의 결정을 자신들이 판단할 권리가 있다고 주장했다. 다행히 Vicki도 Jamal도 부모의 분개한 반응을 심각하게 받아들이지 않았다. 부모가 자신의 감정을 느낄 권리는 인정했지만, 그들의 요구에 동의하지는 않았다. Vicki와 Jamal 둘 다 부모의 불쾌함에도 불구하고 자신들의 목표를 어떻게 유지했는지 주목하라.

Vicki와 Jamal은 그들의 부모가 어떻게 느끼는지는 문제가 아니었으므로 부모의 감정과 논쟁하지 않았다. 유일한 문제는 스스로 선택할 수 있는 성인의 권리였다. 결과를 미리 결정함으로써 부모가 죄책감, 수치심 또는 두려움으로 그들을 강요할 여지가 없었다. Vicki는 어머니의 상처받은 감정을 풀어 줄 필요가 없었고, Jamal은 아버지를 설득할 필요가 없었다.

정서적으로 미숙한 부모를 다루기 위한 다섯 가지 효과적인 기술

EI 부모를 효과적으로 다루기 위해, 당신이 그들의 정서적 장악과 왜곡에 면역력을 키우기 위해 할 수 있는 다섯 가지 방법이 있다.

1. 구조자 역할에서 벗어나라.
2. 애매하게 회피하라.
3. 상호작용을 이끌라.
4. 자신을 위한 공간을 만들라.
5. 그들을 중지시키라.

1. 구조자 역할에서 벗어나라

EI 부모의 많은 성인 자녀는 부모의 구조자 또는 보호자가 되어야 한다고 느낀다. 이것들은 내가 이전 책(Gibson, 2015)에서 설명한 내면화된 유형이다. 내면화된 사람들은 지각력이 있고, 민감하며, 가끔 타인에 대한 공감을 그들 자신의 선호보다 더 중요하게 여긴다. 그들은 모든 것을 진심으로 여기고, 그래야 할 필요가 없는 것들에까지 책임감을 느낀다. 내면화된 사람들은 EI 사람이 문제에 대해 요청하기도 전에 뛰어들려고 한다. 이러한 과도한 책임감은 상호의존(Beattie, 1987)의 한 형태로서 타인의 문제를 묻지 않고 자신의 것으로 받아들임으로써 사랑받고 가치 있다고 느끼고자 한다. 결국, 자신의 삶보다 타인의 삶에 사로잡히게 되어 더 많은 소비를 하게 된다.

2. 애매하게 회피하라

애매하다는 것은 EI 사람이 원하는 것을 당신에게 하도록 압박하려는 시도를 피하는 기술이다. 그들이 강압하려는 양식에 갇혀 있을 때, 딱 잘라서 거절하는 것보다 회피가 더 효과적이다.

그들이 통제하고자 할 때, 그들은 압박을 가하거나 잔소리를 하거나 논쟁을 벌여서 밀어붙일 만한 것을 확인하기 위해 당신의 반응을 살핀다. 그들의 숨은 요구는 "나에게 종속되어 내 관점으로 이해하고 내가 이길 수 있는 역할을 너는 해야 해!"일 것이다. 그러나 투쟁에 휘말리기보다 잠시 멈추고 자기인식의 힘을 실어 주는 시간을 갖고 간단히 "나는 잘 모르겠어요." 또는 "지금 당장 대답하지 못하겠어요."라고 말할 수 있다.

만약 그들이 논쟁을 벌이려고 한다면, 심호흡하고 나서 "나는 지금 그것에 대해 할 말이 없어요."라고 함으로써 그들을 회피할 수 있다. 무엇인가 잘못되거나 이상한 것처럼 보이는 것에 대한 또 다른 은밀한 반응은 "으응" "흠" 또는 그냥 "응"과 같은 모호한 반응을 하는 것이다. 모호한 회피는 마찰이 생기지 않기 때문에 효과적이며 그러한 피드백은 당신을 바람직한 상대가 아닌 것으로 만든다.

이 기술을 자신을 목표로 하는 것이 아니라, 장애물 주위를 떠다니는 것과 같다고 생각해 보라. EI 사람은 공정하게 싸울 만큼 성숙하지 않기 때문에, 그들과의 대결은 더러운 속임수와 잡음으로 가득 차 있다. 그들은 당신을 지치게 하고, 당신이 원하는 결과로부터 당신을 혼란스럽게 할 것이다. 만약 당신이 그들과 싸우기를 선택한다면, 그들의 자기중심적인 논쟁이 당신의 뇌를 지치게 만들어 그들의 비논리적인 반응을 이해하려 애쓰기 때문에 아마도 십중팔구 그들이 이길 것이다.

그들의 감정에 동의하려고 하라　능숙한 회피는 EI 사람의 감정에 동의하는 것이다. 이 방법의 효과를 위해서는 진심이어야 하며, 그들을 속이려고 해서는 안 된다. 당신이 냉소적이거나 비꼬는 방식이라면, 그것은 그들에 대한 당신의 감정적 반응성을 낮추는 것이 아니라 오히려 증가시킬 것이다.

먼저 당신은 그들로부터 정서적으로 분리된 후에, 당신 스스로 그 권리를 가지고 있는 것처럼, 그들이 원하는 대로 느낄 수 있는 그들의 권리를 받아들인다. 당신은 그들의 감정을 판단할 필요도 없으며, 그들이 원하는 대로 행동할 필요도 없다. 당신은 그들이 일이 뜻대로 흘러가지 않으면 화가 난다는 것을 이해할 수 있지만, 단지 그들이 불행하다고 해서 당신의 마음을 바꾸지는 않을 것이다.

이것은 EI 부모/사람이 당신을 비판하거나 비난하기 시작할 때

정서적으로 미숙한 부모를 다루기 위한 다섯 가지 효과적인 기술

는 하기 힘든 일이 될 수 있다. 그러나 만약 당신이 경직되고 방어적으로 되면, 그것은 마치 강한 펀치를 기다리며 이를 꽉 깨무는 것과 같다. 대신 동양 무술에서처럼, 궁극적인 기술은 언제 물러서야 하는지를 아는 것과 상대가 앞으로 나아가려다 균형을 잃게 만드는 것을 아는 것이다. 비유적으로, 당신은 한 발짝 물러나서 그들의 감정이 당신을 지나쳐 흐르는 것을 지켜본다("저 때문에 많이 화나신 것 같네요, 엄마." 혹은 "제가 실수하고 있다고 생각하시는 거 알아요, 아빠.").

편안한 미소와 연민 어린 끄덕임은 당신의 반응을 종잡기 어렵게 만들 뿐만 아니라 그들을 집중하고 관찰할 수 있게 만들 것이다. 특히 궁지에 몰렸을 때 하기 좋은 말은 "맞아요, 엄마. 엄마 말씀이 맞을 수도 있어요. 내가 할 수 있는 최선을 다하려는 거예요."와 같은 말이다.

3. 상호작용을 이끌라

당신이 EI 부모/사람들과 상호작용할 때는 유연성과 공감 그리고 좌절에 대한 인내심이 낮은 사람들을 상대하는 것과 같다. 그들은 과도한 통제, 비난 그리고 부정성을 포함하는 몇 가지의 고정된 방어를 사용하여 지배하려고 한다. 그러나 그들의 정서적 과잉반응은 당신이 선호하는 결과를 만드는 상호작용을 이끌 기회를 제공하기도 한다.

예를 들어, EI 사람과의 대화에서, 그들은 보통 틀에 박힌 자기중심적인 방식으로 이야기하며, 자신들에게만 중요한 주제를 가지고 이야기한다. 당신은 그들이 대화에서 얼마나 협소한 주제를 제공하는지 알아차렸는가? 그들이 당신에게 얼마나 드물게 질문하는지 알아차렸는가? 그들은 다른 사람들에 대해 알고 싶거나 더 배우는 데 관심이 없다. 당신은 대화를 풍부하게 함으로써 지루하지 않은 경험으로 이끌 수 있다.

당신은 대화의 방향을 바꾸거나 더 깊이 있게 만들 수 있다 만약 EI 부모 밑에서 자랐다면, 대화에 참여하여 더 맞는 주제로 어떻게 이끌어 가야 하는지를 배우지 못했을 것이다. 어린 시절 당신의 역할은 그들이 하는 무슨 말이든 그저 듣기만 하는 관객처럼 느꼈을 것이다.

하지만 이제 성인으로서, 당신은 대화에서 주도적인 역할을 맡을 수 있다. 당신은 주제를 바꾸거나, 부정적인 생각을 바꾸거나, 두려움을 완화시켜 대화의 흐름을 바꾸는 질문을 함으로써 대화의 방향을 바꿀 수 있다. 대화의 변화를 유도할 준비를 함으로써, 스스로에게 더 적극적인 참여의 느낌을 주는 상호작용을 만들 수 있다.

당신은 "그렇게 느끼도록 만든 경험은 어떤 것인가요? 만약, 같은 일이 일어난다면 어떻게 상황이 나아질 것 같나요? 그것은 어떤 단점이 있을까요? 의도하지 않은 결과가 어떻게 나올지 궁금하네요. 혹, 좋은 생각 있나요?"와 같은 질문을 통해 호기심을 표현할 수 있다.

또한 "어떤 사람들은 그것에 동의하지 않을 거예요. 그들은 ~라고 말하겠지요. 그럴 때는 어떻게 대답하나요?"라고 말함으로써 좀 더 깊이 있는 대화를 장려할 수 있다. 여전히 그들은 이야기를 계속하겠지만, 이제 당신은 수동적으로 끌려가는 것이 아니라 대화를 더 복잡하고 흥미롭게 만들었다. 그들이 당신을 수동적인 역할로 지배하려고 할 때, 당신은 자기 확언을 통하여 적극적으로 상호작용에 임할 수 있다.

정서적으로 미숙한 부모를 다루기 위한 다섯 가지 효과적인 기술

당신은 더 폭넓은 주제를 제안할 수도 있다　그들은 틀에 박힌 방식으로 생각하기 때문에, 그들 자신이 바꾸고 싶어도 바꿀 수 없는 대화의 틀에 갇히게 된다. 자기중심의 경직성은 그들의 주제를 제한한다. 자신의 선입견에 사로잡힌 맹목적인 협곡에서 그들을 이끌어 주는 누군가를 은근히 환영할지도 모른다.

당신은 그들이 좋아하는 TV 프로그램, 영화, 그들의 흥밋거리 안에 있는 모든 것을 이야기할 수 있다. 당신은 무언가를 파는 것이 아니라 연출하는 것이다. 당신은 수동성과 해리에 빠지는 대신 의도적으로 적극적인 상태를 유지한다.

EI 사람들이 잠시 이야기한 후, 당신은 "제게 그것에 대한 아이디어가 있어요."라고 아주 짧게 초점을 바꾼 다음 "어떻게 생각하시나요?"라고 간략하게 당신의 생각을 공유할 수 있다. 이것이 초보적이고 투박한 대화처럼 들린다면, 그게 그들에게는 맞는 방식이기 때문에 옳은 것이다.

가끔, 대화의 방향을 바꾸기가 어렵기 때문에, 주제를 미리 준비해 두라. 좋은 아이디어는 테이블 토픽(table topics) 게임처럼 주머니에 넣어 두고 그들과 대화 시 적절한 카드를 선택하는 것이다. 그것들은 당신이 집중이 안 된 멍한 상태에 곧 빠질 것 같은 지루한 순간을 멈출 수 있도록 도와줄 것이다. 가족의 옛날이야기, 어린 시절(당신 혹은 그들의), 잘 모르는 친척에 대한 질문들도 흥미로울 수 있으며, 그들은 질문해 주는 것에 대해 기뻐할 것이다.

듣기 지겨운 이야기를 하고 있을 때, 잠시 대화를 중단하고, "갑자기 중단해서 죄송해요. 주제에서 벗어나지만, 항상 물어보고 싶었던 게 있어서요."라고 말한 후 당신이 정말로 알고 싶은 몇 가지 질문을 준비하면 된다. 그들의 이야기에 타인들을 적극적으로 초대하는 것은 EI 사람의 독점으로부터 한숨 돌릴 수 있는 또 다른 방법이다.

이런 방식으로 의사소통을 더 활기차고 상호적인 것으로 적극적으로 이끌 수 있다. 당신의 의견을 듣지 않을 수도 있지만, 질문하면, 당신의 의견을 훨씬 더 많이 듣게 할 수 있을 것이다. 다시 말하지만, 목적은 그들을 바꾸는 것이 아니라, 당신에게 더 관심을 갖게 하고 함께 참여할 수 있는 방식으로 상호작용을 이끄는 것이다.

상호작용을 이끄는 것은 누구도 독점하는 것이 아니다. 그것은 단지 사람들을 생산적인 방법으로 안내할 뿐이다. 우리는 자녀들이 모든 대화를 독점하거나 대화의 주제를 마음대로 결정하는 것을 허용하지 않을 것이다. 그것과 비슷하게, EI 사람이 그런 방식으로 독점적이고 불합리한 사회적 권력을 부여받는 것은 좋지 않다.

4. 자신을 위한 공간을 만들라: 참여하지 않거나, 한계를 설정하거나, 떠나라

EI 부모/사람들과 시간을 보내기 전에 자신을 위한 건강한 공간을 어떻게 만들 것인지 미리 계획해야 한다. 이것은 당신 스스로와 단절되거나 그들의 원맨쇼에 갇히지 않기 위해 필수적이다.

참여하지 않고 거리를 유지하는 방법

가끔 그들과의 대화는 절대로 하고 싶지 않을 수 있다. 그들은 지배, 비난, 수치심, 비아냥거림에 관여하는 것을 좋아하기 때문에 당신은 정서적인 거리를 두는 것을 선호할 수 있다.

상상을 이용하라 내 친구 중 한 명은 어머니의 집 현관을 열고 들어가기 전, 자신을 감싸는 단단한 유리 항아리가 있다고 상상을 하면 늘 상황이 더 나아진다는 것을 알게 되었다. 어머니의 부정적인 말들이 그 유리벽에 조약돌을 튕기듯이 통통 튕겨 나가는 모습을 상상했다.

또한, 재미있는 영상에서 아이디어를 얻어 어머니의 비판을 그녀가 듣고 싶은 말로 대체함으로써 방문을 즐겁게 즐길 수 있었다 (Degeneres, 2017). 예를 들어, 어머니가 외모에 대해 못마땅한 말로 "너 머리는 왜 잘랐니?"라고 했을 때, 듣고 싶은 상냥한 말("너를 보니 너무 좋다! 잘 지냈니?")을 한 것처럼 반응했다("엄마를 만나서 기뻐요!"). 그녀는 스스로 웃게 만들었고 덕분에 모든 것이 가벼워졌다.

칭찬을 사용하라 칭찬은 내 친구가 자신과 어머니 사이에 더 상냥한 공간을 만들 수 있는 또 다른 방법이었다. 비록 칭찬이 거리를 두는 방법으로 보이지는 않지만, 그것은 확실히 통하는 방법이다. 칭찬은 당신을 상호작용의 주체로 만들며, 그들의 기분을 좋게 만들어 준다. 칭찬은 그들이 자랑스러워하는 것이라면 무엇에든 할 수 있다. 가장 좋은 점은 그들이 당신으로부터 정서적인 힘을 얻는 것이 아니라 칭찬으로부터 힘을 얻게 만드는 것이다.

빠르게 행동하라 당신이 숨 쉴 공간이 필요하다고 느낄 때는 빨리 행동하는 것이 중요하다. 피곤하거나 초조하고 불안하다고 느끼자마자 바로 휴식을 취하지 않는다면, 그들의 덫에 걸려 오랫동안 빠져나오지 못할 수 있다.

당신이 그들과 함께 있으면서 그들에 의해 갇히거나 진이 빠지기 시작하면, "잠깐만, 화장실 좀 다녀올게요, 아! 머리가 아파서 잠시 바람 좀 쐬고 올게요." 등의 말을 통해 상호작용을 그 즉시 멈춰야 한다.

이 예시의 말 중에서 "오." "이봐." "글쎄." 또는 "어머." "아시죠?" 등과 같은 흐름을 끊는 말에 주목하라. 이 짧은 단어들은 그들의 장악 독백에 빠졌을 때 빠져나올 수 있는 시초가 된다.

시간이 지나면, 당신은 대화의 방향을 바꾸는 기술에 더 익숙해지면서 이러한 종류의 변명거리로 피해야 할 필요가 없다고 느낄지도 모른다. 하지만 이제 막 자신을 위한 공간을 만들기 시작했다면, 이것들은 당신이 다시 운전석에 앉는 좋은 방법이 될 것이다. 일단 자신을 위한 공간을 만들었다면, 상호작용을 통제하고 절대 갇힌 느낌이 들지 않을 때까지 공간을 유지하라.

당신이 휴식할 수 있는 곳을 꼭 만들라

형편이 된다면, EI 사람의 집에서 지내는 것은 좋은 생각이 아니다. 그들과 함께 시간을 보낼 때, 무시당하면서 동시에 진이 빠지는 이상한 조합의 기분을 느끼게 된다. 그들은 당신과의 관계를 사람 대 사람이 아니라 관객으로 보기 때문에 그들 주변에서 당신 자신과 접촉을 유지하는 것은 매우 피곤할 수 있다.

EI 사람은 당신을 고갈시킬 수 있으므로, 짧은 방문 동안에도 후퇴할 수 있는 장소를 갖고 활력을 찾을 수 있는 휴식이 필수적이다. 호텔이나 아침 식사가 제공되는 숙소에서 지내는 것은 24시간 동안 그들에게 맞추지 않으면서 가족과 함께 시간을 보내는 완벽한 방법이 될 수 있다. 그들에게 해야 할 일 때문이라고 말하는 것도 잘 통하는 방법이다.

정서적으로 미숙한 부모를 다루기 위한 다섯 가지 효과적인 기술

후퇴의 시간을 갖는 것은 그들에게 노출을 통제할 수 있으므로 필수적이다("아버지, 정말 좋았는데, 저녁 먹기 전에 호텔로 돌아가서 쉬어야 할 것 같아요."). EI 사람은 신체적인 욕구에 대해서는 실제로 논쟁을 하지 않으며, 그들로 인하여 당신이 어떻게 느껴지는지 설명하려는 것보다 훨씬 더 이해가 쉬울 것이다.

예를 들어, James는 다른 지방에서 가족 모임에 참석할 때마다 그의 파트너와 매일 산책, 시골에서의 드라이브, 영화, 쇼핑 등 미리 계획하여 그들이 가족의 역동에서 벗어나고 긴장을 풀 수 있도록 했다. 그의 친척들의 행동에서 유머를 찾았고 상황을 균형 있게 보려고 농담을 했다. 그들 커플은 누군가가 특히 둔감한 행동을 할 때마다 유심히 지켜보며 눈을 마주쳤고, 나중에 수다를 떨 수 있다는 것을 알고 있었다. 정서적 강압은 진지하게 받아들이지 않으면서 자주 휴식을 취하면 당신을 사로잡지 못한다.

또 다른 여성은 자신의 가족을 방문할 때마다 친한 친구에게 자주 문자를 보냈다. 기회가 있을 때마다 방금 일어난 일에 대해 이모티콘으로 가득한 재미있는 문자를 친구에게 보냈다. 아버지가 그녀에게 항상 그 빌어먹을 전화를 받고 있다고 불평을 하자 그녀는 웃으며 "저도 알아요. 근데 이게 잘 안 고쳐지네요!"라고 말했다.

물론, 이런 핑계들이 공정하지 않고 솔직한 인간관계에 도움이 되지 않는다고 말할 수 있을 것 같다. 하지만, 진정한 관계를 맺기 전에, 보다 적극적이고 의식적인 방식으로 자신을 보호할 수 있어야 한다. 10장에서 EI 사람에 대한 보다 현실적인 방법에 대해 알아보겠지만, 먼저 몇 가지 자기보호 조치를 배우는 것이 가장 좋다.

그들에게 당신의 노출 정도를 제한하라

당신이 그들에게 얼마나 많은 시간이나 관심을 기울이든, 그들은 결코, 충분하지 않다고 생각할 것이다. 만약, 그들의 선택에 맡겨 둔다면, 그들이 멈출 때쯤 당신은 감정적으로 지쳐 있을 것이다.

당신이 흐려지기 전에 그들에게 어느 정도의 노출을 감당할 수 있는지 미리 결정하라. 그 시간이 되면, 두 팔을 뻗고, 크게 하품을 하며, "미안해요. 피곤해서 집중이 안 되니 이만 일어날게요." 또는 "다리가 저려요."라고 말을 하면서 일어난다. 만약 당신에게 편안하게 느껴진다면, 그들의 손을 쓰다듬거나 어깨를 살짝 주물러 주는 것은 우호적인 관계를 유지하는 데 도움이 된다.

만약 그들이 왜 항상 그렇게 피곤하냐고 불평하거나 궁금해하면, 당신은 그저 "저도 알아요. 제가 좀 그렇죠? 수면 무호흡증이 있나?"라고 말하면 된다. 사실, 자기중심적이고 정서적인 자각이 없는 그들 주위에 있는 것은 피곤한 것이다. 당신은 그 시점에서 실제로 낮잠을 자고 싶다고 느낄 수 있다. 그들이 말을 시작하면 당신은 쉬어야 한다는 것은 공평한 일이다.

그들은 자신이 얼마나 길게 많은 말을 하는지, 누구의 희생이 따르는지 전혀 모른다. 예를 들어, Michelle은 더 이상의 공통점이 없는 대학 시절 룸메이트로부터 전화를 받는 것을 두려워했다. 긴 시간 동안 그녀의 말을 들어준 Michelle이 대화를 끝내려고 하면 룸메이트는 놀란 듯 "나는 너와 온종일 이야기할 수 있는데!"라고 한다. Michelle은 속으로 생각했다. '그렇지. 너 혼자 계속해서 이야기하기 때문이지.' 또 다른 여성은 그녀의 엄마와 한 시간 동안 통화하다가 이제 끊어야 한다고 말했을 때, 엄마는 "너하고 정말 이야기할 시간이 **없구나!**"라고 못마땅해 했다고 전했다.

정서적으로 미숙한 부모를 다루기 위한 다섯 가지 효과적인 기술

EI 사람에게 계속해서 전화가 걸려오면 응답 메시지가 자기보호적인 해결책이 될 수 있다. 전화에 대한 답으로 문자나 이메일을 남기는 것("전화를 못 받았어. 무슨 일이야?")은 그들과의 접촉시간을 제한적으로 유지하는 또 다른 방법이다. 아무 때나 편할 때 언제든지 당신에게 접근할 권리가 그들에게는 없다. 당신이 편한 시간에 다시 전화를 걸면 된다. 당신이 다른 곳으로 곧 이동해야 할 때가 제일 좋다.

그들이 당신의 귀를 그들의 불행이나 불평을 버리는 쓰레기통으로 사용할 때, 당신은 "아, 지금 힘든 시간을 보내고 있네요. 당신이 기분이 나아지면 다시 전화할게요."라고 말할 수 있다. 말이 안된다고 할 수도 있지만, 단지 자신을 궁지에서 벗어나게 해 주면 된다는 것을 기억하라. 만약 그들이 당신에게 비난이나 불평을 하게된다면, 당신은 "아, 그건 몰랐어요." 또는 "알겠어요. 난 괜찮아요. 이제 전화를 끊을게요."라고 모호하게 말할 수 있다.

전화를 처음 받을 때 제한을 설정하는 것이 좋다. "오, 친구! 목소리를 들으니 기쁘네. 잘 지내지? 10분 정도 여유가 있는데." 만일 그들이 당신에게 "넌 항상 바쁘다고 해, 앞으로 너와 더는 이야기할수 없어."와 같이 말하면서 죄책감을 주려고 한다면, 적절한 대답은 "나 10분 정도는 시간을 낼 수 있어. 말해 봐. 무슨 일이야?"이다.

뿐만 아니라 "잘 지내죠?"라는 말은 "무슨 일이죠?" 또는 "나에게 무슨 말을 하고 싶은가요?"와 같은 진지하고 개방적인 질문을 함으로써 더 긴 대답을 장려하는 대신, 본론으로 들어가라는 신호를 준다. 이것은 무례한 것이 아니다. 사실 당신이 무엇을 할 시간이 있는지 다른 사람에게 미리 알려 주는 것은 예의이다.

당신은 특정 주제를 거절할 수 있다

Lexi는 어머니가 다른 가족들의 이야기를 하는 것을 싫어했다. 어느 날, 어머니에게 더는 그들에 대한 험담을 듣지 않겠다고 말했다. 어머니는 기분이 상하고 방어적인 태도를 보이며, 딸에게 "글쎄, 너한테 말하지 않으면 누구한테 이야기할 수 있겠니?"라고 말했다. 이것이 그녀가 해결해야 할 문제가 아니라는 것을 깨닫고 어머니에게 다른 주제로 대화를 나눌 수 있다면 좋겠다고 말했다. 그후로 어머니의 친척들에 대해 불평하기 시작할 때마다 "엄마, 그만 끊을게요." 하고 더는 설명 없이 전화를 끊었다. 가끔 Lexi는 그냥 전화를 끊거나 연결이 끊기는 척을 하기도 했다. 얼마 후에, 어머니는 불평하기 시작하더니, 다른 이야기를 하기 전에 "아 맞다. 넌 이 이야기 싫어하지?"라고 말하면서 그만두었다. 이것은 그들에게 지속성이 얼마나 효과적일 수 있는지를 보여 주는 또 다른 예시이다.

자신에게 맞는 방법을 사용하라

Lexi는 대화를 멈추고 갑자기 전화를 끊는 것을 스스로에게 허락했다. 긴 작별인사도 없고, 마무리 인사도 없이 그녀는 그냥 전화를 끊었다. 반면에, Audrey는 친절하게 대해 주는 것을 더 편하게 느끼는 사람이었다. 예를 들어, Audrey는 어머니 때문에 기운이 다 빠졌을 때 끼어들어 친절한 목소리로 "엄마, 정말 미안하지만 난 지금 끊어야 해요. 나중에 얘기해요."라고 말했다.

갑작스럽게, 혹은 친절하게 두 사람 모두 성공적으로 자신의 에너지를 보호하고 있었고, 어머니의 통제력을 떨어뜨리고 있었다. Lexi와 Audrey 둘 다 전화를 끊겠다는 목표를 달성했지만, 각자의 방법으로 해냈다.

갑작스러운 끝맺음은 무례하거나 나빠 보이지만, 사실은 그렇지 않다. 그들의 공감 부족은 당신이 이미 충분히 겪었던 우회적인 신호를 망각하게 만든다.

그들이 대화를 계속하고 싶은 만큼 당신에게는 대화를 끝낼 권리가 있다. 게다가 원할 때 언제든 끝낼 수 있게 되면, 나중에 듣고 싶은 마음이 훨씬 더 들 것이다. 당신의 한계는 인간관계에 좋은 것이다. 이는 모두 수동적인 청중이 아니라 적극적인 참여자가 되는 과정의 일부이다.

그냥 떠나라

대부분의 성인 자녀들은 의사소통에 있어서 EI 부모가 상호작용을 마칠 때까지 기다렸어야 했다. 그렇지 않으면 예의가 없고 무례하다고 훈련받아 왔을 것이다. 그들은 가끔 자녀들에게 정서적인 공간을 가지지 못하게 하기도 한다("내가 너에게 말할 때 나를 봐야지!"). 자녀는 충분히 들었다고 말하는 것이 허용되지 않는다. 이것은 자녀들이 받아 온 수동성 훈련의 일부이다. 그들이 이야기를 마칠 때까지 계속해서 가만히 그대로 있어야 한다(아마도 해리되었을 것이다). 당신이 충분히 참았을 때, 그들이 필요한 말을 할 수 있는 여지를 주지 않는 상황에서 떠나는 것은 비겁하거나 무례하지 않다. 그것은 아무에게도 상처를 주지 않으면서 경계를 설정하는 또 다른 방법일 뿐이다.

우리가 신체적으로 묶여 있는 것이 아니므로, 우리는 언제든지 떠날 수 있고, 사회적으로 품위를 지켜야 할 필요는 없다. 사실, 그런 식으로 약간의 예측 불가능함을 만드는 것은 나쁠 건 없다.

Sam은 그의 가족들에게 늦게 오고 빨리 가는 사람으로 인식하도록 만들었다. 그는 방문했을 때 유쾌하고 재미있게 있다가 갑자기 식탁에서 일어나 "음, 정말 즐거웠어요. 저는 이제 가 볼게요."라고 말하고 다정하게 손을 흔들며 "안녕, 여러분!"이라고 했다. Sam은 준비가 되었을 때 언제든 떠날 수 있다는 사실을 알게 되면서 실제로 이러한 방문을 더 즐기고 있다는 것을 깨달았다.

그가 처음 이 방법을 시작했을 때 놀란 가족들은 왜 그렇게 빨리 떠나야 하는지 알고 싶어 했다. 그는 "저 너무 피곤해요." 혹은 "오늘 너무 많이 먹었어요."와 같은 핑계를 대곤 했다. 시간이 좀 지나면서 그는 핑계를 멈추고 작별인사만 했다. 그는 대수롭지 않게 여기며 기분 좋게 했기 때문에 가족은 결국 그것을 받아들였다. 만약 그의 지각에 대해 불평을 한다면, 그는 "알아요. 제가 매사에 좀 늦죠."라고 말하며 동의했다. 얼마 후, 가족들은 그가 떠나자 그저 눈을 치켜뜨며 어깨를 으쓱할 뿐이었고 누군가는 "저게 Sam이야."라고 말했다.

당신은 연락을 끊을 수 있다

EI 부모가 경계를 존중하지 않거나, 그들의 행동이 너무 해롭다면 당신이 필요한 만큼 연락을 끊을 수도 있다. 때때로 우리를 고갈되게 하는 해로운 EI 부모/사람으로부터 휴식이 필요하다(Forward, 1989). 만약 상호작용이 항상 고통스럽다면, 그들에게 끌려다니지 않을 만큼 충분히 강하다고 느낄 때까지 어느 정도 거리를 유지해야 한다. 그들이 폭력적이었을 때, 거리를 유지하는 것은 충분히 보호된다고 느끼는 유일한 선택일 수 있다. 드문 경우지만, 정당한 이유로, 어떤 사람들은 아예 연락을 끊기로 결정한다.

하지만, 소원해지는 것은 큰 피해를 주기 때문에, 그것에 대한 대가의 비중을 따져봐야 한다. 휴식을 취하는 것의 목적은 그들과 접촉이 있더라도, 당신이 그들의 장악과 지배로부터 자유롭도록 강건해지는 것이다. 만약 당신이 제한된 접촉만 하기로 한다면, 아주 짧은 통화, 이메일, 문자, 또는 짧은 방문만으로도 오랫동안 관리할 수 있다.

연락을 끊을 것을 고려하고 있다면, 나중에 후회하지 않을지 스스로 물어보라. 그것은 자신의 결정을 근거로 이루어진 진정한 시험이다. 때때로 연락하는 것 자체가 너무나 고통스러울 수 있다. 때때로 당신에게 최선의 좋은 관계는 멀리 떨어져 있는 것일 수도 있다.

5. 그들을 중지시키라

EI 사람이 폭력적으로 행동할 때 어떻게 해야 하는지 살펴보자. 그들의 행동이 무례하지만, 실제 안전위협이 아니라면 당신은 새로운 '규칙'을 준비할 수 있다. 그들의 전형적인 무례한 행동을 알면 당신은 충동의 속도에 도달할 때까지 계획된 대응을 연습할 수 있다. 폭력적인 행동은 대부분 사람을 놀라게 하므로 만약 대응할 준비가 되어 있지 않다면, 당신은 마비 상태에 빠질 수도 있다. 즉각적인 대응은 또한 제압하고자 하는 그들의 의도를 무너뜨리는 기습적인 요소를 가지고 있다. 당신은 그들을 중지시키고 미래의 상호작용을 위해 규칙을 정해야 한다.

실제적인 폭력으로 커지지 않는 방식으로 괴롭히는 부모와 제한 설정의 예를 살펴보자.

Lisa는 다혈질이고 화를 잘 내는 아버지임에도 불구하고 계속해서 부모님을 가족 행사에 초대했다. 어느 날 아버지는 부엌에서 허락 없이 식료품 저장실에서 음식을 가져갔다는 이유로 그녀의 여덟 살짜리 아들의 뒤통수를 때렸다. 그녀는 자신이 학대받았던 기억이 떠올라 몹시 화를 냈다. 아버지에게 소리를 지르며 "아빠! 만약 아빠가 한 번만 더 이렇게 하면, 다시는 우리를 못 볼 줄 알아요!" "우리 집에서는 절대 때리지 않아요. 만약 다시 이런 일이 벌어진다면, 다시는 집에 초대하지 않을 거예요. Bobby에게 사과하세요."라고 말할 수도 있었다.

Lisa의 강한 반응은 자신의 보금자리를 다스릴 자격이 있다고 생각했을 뿐만 아니라 아버지에게도 마찬가지로 한계를 설정하는 데 필요한 것이었다. Lisa는 부모님에게 집에 갈 시간이라고 말할 권리가 있었을 것이다. 그러나 Lisa가 아버지의 실제 폭력을 두려워했다면 아버지와 정면으로 맞서지 않았을 것이다. 대신, 필요하다면 몰래 경찰을 부르는 등의 행동을 포함하여 상황을 진정시키고 안전하게 유지하려고 노력하면서 단계적으로 줄여 갔을 것이다. 나중에 그녀는 전화나 이메일로 왜 다시 초대하지 않는지에 대해 안전하게 설명할 수 있었다.

폭력적인 EI 사람을 다룰 때 안전에 유의하라

폭력의 가능성이 있는 그들의 경우, 정확한 한계를 설정하거나 중단을 요구하는 것은 그 순간의 그들의 감정 상태에 따라 상황이 더 악화될 수 있다. 누군가가 화가 났을 때 자신을 옹호하는 것은 당신을 위험에 빠뜨릴 수 있다. 안전한 거리를 확보하기 위해 위험한 순간을 어떻게 잘 헤쳐 나가야 할지를 전문가에게 조언을 구하고 자신의 직관을 따르는 것이 가장 좋다. 그러한 상황에서 당신의 적절한 목표는 다치지 않고 상황을 극복하는 것이다. 일단 그들에게서 벗어날 수 있다면, 당신은 자신과 다른 사람들을 안전하게 지키기 위한 보다 포괄적인 계획을 세울 수 있을 것이다.

당신이 알고 있는 최선의 방법으로 순간에 대응하라

때때로 그들은 물건을 부수거나 화가 난 상태에서 차를 운전하는 것과 같은 감정적인 통제력을 잃기 때문에 다른 사람들을 위험에 빠뜨린다. 이때 당신이 하는 모든 것이 상황을 더 악화시킬 수 있으므로 마치 인질로 잡혀 있는 것처럼 느껴진다.

때때로 그러한 상황에서 당신이 할 수 있는 모든 것은 심호흡하고, 주의를 기울이고, 그들을 진정시키려 노력하고, 상황을 진정시키거나 상황에서 벗어날 기회를 찾는 것뿐이다. 이것은 당신이 약하다는 것을 의미하는 것이 아니다. 그것은 당신이 할 수 있는 유일한 방법으로 위험한 상황에 대처하고 있다는 것을 의미한다.

하지만 당신은 미래에 어떻게 할 것인지 계획할 수 있다. 당신은 그들을 언제나 공공장소에서만 만나거나 항상 당신 자신의 교통수단을 준비하는 것에 동의할 수 있다. 만약 그들이 당신에게 이유를 묻는다면, 그들에게 말하라.

이 방법들을 통해 연습할수록 당신의 기술은 꾸준히 성장할 것이다. 당신은 점점 더 잘할 수 있고, 정서적 강압으로부터 자유로워질 것이다. 시간이 좀 지나면 당신은 내면에서 평화로운 힘이 자라는 것을 느낄 것이다. 이러한 변화들을 지속시키기 위해서는 계속해서 인식하고 정서적 강압을 발견할 수 있는 자신을 격려하고 칭찬하라.

꼭 기억해야 할 사항

당신은 EI 사람에 의해 장악되는 것을 거부할 권리가 있다. 그들로 인한 좌절과 혼란은 관점을 바꾸게 하는 신호로 사용될 수 있으며, 당신이 원하는 결과에 대해 생각할 수 있게 한다. 그들에 의해 즉시 반응하도록 강요받는 느낌 대신에 시간을 가지고 자신을 위한 공간을 만들어라. 회피하고, 청산하고, 이끌고, 한계를 설정하는 효과적인 방법들은 그들의 정서적인 통제 시도를 멈출 수 있다. 폭력적인 가능성이 있는 EI 사람들과의 관계에서 안전에 주의하고, 그들이 폭력적으로 될 경우 대응하는 방법에 대해 전문가의 조언을 구하라.

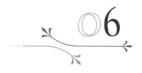

정서적으로 미숙한 부모는
당신의 내면세계에 적대적이다

－내면의 경험에 대한 권리를 지키는 방법－

EI 부모와 함께할 때 당신 자신으로 있는 것은 힘든 일이다. 일부 자녀는 부모에게 반항함으로써 고통을 표출하지만, 만약, 당신이 깊이 생각하는 사고형이고 사물을 내면화하는 사람이라면 표출하기보다는 자기를 억제할 것이다. 부모 주변에서, 자신의 개별성을 약간 숨기면서 원활한 관계를 유지하는 방식으로 당신은 반응했을 것이다. 또한, 부모 옆에서는 항상 약간의 긴장 상태에 있으며, 스스로 검열하고 여러 번 생각한 뒤에 이야기했을 것이다.

무엇이 자신을 표현하는 데 그렇게 조심스럽게 되었을까? 그것은 그들이 타인의 내면적 경험을 너무 빠르게 판단하고 조롱하기 때문이다. 그들에게 자녀의 내면세계는 그들이 중요하게 여기는 것으로부터 주의를 산만하게 하는 방해의 요인이었을 것이다. 자녀들이 그들에게 동의하기를 기대하기 때문에, 자녀가 다른 의견을 표현하거나 자신의 감정을 말할 때마다 그것을 무례한 것으로 받아들인다. 그들은 자녀의 마음속에서 일어나는 것이 무엇이든 그들이 허락하지 않는 한 아무 의미가 없는 쓸모없는 것처럼 행동한다.

이 장에서는 당신의 내면세계에 대한 EI 부모의 적대적인 태도가 어떻게 당신 스스로 자신의 내면 경험을 불신하고 심지어 수치심을 느끼게 해서 결국 자신감을 떨어트리는지에 대해 알아볼 것이다. 자녀를 통제하기 힘들어지는 것을 원치 않기 때문에 그들은 본능적으로 자녀가 스스로 내면의 지침에 의존하지 않기를 원한다. 여기에서 우리의 목표는 당신의 감정과 관점을 지지하기 위해, 사기를 떨어뜨리는 그들의 판단을 꿰뚫어 보는 것이다.

당신의 내면세계의 중요성과
그것이 당신에게 주는 것

이제 당신의 내면세계가 왜 중요한지 살펴보자. 내면세계로부터 받을 수 있는 중요한 다섯 가지 선물이 있다.

1. 내면의 안정과 회복력
2. 자신으로서 온전한 느낌과 자신감
3. 다른 사람들과 친밀한 관계를 맺을 수 있는 능력
4. 자기를 보호하는 능력
5. 삶의 목적에 대한 인식

1. 내면의 안정과 회복력

내면의 심리적 세계는 몸이 발달하는 것과 같이 예측 가능한 단계를 밟으며 발달한다. 미발달 상태에서부터 시작해서 점차로 통합되면서 역동적인 성격 구조를 형성한다. 내면의 발달이 잘 이루어지면, 심리적 기능이 안정적으로 교차 연결된 조직으로 짜여 자기 생각과 감정이 원활하게 함께 작동하게 된다. 자신을 회복력이 있고 적응적으로 만들기에 충분한 내면의 복잡성을 발달시킨다. 자신과 자신의 감정에 대해 알아야 한다. 우리의 생각들은 유연하면서도 조직적이어야 한다. 당신은 자기를 인식할 수 있는 사람이 되어야 한다. 이것은 흑백논리, 경직성 그리고 모순되는 EI 사람의 성격과는 매우 다르다. 그들의 내면세계는 신뢰할 수 있는 안정성, 회복력 또는 자기인식을 만들기에는 잘 발달되거나 통합되지 않았다.

2. 자신으로서 온전한 느낌과 자신감

자신의 생각을 알고, 내면세계와 깊이 접촉할 때, 자신으로서 온전하고 완전한 느낌을 얻게 되어 안정감이 높아진다. 내면의 온전성은 또한, 자신에게 존엄성과 진실성을 부여하여 스트레스나 불화에 직면할 때마다 마음을 강건하게 붙들어 매 준다. 그것은 또한 당신의 감정이 의미가 있고 당신의 직관을 신뢰할 수 있다는 자신감을 줄 것이다.

당신의 내면세계의 중요성과 그것이 당신에게 주는 것

3. 다른 사람들과 친밀한 관계를 맺을 수 있는 능력

정서적 자기인식을 통해 타인과 정서적으로 친밀한 관계를 공유할 수 있게 한다. 자신에 대해서 잘 알수록, 타인에 대해 더 많은 연민을 느끼게 될 것이다. 진정한 친밀감은 서로의 내면 경험에 대한 공유된 이해로부터 온다. 그렇지 않으면 그것은 단지 두 사람이 각자의 욕구와 충동을 튕겨 내는 것일 뿐이다. 자기인식은 또한 당신을 지지할 수 있으며, 인생에서 가치 있게 여기는 것을 지지할 친구와 파트너를 선택하는 데 도움이 될 것이다.

4. 자기를 보호하는 능력

당신 주변의 위험이나 타인을 신뢰할 수 없음을 감지하는 능력은 자신의 직감에 얼마나 귀를 기울이는가에 달려 있다. 위협을 감지하기 위해서는 상황과 상호작용이 당신을 어떻게 느끼게 하는지를 알아야 한다. 내면세계의 원초적 본능은 자신의 안전이 매우 중요하다.

5. 삶의 목적에 대한 인식

당신의 내면세계와 신뢰 관계는 당신에게 의미 있는 것이 무엇인지를 보여 주며 삶의 목적을 알려 준다. 만약 자신의 내면세계와 신뢰 관계를 형성하지 않는다면, 자신의 동료들, 문화 또는 기관이 하라고 하는 것이 무엇이든 의존하게 될 것이다. 이 책의 2부에서는 자신의 내면을 알아 가는 보다 구체적인 방법과 이 과정에 더 깊이 있게 참여할 방법을 배우게 될 것이다.

당신의 내면세계에 대한
정서적으로 미숙한 사람의 태도

이제 그들이 당신의 내면세계를 어떻게 바라보는지 살펴보자. 당신 내면의 경험에 대한 EI 부모의 태도를 이해하는 것은 그들에게 결정을 맡기는 대신 자신을 신뢰할 수 있도록 도와줄 것이다.

그들은 당신이 여전히 그들의 지시가 필요하다고 생각한다

EI 부모는 성인 자녀를 아직도 어린아이인 것처럼 내면적으로 미숙한 것으로 본다. 이렇게 예전의 방식으로 보기 때문에, 자녀의 마음속에서 무슨 일이 일어나고 있는지 알아보지 않고, 대신 어떻게 지내라고 계속 말하는 것도 당연하다. 그들은 당신이 성인이 된 이후에도 부모의 권위를 주장하며 자격이 있다고 느낀다.

성인 자녀의 감정과 의견의 내면세계는 여전히 부모의 의견과 지시가 필요하다는 그들의 믿음에 도전하는 것이다. 그들은 자녀가 이제는 자신의 사람이 되었다는 것을 받아들이지 않기 때문에 설교하거나, 비판하거나, 무엇을 해야 하는지 말하고 있다. 당신의 내면세계를 무시하는 것은 그들이 가장 편안하게 느끼는 오래된 부모-자녀 관계를 유지하는 데 도움이 된다.

그들은 당신의 주관적인 경험에 대해 궁금해하지 않는다

EI 부모는 다른 사람들에게 어떻게 해야 한다고 지시하기를 원하기 때문에, 자녀의 내면 경험은 의미가 없고, 그들과는 상관이 없다. 자녀들은 부모가 원하고 가르쳐 주는 것으로 채워야 하는 빈 상자로 생각한다. 공감과 궁금함이 부족한 부모에게 중요한 것은 자녀가 무엇을 느끼고 생각하는가가 아니라 자녀가 그들을 어떻게 대하고 있는가이다.

다른 사람들의 내면 경험에 대한 무관심은 그들이 타인의 말을 잘 듣지 않는 이유를 설명해 준다. 그들의 입장에서는 자녀의 내면에서 중요한 일이 일어날 수 있다는 생각을 하지 않기 때문에, 자녀의 관점을 파악하려고 노력할 필요가 없다. 어린 시절 당신의 내면의 주관적 경험에 대한 그들의 무시하는 태도는 또한 당신이 자신의 내면세계를 대수롭지 않게 보도록 가르쳤을 것이다.

자녀의 내면의 삶보다 그들 자신이 바쁘게 지내는 것이 더 중요하다고 생각한다

EI 부모에게는 중요한 일이 외부 세계에서 일어난다. 그들은 자녀들에게 내면세계를 인식하도록 격려해야 하는 이유를 이해하지 못한다. 그들에게 생각과 감정의 내적 영역은 막연하게 위험하고 확실히 비생산적인 것처럼 보인다. 그들은 아이들이 신체 활동이나 외부 활동에 집중하여 바쁜 것이 가장 좋다고 생각한다.

그렇게 무시하는 태도로 자녀의 내면을 발달시키는 활동을 지지하지 않는다. 그들에게 독서, 공상 또는 예술은 그 자체가 시간 낭

06 정서적으로 미숙한 부모는 당신의 내면세계에 적대적이다

비처럼 보일 수 있다. 그들은 모든 것이 눈에 보이는 결과로 나오지 않으면 이해하지 못한다. 그렇지 않으면 무슨 의미가 있겠는가? 그들은 그들의 영성조차도 허용할 수 있는 영적 신념에 엄격한 제한을 두고 상당히 구조화되고 규칙에 묶여 있는 경향이 있다.

그들은 신중한 의사결정을 기다리지 못한다

그들은 빠른 결과를 원한다. 결과적으로, 자녀들에게 신중한 결정을 장려하지 않는다. 그들의 지침은 종종 진부한 규칙으로 구성되어 있거나, 많은 상황에 대한 설명 없이, 그저 당신 자신을 행복하게 만드는 일을 하라고 말할 수도 있다. 그들에게는 자녀의 내면세계를 신중하게 알아 가도록 도와주는 것은 지혜라기보다는 주의 집중을 방해하고 지연시키는 원천이었을 것이다. 생각할 시간을 갖는 것 또한 그들이 승인하지 않을 무언가를 자녀가 생각해 낼 가능성이 더 크다는 것을 의미한다.

161

그들은 당신의 결정을 약화시킨다

그들에게 신중하다는 것은 미적거리고 있는 것으로, 당신이 결정을 내리면, 그들은 종종 그것에 트집을 잡을 것이다. 이것은 그들이 사람을 미치게 만드는 모순 중 하나이다. 당신은 빠르게 결정을 내려야 하지만, 또한 부모의 뜻과 일치해야 한다. 자신의 목표를 향해 신중한 행동을 취하는 것은 부모로부터 당신이 개별화되었다는 증거이며, 그 사실은 그들을 불안하게 만든다.

당신의 내면세계에 대한 정서적으로 미숙한 사람의 태도

그들은 당신의 꿈, 환상적인 삶, 그리고 미적 감각을 인정하지 않는다

환상, 상상력, 미학은 내면세계에서 비롯되기 때문에 많은 EI 부모는 이러한 기능들은 시간을 낭비하는 것이라고 말한다. 그들은 환상을 무의미하고 부질없는 공상으로 일축한다. 그것의 역할을 발명이나 문제해결에 있어서 필수적인 선도적 역할을 보지 못하는 것이다. 인간이 만든 세상의 모든 것이 누군가의 환상적인 삶에서 처음 발명되었는데도 그들이 상상력의 이점을 무시하는 것은 매우 역설적이다.

특히 사람들이 아름다움에 대한 경외심, 미학적 감각을 깔보며 업신여길 수 있다. 자녀들이 의미 있고 아름답다고 생각하는 것을 비판하거나 놀리는 것은 자녀의 자존감에 크게 상처를 줄 수 있다.

다음은 아이의 미적 경험을 망치는 두 가지 예시이다. 10대 때 Mila는 돈을 모아 학교에 입고 갈 멋진 인조 모피 재킷을 샀다. 그녀가 그 옷을 처음 입었을 때, 그녀의 엄마는 깔깔거리며 그녀에게 지저분한 곰처럼 보인다고 말했다. Luke가 침실 벽에 그가 가장 좋아하는 밴드의 포스터를 붙였을 때, 그의 아버지는 그 음악가들이 패배자처럼 보인다고 그에게 말했다. Mila와 Luke 둘 다 그들이 소중히 여겼던 물건들을 다시는 예전처럼 볼 수 없었다.

아이들은 아름답고 영감을 주는 것으로 생각하는 것과 사랑에 빠지기 때문에, 부모들의 조롱은 충격적이다. 아이가 좋아하는 것에 대한 깊은 끌림을 조롱당하는 것은 정서적 자신감이 흔들린다. 시간이 지나면서, 아이들은 내면세계에 소원해지고 사기 저하, 우울감, 공허함 심지어 중독으로 고통받을 수 있다.

06 정서적으로 미숙한 부모는 당신의 내면세계에 적대적이다

그들은 당신의 내면 경험을 조롱한다

그들은 자녀와 감정이나 의견이 다르다면, 자녀를 놀리거나, 웃음거리로 만들고, 수치심을 주곤 한다. EI 사람은 자신과 맞지 않는 타인의 내면 경험을 조롱하는 것으로 잘 알려져 있다. 그들의 조롱은 자녀가 순진해서 무엇이 옳은지 모른다는 것을 암시한다.

그들의 조롱은 "말도 안 되는 소리 하지 마!" "바보같이 굴지 마!" "그건 말이 안 돼!" 등 여러 가지 방법으로 표현할 수 있는데, 모두 자녀의 생각은 고려할 가치가 없다는 것이다. 그들의 어떤 표정이나 한숨은 당신이 무슨 말을 하는지 모르겠다거나 당신의 생각이 터무니없다는 메시지를 보낼 수 있다. 이러한 억압은 자기회의와 자의식의 씨앗이 된다. 당신은 자기 생각에 대해 창피하게 느끼기 시작한다.

그들이 당신의 내면세계에 적대적인 이유

종종 그들은 당신의 생각에 동의하지 않을 뿐만 아니라, 경멸하고 화를 내기도 한다. 쉰 살의 한 여성은 아버지가 반대하는 후보에게 투표했다고 말했을 때, 손가락으로 쿡쿡 그녀를 찌르며 "다시는 그런 짓은 하지 마!"라고 말했다. 아버지의 적대감의 강도는 그저 기분이 상했을 뿐만 아니라, 그녀 자신의 선호를 무시하고 위협을 받고 있음을 암시했다.

그들이 당신이 독특한 생각과 감정을 표현할 때 적대적이고 공격적으로 될 수 있는 이유를 좀 더 자세히 살펴보자.

당신의 내면세계가 그들의 권위와 안전을 위협한다

EI 부모는 그들의 정서적 장악을 방해하고, 권위를 위협하기 때문에 당신의 내면세계를 좋아하지 않는다. 그들은 당신에 대한 정서적인 통제를 추구하고, 당신은 그들의 자존감과 정서적인 안정을 뒷받침하고 있다는 것을 기억하라. 당신이 그들을 걱정하는 것에서 자기 생각과 계획으로 관심을 돌리면 그들이 화를 내는 것은 당연하다.

그들은 관계에서 안전함을 느끼기 위해서는 지배적이어야 하므로, 자녀의 개별성이 걱정스럽다는 것을 발견한다. 그들은 일단, 당신이 자신의 내면 경험을 신뢰하면, 그들의 통제에서 벗어날 수 있다는 것을 감지한다.

EI 부모는 자녀가 개별성을 표현하는 것이 그들의 사회적 지위를 위협할 수 있다고 걱정할 수 있다. 당신의 EI 부모가 개인의 사회적 지위가 엄격한 순응에 의존하는 사회에서 자랐다면, 당신의 독특함이 그들에게 사회적 수치로 이어질 수 있다고 두려워할 것이다.

당신의 자기 연결은 그들에게 잃어버린 것을 떠올리게 한다

당신의 희망과 꿈에 대해 듣는 것은 그들의 외면당한 내면의 삶을 떠올리게 한다. 그들은 정서적인 거리를 유지하고 자신의 고통스러운 기억이 촉발되는 것을 피하고자 당신을 조롱하고 비판할 수 있다. 미래에 대한 당신의 희망은 그들 자신의 잃어버린 기회를 상기시킬 수 있다. 예를 들어, EI 아버지는 예술가가 되겠다는 아들의 꿈을 좌절된 자신의 꿈이 떠올라 비웃었다. 이 아버지는 가족을 부양하기 위해 학교를 중퇴해야 했기 때문에 결코 그의 꿈을 좇을 수 없었다. 열성적인 아들이 즐거움을 표현하는 것을 듣는 것은 너무 힘들었다. 그는 한 번도 할 수 없었던 일을 떠올리는 것이 너무 고통스러웠기 때문이다.

당신이 내면세계를 등지는 법을
어떻게 배웠는가

EI 부모가 당신의 내면세계를 인정하지 않은 것은 충분히 슬픈 일이지만, 당신 또한, 그들의 부정적인 목소리를 내면화했을 것이다. 그 결과로, 자신 내면의 경험을 무시하고 경멸하는 태도로 자신을 대하였을 것이다.

여기서 주의해야 할 몇 가지 자기 배신을 알아보자.

자신의 내면 경험에 등을 돌린다

EI 부모가 무시할 수도 있지만, **스스로** 자기 생각과 감정을 거스르는 것은 특히 더 해롭다. 자신이 내면의 경험을 거부하면 다른 사람들 또한 당신의 말을 듣고 싶어 하지 않을 것 같은 느낌이 들 것이다. 이것은 자신의 깊은 감정에 대한 경멸을 스스로 받아들였기 때문이다. 당신의 내면세계를 경멸하는 부모를 따른다면, 그것은 자신을 정서적 외로움 속에 가두는 것과 같다. 자기경시와 자기비판이 장악할 것이다.

당신 스스로 이런 짓을 할 필요는 없다. '이런 기분은 말이 안 돼!'

라고 자신을 꾸짖는 대신, '이런 느낌은 뭐지, 왜 그럴까?'라고 생각하여야 한다. 당신은 자기 거부나 수치심 대신 자신의 감정을 받아들이고 호기심을 느낄 때마다 매번 자신의 내면세계가 의미가 있고, 귀 기울여야 한다는 생각을 두둔하고 편들어 주는 것이다.

자신은 겉모습만 만든 후 더 피상적으로 되는 법을 배우게 된다

아이들이 느끼거나 생각하는 것에 부모가 관심이 없다면, 아이는 본질적인 사람으로 느끼면서 자랄 수 없을 것이다. 부모의 관심을 잃을 것 같은 느낌이 들 때 아이들은 진실하게 지내는 것이 어렵다. 아이들은 무시되는 느낌을 피하고자, 자신을 솔직하게 드러내기보다는 좋아 보이는 겉모습을 먼저 만들어 간다. 그 결과로, 종종 다른 사람들에게 진실성이 없는 것처럼 느낄 수 있다.

정서적인 절망에서 태어난 겉모습은 타인들이 어떻게 볼지를 관리하여 우리가 무시당하거나 평가받는다고 느끼지 않도록 도와준다. 하지만 겉모습이 우리를 보호한다 해도, 그것은 관계를 더 피상적으로 만든다. 슬프게도, 겉모습이 더 능숙해질수록, 냉소적이고 비판적인 사람들과 더 많이 어울리게 될 것이다(그들도 겉모습의 삶을 살기 때문에).

만약 당신이 겉모습으로만 살고 있다고 느낀다면, 당신의 진실한 반응을 조금 더 보이도록 노력하길 바란다. 이상적인 자기 이미지를 느슨하게 하고 자신이 진정으로 느끼고 있는 것에 주의를 기울여라. 자기인식은 피상적인 부분을 조금씩 줄여 줄 것이다. 조금씩 자신에게 더 진실해질수록, 자신에 대한 충실함도 높아질 것이다. 당신의 겉모습은 아마도 EI 부모의 인정을 얻기 위한 최선이었을 것이지만, 다른 사람과의 최적의 정서적 친밀감을 위해서는 도움이 되지 않을 것이다.

자신의 감정을 최소화하고 자신을 폐쇄한다

EI 부모들은 종종 자녀의 진심 어린 반응을 보이는 것을 무슨 문제가 있는 것처럼, 자녀의 정상적인 감정을 너무 과도하다고 반응한다. 그들은 이러한 과도한 감정들에 불편함을 느끼므로 감정을 경시하라고 가르치며, 자녀의 많은 감정이 불필요하거나 과하다고 말한다.

Mia가 어렸을 때 슬프거나 상처를 받았을 때, 그녀의 부모는 "속상해하지 마라!" "그렇게 느끼면 안 된다!"라고 말했다. Mia가 정말 행복하거나, 흥분하거나, 무언가를 기대하고 있을 때도, 여전히 Mia에게 "기대하지 마!"라고 경고하곤 했다. 그녀에게 보내는 그들의 전반적인 메시지는 "느끼지 마!"였다. 어떤 일을 겪었든지 간에, 그녀는 항상 그것이 너무 과하다는 메시지를 받았다. 부모님은 가벼운 정서적 자극만을 받아들일 수 있는 것이었다. 당혹감을 피하고자 Mia는 긍정적이든 부정적이든 자신의 강렬한 감정과 단절하는 법을 배웠다. 이것은 성인이 되어 만성적인 우울이라는 결과로 나타났다.

Mia는 "그들은 내가 행복하기를 바랐던 것 같아요."라고 말했다. "하지만 너무 깊게 생각하는 것보다 가볍게 생각해!" 그녀의 부모님은 크리스마스 선물, 새 옷, 또는 좋은 성적과 같이 눈에 보이는 실재적인 것들에 대해서만 그들이 인정하는 것으로 행복을 받아들였다고 회상

Mia의 이야기

167

당신이 내면세계를 등지는 법을 어떻게 배웠는가

> 했다. 부모님은 종종 Mia의 감정을 과도하거나 나약하고 예민하다고
> 여겼기 때문에 Mia는 자신의 진실한 반응을 숨겨야 했다.
>
> 그들의 거부로 인해, Mia는 자신의 감정을 최소화하고 숨기기 시
> 작했다. 그녀는 점차 정서적인 자유를 잃었고, 자신이 느낄 수 있는 모
> 든 것에 권리를 잃었다.

다행히도, Mia는 자신의 완전한 정서적 자율권을 찾기 시작했다. 그녀는 기분이 좋을 때 아닌 척 냉정한 행동을 하거나, 크게 실망했을 때 대수롭지 않게 여기는 일을 멈추는 법을 배웠다. 자신의 감정에 열린 마음으로 완전한 상태에 다가가도록 연습을 했다.

당신도 똑같이 할 수 있다. 당신의 진정한 감정을 죽이지 마라. 너무 많이 느끼는 것에 대해 두려움과 수치심을 느끼는 것은 옳지 않다. 당연히 느껴야 할 당신의 감정을 수용함으로써 이러한 자기 배신을 뒤집을 수 있다. 다음에 즐거움을 느낄 때, 그 감정을 방해받지 않고 자신이 경험하도록 내버려 두어라. 당신은 성인이 되어서도 변함없이 자신의 감정을 있는 그대로 경험할 수 있다. 이것이 스스로에 대해 알 수 있는 가장 좋은 방법이다.

불행하게도, 만약 자신의 감정에 대해 어리석게 느끼도록 만들어 왔다면, 당신은 화가 났을 때 사람들로부터 스스로 물러나는 법을 배웠을지도 모른다. "난 괜찮아!"와 같은 말로 다른 사람들의 공감을 거절했을 것이다. 하지만 그러한 위로로부터 스스로 물러나는 것은 매우 나쁜 일이다. 그것은 생물학적으로 필요하기 때문이다. 일반적인 사람은 타인과의 접촉과 정서적 연결로 인해 진정된다(Porges, 2011). 배려하는 사람의 손길, 목소리 톤 그리고 가까이에 있다는 것은 신체적으로 우리를 진정시키는 효과가 있다. 당신

이 할 수 있는 한 이것에 대해 마음을 열어야 한다. 아무런 도움 없이도 스스로 고통을 처리할 수 있다는 메시지를 주지 말라. 당신에게 공감하는 사람들에게 감사하고, 그들에게서 멀어지지 말라.

자신의 창의력과 문제해결 능력을 의심하도록 배웠다

내면세계는 모든 새로운 아이디어가 발생하는 곳이기 때문에 자기 생각을 수용하고 즐거워한다면, 더 창의적인 해결책이 떠오를 것이다. 하지만 자신의 내면을 의심하는 것에 익숙해졌다면, 당신의 창의력과 문제해결 능력은 떨어질 것이다.

이것을 되돌리기 위해, 이후에 다가올 어려운 문제에서는 새로운 아이디어를 위해 마음을 열어 두고 자기비판 없이 브레인스토밍을 연습하라. 당신의 아이디어를 비난하고 싶은 유혹이 든다면, 계속해서 스스로에게 물어보라. "하지만 내가 그렇게 한다면? 무슨 일이 일어나지?" 좋은 생각이 떠오를 때마다 10개의 실수를 하기로 결심하면, 당신의 마음은 다시 스스로에게 말을 걸기 시작할 것이다.

행복에 대한 자신의 본능에 의문을 품기 시작한다

아마도 당신의 내면세계를 무시할 때 가장 슬픈 것은 무엇이 당신을 행복하게 만드는지 스스로 인정하지 않게 된다는 것이다. 당신도 Mia처럼 자신의 기쁨에 대해 자의식이 생기고 절제된 반응이 더 적절하다고 믿을 수 있다. 심지어 즐거워야 마땅한 활동에도 감각을 잃고 스스로를 지치게 할 수도 있다.

당신이 내면세계를 등지는 법을 어떻게 배웠는가

하지만, 일단 자신의 내면세계와 다시 연결되면, 당신은 자연스럽게 자신의 정신을 향상하는 것에 끌리게 될 것이다. 행복한 일이 일어났을 때 감사해하는 것만으로도 그것을 증폭시키고 더 오래 지속시킬 수 있다(Hanson, 2013). 긍정적이든 부정적이든 당신의 모든 감정을 환영함으로써, 자신에게 다가갈 수 있으며, 더 온전하고 외로움을 덜 느끼게 될 것이다(O'Malley, 2016).

내면세계에 대한 자신의 권리를
보호하는 방법

이 절에서는 EI 사람의 경멸로부터 자신의 내면세계를 보호하는 방법에 대한 몇 가지 아이디어를 얻을 수 있을 것이다. 어떤 관계에서든 두 사람 모두의 내면 경험은 존중받을 권리가 있으므로 자신의 내면세계에 대한 당신의 권리는 지켜야 한다. 사실, 보편적 인권의 개념은 사람들의 내면 경험의 중요성을 존중하는 데 기반을 두고 있다(United Nations, 1948). 인권은 겉으로만 안전한 것이 아니라 내면에서 가치 있고 선하다고 느끼는 사람들의 권리를 옹호한다.

EI 사람이 당신의 가장 깊은 내면의 경험을 인정하지 않거나, 조롱하거나, 공격할 때 사용할 수 있는 열 가지 반응을 살펴보자. 이 모든 반응은 당신의 정서적 자율성을 주장하고 자기표현에 대한 자신의 권리를 지킴으로써 내면세계를 보호할 권리를 옹호한다. 일단, 자기 생각과 감정에 충실하도록 허락한다면, 당신은 상호작용 역동을 변화시키는 방식으로 대응할 수 있다.

대응 1: 그들을 무시할 자신의 권리를 주장하라

때로는 반응하지 않는 것이 가장 좋은 방법일 수 있다. 당신은 그들을 무시하거나, 주의를 다른 곳으로 옮김으로써, 그들이 당신의 관점을 무시하는 것을 끝낼 수 있다. 무시하는 것은 좋은 응급조치이다. 원치 않는 행동을 무시하는 것은 그 빈도를 줄이는 효과적인 방법이다.

대응 2: 연결될 수 있는 다른 방법을 제안하라

때때로 EI 사람들은 당신과 접촉하는 다른 방법을 모르기 때문에 당신을 조롱하거나 놀릴 것이다. 예를 들어, 가족 모임에서 Samantha의 오빠인 Rick은 둘 다 아직도 초등학교 5학년인 것처럼 연결하려고 했다. 그는 Samantha의 테이블 옆을 지나치면서, 어렸을 때 했던 것처럼 그녀의 머리를 때렸다.

그의 행동을 받아들이는 대신, Samantha는 테이블에서 일어나 그를 따라갔다. Rick의 팔을 만지며 Samantha는 "만나서 반가우면 내 머리를 때리는 것보다 반갑다고 말로 하는 게 어때? 그게 훨씬 좋은데."라고 말했다.

나중에 그녀가 자신의 새 차에 관해 이야기하는 것을 Rick이 들었을 때, 그는 "무슨 색이야?"라고 물으며 대화에 들어갔다. "흰색이야."라고 그녀가 대답했다. 그는 짓궂은 미소를 지으며 "아, 화장실 색이네!"라고 말했다. 그가 차에 대해 농담을 했을 때, Samantha는 신중하게 지켜보고 나서 "나는 오빠가 나와 잘 지내려고 하는 것처럼 생각해. 나는 새 차가 정말 소중해. 그것에 대해 **진짜로** 묻고

내면세계에 대한 자신의 권리를 보호하는 방법

싶은 것은 없어?"라고 말하자 Rick은 허를 찔렸고, 불편한 침묵이 약간 이어지고 난 후 Samantha는 다른 사람에게 관심을 돌렸다.

Samantha는 더는 오빠의 놀림에 '좋은 놀잇거리'가 되어야 한다는 불편한 의무감에서 벗어났다. 오빠가 그런 식으로 연결하려고 할 때마다, 그녀는 같이 노는 것이 아니라 존중받아야 할 권리를 표현했다. 만약 Rick이 정말로 그녀를 해치려 한다고 느꼈다면, 그녀는 더 강력한 대응을 할 수 있었을 것이다. 하지만 그녀는 오빠가 자신을 만나서 반가워한다는 것을 알았다. 그는 단지 어떻게 말해야 하는지 그 방법을 잘 몰랐을 뿐이다.

대응 3: 질문을 통하여 그들의 무례함을 차단하라

Samantha가 했듯이, 질문을 사용하는 것은 무례한 그들에게 당신이 놀림받는 농담에 참여하지 않을 것을 알리는 좋은 방법이다. 그것은 오래된 패턴을 막아 주고 그들의 주의를 되돌리게 한다.

도전적으로 맞서는 것이 아니라 비하하는 사실에 대해 의문을 제기함으로써 그들의 행동을 두드러지게 만든다. 놀림에 대한 가능한 대응은 "지금, 정확히 말하고 싶은 것이 무엇인가요?" "무슨 뜻인지 말해 주세요." "다른 방법으로 말해 주겠어요?"와 같은 것이다. 이 질문들은 비꼬는 것이 아니라 진정한 궁금증으로 차분하게 물어봐야 한다(잠깐, 세 문장을 적대적이거나 궁금함의 어조로 말하는 연습을 해 보면 차이를 느낄 수 있다).

이 질문들은 당신을 조롱하는 숨겨진 뜻이 있지만, 당신은 그것에 동조하지 않는다는 것을 보여 준다. 실제로 그들이 당신을 무시하려고 했다면, 그것을 분명히 설명해야 한다는 것을 그들에게 알려 주고 있다. 당신이 그들의 말 속에서 숨은 의도를 읽지 않겠다는 것을 그들에게 알려 주는 것이다.

이런 식으로 노출되면, 그들은 종종 그들의 공격을 농담이나 장난이라고 말하며 가볍게 넘어가려고 할 것이다. 이에 대해 당신은 "응~ 그게 너한테는 농담일 수 있지만 난 기분이 별로 좋지 않았어." 혹은 "좋아요. 생각해 볼게요. 아마 당신이 내 기분을 상하게 할 의도는 없었겠죠."라고 말할 수 있다, 뭐라고 하든, 당신은 감정적으로 대응하는 대신 그들의 행동을 명확히 하는 것이다. 그들의 적대적인 태도에 중립적인 솔직함과 호기심으로 대응한다면 그러한 상호작용은 갈 곳이 없다. 어색한 침묵 후에 적극적으로 주제를 바꿀 준비를 하라. 그것은 당신과 그들 모두를 더 기분 좋게 만들 것이다. 불편한 순간은 오래된 패턴이 중단되었다는 긍정적인 신호이다.

173

대응 4: 반응하는 대신 편향시키라

편향은 톤을 변화시킴으로써 불쾌한 상호작용의 방향을 바꾼다. 예를 들어, 누군가가 당신에게 죄책감을 느끼게 하거나 당신을 지배하려 한다면, 당신은 상황을 가볍고 긍정적인 상태로 유지함으로써 그들의 부정적인 에너지의 방향을 빗나가게 할 수 있다. 그들이 마치 긍정적인 말을 한 것처럼 반응하는 것이다.

예를 들어, Jayden이 일하러 나갈 때, 그의 아버지는 직장에서 단정한 옷을 입어야 한다는 것을 가르치기 시작했다. Jayden은 밝은 미소를 지으며 "다녀올게요. 아버지, 사랑해요!"라고 말하며 짐을 들고 문밖으로 나갔다. Jayden은 피해자의 기분 대신 방향을 바꾸는 쪽을 선택한 것이다.

대응 5: 그들의 시샘하는 비하의 말을 그냥 지나치라

EI 사람들은 그들이 부러움을 느끼면, 종종 상대방을 놀리곤 한다. 예를 들어, Alice는 부모님이 사는 도시에서 중요한 전시회가 있었다. 갤러리 리셉션에서 어머니는 Alice를 친구들에게 "얘가 대단한 예술가 딸이야!"라고 소개했다. Alice는 순간적으로 움츠러들었다. 그것은 스스로를 보는 방식도 아니었으며, 소개되고 싶어 하는 방식도 당연히 아니었다.

그들은 다른 사람들 앞에서 이런 형태로 관심을 끄는 조롱을 하므로 그 대상이 되었을 때 끔찍한 놀림을 당하는 것처럼 느껴진다. 이 행동에 대한 가장 효과적인 대응은 그것을 지나쳐 당신의 행복을 그대로 유지하는 것이다. Alice는 그들과 악수하면서 미소를 지으며 "네! 접니다!"라고 말함으로써 어머니의 비난을 누그러뜨렸다. 침착함과 유머로 대응함으로써, 어머니가 자신을 당황하게 하거나 관심의 대상이 되는 것을 허락하지 않았다. 반응하지 않음으로써, 성공을 축하하는 자리에 있어야 하는 자신에게 초점을 맞추어 중심을 잃지 않았다.

대응 6: 민감할 수 있는 당신의 권리를 옹호하라

당신이 감정을 표현할 때, 그들은 종종 당신이 지나치게 민감하고 균형 감각이 없는 것처럼 반응한다. 수년에 걸쳐 그들이 큰일이 난 것처럼 과장하는 말을 들은 많은 성인 자녀는 진정한 감정을 "그냥~"으로 이야기하는 법을 배운다. 그 말을 통해 부끄러움을 미리 대비하고 말하려는 감정의 중요도를 가볍게 여긴다.

만약 그들이 당신에게 너무 예민하고 모든 것을 개인적으로 받아들이지 말라고 말한다면, 당신은 상처를 받는 대신에 궁금증을 가지고 이렇게 말할 수 있다. "물론이죠. 다른 방법이 있을까요?" 또는 "제가 잘못 이해했나요? 제게 받아들이라고 말씀하신 거 아닌가요?"라고 말하며 명확히 할 수도 있다.

"너는 너무 예민해!"에 대응하는 또 다른 방법은 "사실, 난 적당히 예민할 뿐이에요."라고 차분하고 솔직하게 말하는 것이다. 더 깊은 대답은 "내 감정을 이야기할 수 없다면 우리의 관계를 잘못 이해한 것 같아요."일 것이다. 더 간단하게는 "사실, 저는 적절한 반응이라고 생각해요."라고 말할 수 있다.

대응 7: 상황을 충분히 생각할 권리를 주장하라

EI 사람은 세심한 사람들을 단순한 문제에 너무 많이 지나치게 생각하는 사람으로 조롱하는 것을 좋아한다. 그들이 말하는 모든 것을 너무 깊이 생각하지 말고, 그대로 받아들이고 행동해야 한다고 암시한다. "너무 생각이 많다."라고 무시하는 말에 가장 좋은 반응은 "그건 좀 생각해 볼게요."라고 말하고 싶다. 또는 토론할 기분이 든다면 "내가 어떤 것이 지나치게 보였나요?"라고 물어볼 수 있다. 또는 토론을 끝내기 위해, "나는 내가 필요한 만큼은 생각하고 있어요." 또는 "생각하는 만큼 나에게 도움이 돼요."와 같이 말할 수 있다.

EI 사람은 정서적으로 갑자기 치고 들어오는 것을 선호하기 때문에 당신이 그것을 멈추고 그들의 의도를 더 깊이 있게 파악한다면, 앞으로 당신은 그들의 조롱의 빈도를 줄이게 될 것이다.

대응 8: 화를 낼 당신의 권리를 옹호하라

EI 사람은 당신의 감정이 얼마나 불필요한지, 특히 당신이 무언가에 대해 화가 났을 때 아주 빠르게 지적하곤 한다. 그들은 불평을 많이 하지만 당신의 문제를 징징대는 것처럼 보이게 만든다.

그들은 종종 당신이 가진 것에 대해 감사해야 한다고 말하면서 당신을 위로한다. 그러나 정서적 경험을 이렇게 무시하는 것은 위로하는 것이 아니다. 화를 내는 대신 감사해야 한다고 말하는 것은 좋아 보이지만, 그것은 마음이 움직이는 방식은 아니다. 보통 우리는 화에 대해 부끄러움을 주기보다 상황에 대한 공감을 얻으면 기분이 좋아진다.

다른 예시로, 당신이 경제적인 문제로 걱정한다면, EI 부모는 직업이 없는 사람도 있는데 직장을 다닌다는 사실이 얼마나 행운인지 기억하라고 말할 수 있다. 물론 이러한 반응은 문제가 없지만, 당신의 감정을 인정하지 않는 것이다. 당신의 중립적인 반응은 아마도 "나는 직장을 가지고 있는 것은 감사하지만 경제적인 어려움이 있어서 이 문제를 당신과 이야기하는 것이 도움이 되지 않을까 해서요. 그래도 괜찮을까요?"일 것이다. 이것은 그들이 당신의 걱정을 무시하는 관점을 수용하는 대신 대화의 진짜 핵심으로 되돌리는 방법이다.

대응 9: 문제의 정당성을 옹호하라

EI 사람은 다른 사람들이 더 나쁜 일을 겪어 왔다는 사실을 말하기를 좋아한다. 예를 들어, 어린 시절 전쟁 난민이었던 한 어머니는

"무엇 때문에 불평하는 거니? 너는 하루에 세 끼를 먹고, 아무도 너를 죽이려 하지도 않잖니?" 하며 딸의 고통을 잠재우곤 했다. 그런 것을 능가할 수는 없지만, 당신은 이렇게 말할 수 있다. "저는 제 삶을 감사하게 생각해요. 더 힘든 삶이 있다는 것도 알아요. 하지만 이것이 지금 제가 고민하는 문제인데 엄마에게 그것을 말하지 않는 것이 좋은가요?"

대응 10: 자신의 방식으로 느낄 수 있는 권리를 인정하라

때때로 그들은 "너는 그렇게 느끼면 안 된다!" 또는 "그렇게 화낼 필요가 없어!"라고 단호하게 말하면서 당신의 경험을 묵살한다. 이것은 당신의 감정이 잘못되었거나 비정상적임을 암시한다. "난 왜 이 일에 대해 내 감정을 느끼면 안 되는지 모르겠어요." 또는 "나중에 기분이 나아지겠지만 지금 당장은 내가 화가 나는 건 당연한 일이라고 생각해요."라고 말할 수 있다. 또한, 당신이 과민 반응하고 있다는 암시에 도전하며 "대부분 사람이 이런 일에 화를 내지 않는다는 거예요? 흠…… 궁금해요."라고 말할 수 있다.

앞의 반응 목표는 그들을 변화시키려고 시도하는 것이 아니라 당신의 내면세계의 정당성을 옹호하는 것이라는 점을 기억하라. 당황하여 수동성으로 반응하는 대신 자신의 감정을 느끼고 생각할 수 있는 인간의 권리를 표현하고 행동할 수 있다. 당신이 소리 높여 말하는 순간, 당신은 동등한 지위를 주장하는 것이다.

이 책의 2부에서는 당신의 정서적 자율성을 되찾고 당신이 진정으로 원하는 관계의 유형을 찾기 위해 당신의 내면의 지침을 어떻게 사용하고, 마음을 어떻게 정리하고, 자아개념을 갱신하는 방법에 대해 배울 것이다.

꼭 기억해야 할 사항

우리는 EI 사람들이 종종 어떻게 그리고 왜 당신의 내면세계에 적대적인지 살펴보았다. EI 부모가 당신의 내적 삶의 중요성을 부정하고 내적 경험을 불신하고 인정하지 않도록 가르치기 위해 조롱과 거부를 어떻게 사용하는지 보았다. 우리는 EI 부모가 당신의 내면세계와의 관계에 미치는 영향을 탐색했다. 마지막으로, 당신은 자신의 감정과 관점을 가질 권리를 위한 열 가지 방법을 배웠다.

제**2**부

정서적 자율성

－자기 자신이 되는 자유를 되찾기－

제2부에서는 정서적 강압과 거절에 대한 두려움에 굴복하는 대신, 자신 스스로 주의를 기울이는 법을 배우게 된다. EI 사람의 기분을 두려워하는 대신, 당신은 자기 자신이 되고 자신의 삶을 살 권리를 보호하게 될 것이다. 자신이 느끼는 대로 느끼고 생각하는 대로 생각할 수 있도록 정서적 자율성과 정신적 자유를 지키는 법을 배우게 될 것이다. 당신은 자신의 욕구를 부정하는 것을 멈추고 자신의 성장을 지원하기 위해 새로운 기술을 구축할 것이다.

나는 이를 통해 많은 내담자가 큰 변화를 일으키는 것을 보았기 때문에, 이러한 패턴들을 되돌리는 작업을 당신과 함께하게 되어 매우 기대된다. 나는 당신이 자신의 내면세계가 당신에게 가져다줄 수 있는 것을 즐기고 그것이 자신의 최고의 삶을 만드는 데 도움이 될 수 있기를 고대한다.

자신과의 관계를 키우기

–자신의 내면세계를 신뢰하는 방법–

자신과의 관계를 발전시키는 데 시간을 할애하는 것이 이상하게 보이는가? 당신은 "나는 항상 나 자신인데, 왜 내가 나와의 관계를 위해 노력해야 하지? 그게 도대체 어떤 모습이지?"라고 생각할지 모른다. 그러나 그것은 당신이 가지는 가장 근본적인 관계이다. 그것은 당신의 행복, 성공 및 다른 사람들과의 진실한 연결을 결정한다. 자신에 대해 알아 가고 자신의 내면 경험을 소중히 여기면서, 당신은 다른 사람들을 더 잘 이해하고 사랑할 수 있게 된다.

불행하게도, 당신은 내면세계의 중요성을 무시하는 EI 부모 밑에서 자란 결과 자신과의 관계를 소홀히 했을 것이다. 자신과의 이 본질적인 연결은 이제 헌신적인 관심이 필요하고, 또 그럴 자격이 있다.

당신의 내면세계를
무가치하게 여기는 것의 영향

　만약 EI 부모가 어린 시절 당신의 내면 경험을 인정하지 않았거나 수용하지 않았다면 당신은 자신을 받아들여질 가치가 없다고 진지하게 생각했을 것이다. 당신은 심지어 당신 내면에서 일어나는 일이 중요하지 않다고 믿었을지도 모른다. 나는 이것을 심리치료 회기에서 자주 목격하곤 한다. 자신의 문제에 관하여 이야기하려고 심리치료를 받으러 오지만 종종 "이것이 바보 같다는 것을 알지만……." 또는 "이건 너무 사소한 일이라서 말하기가 부끄럽다."와 같은 자기를 무시하는 말로 자신의 걱정을 경시한다. 자신의 내적 경험은 타당하지 않은 것으로 느끼고, 자신의 강한 감정 때문에 당황해한다. 나의 내담자인 Mallory의 경우를 생각해 보자.

　Mallory는 회사 합병으로 그녀의 지위가 상실된 후에 나를 찾아왔다. 그녀는 은퇴할 준비가 되어 있었기 때문에, 수입 손실의 위협이 되지 않았지만, 가장 힘든 점은 일을 그만둔 후 스스로 무엇을 해야 할지 알지 못한다는 것이었다. 취미도 관심사도 없었고 근처에 사는 가족도 없었다. 처음으로 그녀는 하고 싶은 것을 할 수 있는 자유를 얻었지만, 완전히 백지상태였다. 매일 무엇을 해야 할지 모른다는 생각이 그녀를 두렵게 했다. "저는 정말로 열정적인 것이 하나도 없어요."라고 그녀는 말했다.

　그러던 어느 날, Mallory는 자신이 일 외에 좋아하는 것을 찾을 수 없는 이유를 깨달았다. 그녀에게는 가족들을 조롱하고, 무엇을 해야 하는지를 말해 주고, 매우 변덕스럽고 지배적인 아버지가 있었다. "아버지가 늘 저를 하찮게 여기고, 제가 좋아하거나 하고 싶은 일을 비난하고 조롱했던 것들이 갑자기 생각이 나요."라고 말했다. 심지어 성인이 되어서도, "넌 그 나이에 설마 그런 게 하고 싶어? 그러고 싶지 않잖아."라고 하면서 Mallory가 새로운 것을 시도하는 것을 단념시키곤 했다.

열 살 때, 부모님과 약국에 갔을 때, 그녀가 연예인 잡지를 보고 있는 것을 아버지가 발견했을 때 아버지는 큰 목소리로 어머니를 부르며 "얘가 지금 뭘 보고 있는지 좀 봐! 이것 좀 봐! 웃기지 않아?"라고 말했다. 그러고 나서 아버지는 그녀에게 "넌 그것을 원하지 않아."라고 말하고 그녀를 휙 데리고 나왔다.

Mallory는 아버지의 경멸을 두려워했다. "어렸을 때부터, 아버지의 조롱은 엄청난 충격을 주었어요. 저의 진정한 욕구를 말하는 것이 두렵고 부끄러웠고, 그것들에 대한 인식이 무엇인지도 모르고 모든 걸 잃었어요. 제가 누군지 결코 알지 못했어요. 만약 제가 원하는 게 있다는 것을 아버지가 알면, 하찮고 멍청한 짓이라고 할 거에요. 지금껏 제가 왜 다른 여자들처럼 열정이나 좋아하는 것이 없는지를 잘 몰랐는데 이제야 알겠어요."

Mallory는 "저는 무언가에 흥미를 느끼는 저의 모습을 비밀로 하는 법을 배웠어요. 처음에는 아버지에게 숨기려고 했지만, 수년 동안 수치심을 느낀 후 저는 마침내 제가 무엇을 원하는지 정말 알 수 없었어요."라고 설명했다. "사람들이 저에게 어떤 것을 더 좋아하냐고 물었을 때, 저는 말할 수 없었어요. 그저 뭐든 상관없다는 말만 겨우 했어요. 저는 그것이 옳은 일이 아닐까 봐 너무 두려웠어요."라고 Mallory는 자신의 내면에서 나오는 어떤 신호도 신뢰하지 못하고 부끄러움을 느껴 왔다.

당신의 내면세계를 무가치하게 여기는 것의 영향

성인이 된 그녀는 아버지에게 벗어나서 결단력 있고 유능한 직장인
으로 성공적이고 독립적인 성인이 되었다. 그러나 자신의 열정을 발견
하는 것과 같은 삶의 정서적인 영역에서 여전히 억압되어 있었다. 그
녀는 뭔가에 대한 호기심, 즐거움을 느끼고 더 많은 것을 원하는 순간
에 재빨리 마음을 닫는다. 오랫동안 그녀는 무의식적으로 자신과의 관
계보다 아버지의 승인을 선택했다. 그녀는 자신으로부터 너무 많이 멀
어져 있어서 무엇이 기쁨을 주는지를 알지 못한 것이다.

자기 생각과 열정을 억압할 때, 당신의 내면세계는 움츠러든다.
우리 중 많은 사람은 관계와 상황에 집착함으로써 정서적인 자기
방임의 공백을 메우려고 애쓴다. 하지만 자신 내면의 경험을 무시
한다면, 사람들과 함께하는 외부 상황에서는 어떤 것도 결코 충분
하게 느껴지지 않을 것이다. 내면의 강한 매력이 있어야 할 공허함
을 외부 활동으로는 채울 수 없다.

Mallory의 아버지와 같은 EI 부모는 내면세계에 대해 진지하게
받아들일 것이 없다고 당신을 확신시킬 것이다. 이러한 자기 배신
은 자신의 가치를 낮추고 삶의 즐거움을 흐리게 한다. 하지만 내
면의 경험이 삶에 동기를 부여하고 주의를 기울이는 것이 중요하
다는 사실을 깨닫게 되면 완전히 새로운 하루하루가 기다리고 있
을 것이다. 심리치료자로 일하면서, 자신의 심리적 내부의 에너지
를 다시 발견할 때 보이는 가벼움, 밝음, 희망 그리고 자유의 감정
을 여러 번 목격했다. Diana Fosha(2000)는 이러한 감정들을 핵심상
태(core state)라고 하며, 이것은 심리치료가 성공적으로 이루어졌을
때 회복되는 것이다. 한 남자의 표현을 빌리면, 그의 새로운 자기인
식은 "마침내 벽을 넘어선 것처럼 느껴졌다.", 그에게 벽을 넘어서

무엇을 발견했느냐고 묻자 그는 미소를 지으며 "약속된 땅."이라고 말했다.

하지만 지금 여기에서, 악마의 목소리로 한 번 묻겠다. 실제로 내면의 자아가 있을까? 혹은 내면적 경험이 중요하긴 할까? 우리는 내면의 자아가 발달하고 신뢰할 만한지 어떻게 알 수 있을까? 우리가 보았듯이 EI 부모는 내면세계를 매우 빠르게 비웃는데, 내면세계와 내면의 자아가 실재한다는 증거는 무엇일까?

내면세계의 현실: 지지하는 증거들

우리는 항상 내면세계를 인정하고, 삶의 모든 측면에서 그것에 의존한다. 만약 그렇지 않다면 우리는 인간의 기능에 대해 전혀 이야기할 수 없을 것이다. 우리는 일상생활의 많은 부분이 내면세계와 내적 경험을 참조하고 의존하며 살아가고 있다는 사실을 깨닫지 못할 뿐이다.

내면세계는 인생에서 가장 중요한 신념과 결정, 즉 자신이 누구라고 생각하는지, 무엇을 믿는지, 원하는 미래를 결정한다. 이것은 당신이 어떤 사람이 되고 싶은지, 아이들에게 무엇을 가르칠지, 삶의 의미가 무엇인지에 대한 영감을 준다. 내면세계가 이보다 더 실용적일 수는 없다. 당신이 살아남고 번영하는 데 필요한 것이 무엇인지 아는 것보다 더 기본적인 것이 어디 있겠는가? 그것은 실체가 있는 그 어떤 것보다 실제적이다.

우리가 사람의 자신감, 의지, 자존감에 관해 이야기할 때, 우리는 이러한 자질들이 실제인 것처럼 행동하며 실제로도 그렇다. 신뢰,

믿음, 낙관주의 그리고 '자신의 직감을 따르는 것'도 마찬가지이다. 당신의 내면세계는 문제를 해결하고, 깨달음의 순간을 가지고, 일이 어떻게 작동하는지 파악하는 원천이다.

배움은 내면세계가 추구하는 것이 얼마나 가치 있는지에 대한 예이다. 배움과 더 나은 사람이 되고자 하는 욕구는 호기심, 야망, 자기성찰 능력과 마찬가지로 내면세계에서 비롯된다. 우리는 우리를 앞으로 인도하는 내면의 지식이 없다면 결코 목표를 세우거나 더 나은 것을 상상할 수 없다. 우리는 외부의 압력과 유혹에도 불구하고 어떻게든 내부를 들여다보고, 계획을 상상하고, 진로를 계획할 수 있다. 우리의 삶을 평가하고, 가고 싶은 곳을 결정하는 이 내면의 능력은 우리의 삶을 더 나은 방향으로 변화시킬 힘이다.

내면의 자아와 내면세계가 실재하는 것이 아니라면 당신은 독립적이거나 친구를 사귈 수 없다. 내면세계는 당신의 모든 에너지, 유머, 열정, 이타심의 근원이 되는 곳이다. 다른 사람들에게 공정하고 진실할 수 있는 능력은 내부에서 비롯되며, 코칭, 지도 또는 멘토링에 대한 관심도 마찬가지이다. 다른 사람을 사랑하고 세상을 더 좋게 만들고자 하는 것들은 내면에서 비롯된다. 삶의 의미는 내면에서만 찾을 수 있다.

당신의 내면세계는 당신에게 회복력과 힘든 시간을 헤쳐 나가고 궁극적으로 성공으로 이끌 수 있게 한다. 상식, 연민, 감사는 내면의 선물이며, 고난 속에서의 적응력과 극기심도 마찬가지이다(Vaillant, 1993). 인내, 용기, 끈기의 내면의 힘은 매일의 행동 속에서 엿볼 수 있는 것으로 우리에게 매우 현실적이다.

만약 이러한 내면의 자질이 실제로 '존재'하는지 혹은 '사실'이라고 생각되는지 여전히 궁금하다면, 그것들이 없는 당신의 삶이 어떨지 생각해 보라. 그럴 수 없을 것이다. 그것들은 실재할 뿐만 아니라 외부의 사건만큼이나 삶에서 너무나 중요하기 때문이다. EI 사람이 당신 내면의 중요성을 무시한다고 해서 그것이 삶에 중요하지 않다는 의미는 아니다.

당신의 내면의 자아는 정확히 무엇인가

내면의 자아를 갖는다는 것은 말로 표현하기 어려울 수 있지만, 내가 그것을 언급할 때 아무도 그것을 처음 듣는 것처럼 행동하는 사람은 없었다. 우리는 모두 일상적인 관심사와 다소 다른 독특한 자신의 내면의 핵심을 감지한다. 우리는 그것의 실재를 느낀다. 이제 내면의 자아와 그것을 구성하는 것이 무엇인지 정의해 보자.

내면의 자아 정의하기

내가 내면의 자아라고 부르는 것은 영혼, 정신, 마음, 나다움과 같이 여러 가지의 다른 이름을 가지고 있다. 여러 이론가는 이 내적 활력을 암시하기 위해 다양한 용어를 사용해 왔다. **자아**(Jung, 1959; Kohut, 1971), **핵심상태**(Fosha, 2000), **진실된 자아**(Schwartz, 1995) 등 몇 가지를 들 수 있다.

나는 내면의 자아라는 용어가 단순하고, 직접적이며, 일반적인 용어로 들리기 때문에 좋아한다. 이런 식으로 자아를 언급할 때, 사람들은 내 말이 무슨 뜻인지 알아차린다. 내면의 자아는 내적 증거,

즉 당신 존재의 핵이며, 삶의 모든 것을 차지하지만 삶에 의해 변하지 않는다. 내면의 자아는 당신이 가장 깊은 수준에 있다고 느끼는 자신이다. 그것은 당신의 성격, 가족 역할, 사회적 정체성 아래에 있는 당신의 독특한 개별성이다.

비록 내면의 자아를 보거나 측정하거나 만질 수는 없지만, 당신은 내면의 존재에 의해 내부적으로 지원을 받고 있으며 그것과 단절되면 공허함을 느끼게 된다. 항상 당신과 진심으로 잘 통하는 충실하고 현명한 내면의 친구와 같다. 그것은 당신의 내면세계를 차지하고 내면의 경험을 통해 당신과 소통한다.

내면의 자아의 안내로부터 얻는 이점

당신의 내면의 자아는 다음과 같은 원천적인 안내를 통해 당신의 삶을 보호하고 풍요롭게 한다.

1. **자신에게 경고하는 감정**　내면의 자아는 피상적인 반응이 아닌 가장 깊은 감정을 사용하여 좋은 방향으로 당신을 유도한다. 그것은 당신에게서 최선의 것을 끌어내는 상황을 만났을 때는 활력을 주지만, 당신을 지루함, 불만족 또는 우울을 유발하는 것들을 두려워하게 만든다. 그것은 심지어 잠재적으로 착취적이거나 위험한 상황에서 불안감, 두려움 또는 공황으로 경계하기도 한다.

2. **잘 알고 있다는 직접적인 느낌**　내면의 자아는 어떤 상황의 본질이나 다른 사람의 의도에 초점을 맞춘다. 당신의 직감으로만

알 수 있는 것들이 있다. 이 직관적인 앎은 당신이 "알겠어!" "이해했어!"라고 말하거나, 또는 다른 이해방식으로 모든 것을 완전히 파악할 때를 의미하는 것이다. EI 사람은 당신에게 이 내면의 자각에서 빠져나와서 이야기하기를 원하지만, 내면의 자아는 자신이 알아야 할 것이 무엇인지 알고 있다.

3. **영감을 받은 통찰력**　　영감을 받은 생각은 일상적인 생각의 어수선함과는 다르다. 내면의 자아로부터 얻은 통찰력은 평범한 생각에서 얻을 수 있는 것보다 훨씬 더 깊은 정보를 전달한다. 당신이 통찰력이 있을 때, 명확하게 추론하고 문제의 핵심을 볼 수 있다. 통찰력은 딜레마를 해결하고 원인과 결과를 분석하며 창의적인 아이디어를 도출하는 데 도움이 된다. 산책하거나 샤워하거나 운전하는 것과 같은 다른 일을 할 때 당신은 영감을 받은 통찰력이 갑자기 튀어나올 때가 많다.

4. **생존을 위한 안내**　　신체적 생존은 내면세계와 좋은 관계를 유지하는 것의 궁극적인 장점일 것이다. 뛰어난 생존자들은 극도의 압박 속에서도 믿고 의지할 수 있는 강한 내면의 자아를 가지고 있었다(Bickel, 2000; Huntford, 1985; Simpson, 1988). 그들의 풍부한 내면세계는 유머, 이타심, 상상력, 의미 및 낙관의 선물을 사용하여 살아남을 수 있도록 도왔다(Frankl, 1959; Siebert, 1993; Vaillant, 1993). Lawrence Gonzales(2003)는 "살아남기 위해서는 자기 자신을 찾아야 한다. 그러면 당신이 어디에 있는지는 중요하지 않다."(p. 167) 라고 말했다.

연습: 내면에 있는 자기 안내의 경험을 기억하기

일지에 다음의 지시문 중 하나 이상을 사용하여 자신의 내면 자아의 안내를 들었던 때를 떠올리며 적어 보세요. 당장 떠오르는 게 없다면 시간을 가지고 생각해 보세요. 우리 대부분은 언젠가 이런 경험을 한 적이 있습니다.

1. 자신의 감정에 주의를 기울였고, 다른 사람들은 몰랐지만, 자신이 옳았던 때

2. 어떻게 알았는지 설명할 수 없지만, 상황에서 해야 할 일을 즉시 알았을 때

3. 한동안 파악하기 힘들었던 것에 대해 시간이 지난 후에 갑자기 통찰력이나 해결책이 떠올랐을 때

4. 직관이 당신의 안전이나 생존을 지켜 주었을 때

당신의 예는 일상적이거나 극적일 수 있지만, 그것들은 모두 당신 안에 있는 목적적이고 지적인 안내의 증거이다.

자신과 더 나은 관계를 시작하기

앞 장에서 보았듯이, EI 사람은 당신의 내면세계를 불필요하고 부적절한 것처럼 무시한다. 이러한 무시들을 믿는다면 내면의 자아가 감정, 직관 및 통찰력의 형태로 제공하는 지혜를 놓치게 된다. 그러나 다음 다섯 가지 방법을 사용하여 내면의 자아 및 내면의 안내와 더 신뢰하고 존중하는 관계를 구축할 수 있다.

1. 자신 내면의 신체적 감각에 주의를 기울이라.
2. 자기 감정의 의미를 파악하라.
3. 자신을 판단하고 비판하는 것을 멈추라.
4. 자신에게 필요한 것이 무엇인지 확인하라.
5. 삶의 목적과 자신이 속한 곳에 대해 상상하라.

1. 자신 내면의 신체적 감각에 주의를 기울이라

Mallory처럼, 당신 또한 '그건 말이 안 돼! 미쳤어! 내가 과장하고 있는 거야! 나는 이런 식으로 느껴선 안 돼!'와 같은 말을 자신에게 하도록 길러졌을 수 있다. 하지만 때때로 신체적 감각들이 더 강렬할 때도 있다. 신체감각의 신호들은 상황과 타인들에 대한 엄청난 양의 소중한 정보를 줄 수 있다.

내면의 안내를 강화하는 가장 좋은 방법의 하나는 모든 신체적 감각에 세심한 주의를 기울이는 것이다. 당신의 건강이 기본 임무이기 때문에 내면의 자아는 몸을 통해 말을 한다. 우리의 몸은 계속해서 '결합 상태'를 갱신함으로써 심리적인 욕구와 신체적인 욕구들이 충족되고 있는지, 무시되는지 혹은 위협받는지에 대해 스스로 알 수 있도록 한다.

자신과 더 나은 관계를 형성하기 위해, 때때로 당신은 신체적인 감각에 주의를 기울이는 방법을 다시 배워야 한다. EI 부모의 많은 성인 자녀들은 생각에 너무 몰두하여 몸의 메시지를 느끼지 못하곤 한다. 그들은 실제로 자신들이 긴장하고, 스트레스를 받고, 불편하고, 심지어 두려워하고 있다는 사실을 알아차리지 못한다. 또한, 그들은 자신의 감정과 동떨어져 있으므로 기쁨의 순간을 온전히 경험하지도 못한다. EI 부모는 내면세계에 대한 적개심으로, 신체적인 감각에 주의를 기울이는 것이 시간을 낭비하는 것이라고 말한다. 하지만 그들이 틀렸다. 여기 훌륭한 안내의 원천이 되는 몇 가지 단서로서의 신체적 신호가 있다.

즐거운 감각

당신이 좋은 방향으로 가고 있을 때, 당신은 목과 어깨의 무게가 가벼워진 느낌과 함께 온전함, 따듯함, 혹은 심장에 생기가 도는 감각을 느낄 것이다. 세상이 더 가볍고, 밝고, 자유롭게 느껴질 것이며 당신 자신도 그렇게 느껴질 것이다. 당신의 몸이 무슨 일에든 준비가 된 것처럼 활력을 느끼고 신체적으로 편하고 능력 있게 느껴질 것이다. 심리치료 연구자인 Diana Fosha(2000)는 이러한 핵심적이고 고무적인 경험들을 변화의 정서적 치유가 일어날 가능성이 가장 큰 시기로 규명했다.

신체적 경고

내면의 자아는 당신에게 경고하기 위해서 신체감각을 사용한다. 예를 들어, 쥐어짜는 듯 조이는 배, 뻣뻣해지는 목과 어깨, 쑤시는 등, 팔의 긴장은 당신이 너무 많은 일을 하거나 지배당하고 있을 때 경고하는 것일 수 있다. 또는 당신의 경계를 침범하려는 사람 앞에서 혐오감이나 오싹함을 느낄 수도 있다. 피로감, 짜증, 안절부절 못함, 심지어 메스꺼움에 대한 감각은 당신의 내면의 자아가 삶을 지치게 하는 사람과 상황에 대해 경고하려는 추가적인 방법이다.

에너지 변화

내면의 자아는 당신을 안내하기 위해 활력이 넘치거나 고갈되는 감각을 안정적으로 사용한다. 당신이 특정한 사람, 상황, 심지어 아이디어와 마주칠 때, 당신의 에너지 수준은 상승하거나 가라앉는다. 에너지가 증가한다는 것은 당신에게 활기를 주는 무언가를 발견했다는 뜻이다. 그러나 에너지 수준이 떨어지면 상황이나 사람들이 당신에게 좋지 않을 가능성이 있다.

그러나 불안은 이 규칙의 예외이다. 당신이 EI 부모 밑에서 자랐다면, 당신은 자신에게 좋은 상태에서도 불안을 느끼도록 배웠을 것이다. 무시당하거나 거부당하는 느낌을 받고 자랐다면, 그 불안을 모든 사회적 상황에 일반화했을 수 있다. 다행히도 사회적 상황에서 안전하고 환영하는 사람들과 계속 노출되는 연습을 통해 대인관계의 불안을 둔감화시킬 수 있다.

또한 우울한 감정은 현재 상황에서 실제의 당신을 지원해 주는 것이 아무것도 없는 에너지의 단계를 알려 준다. 이런 말은 거의 불필요해 보이지만, 우리가 에너지 수준이 떨어지는 것을 느끼면서도 그것이 옳은 일이라고 말하며 계속 진행하는 것들이 얼마나 빈번하게 일어나는지 생각해 보면 놀라운 일이다. 이것은 보통 장기적으로 좋지 않은 결과를 낳는다.

2. 자기 감정의 의미를 파악하라

위로에 대한 EI 부모의 생각은 자녀들에게 기분 상할 이유가 전혀 없다고 말하는 것이다. 그들은 자녀의 감정을 너무 자주 무시하기에 종종 자녀는 혼자 대처해야만 한다고 결정한다. EI 부모는 겁에 질린 아이들에게 무엇이 두렵게 하는지 듣기보다는 "두려워할 것이 없어!"라고 말한다. 당신이 누구에게나 말할 수 있는 가장 자기 소외적인 것은 당신이 느끼는 감정을 아무런 이유가 없다고 말하는 것이다.

부모가 자녀에게 감정을 무시하라고 가르친다면, 그것은 자녀의 내면세계가 중요하지 않다는 것을 말해 주는 또 다른 방법이다. 이 것은 자기 자신과의 관계를 약화시킨다. 그러나 거부당한 감정은 사라지지 않는 대신 더 깊은 곳으로 내려간다. 만약 어느 정도 이상의 감정들이 억압당했다면, 궁극적으로 우울증, 불안 또는 행동화 같은 고전적인 증상으로 나타난다.

그러므로 당신의 감정의 원인을 살펴보는 것은 언제나 도움이 된다. 이유가 있다는 것을 믿고, 그렇게 느끼기 직전에 어떤 일이 일어났는지 생각해 보라. 자신의 감정이 중요하다는 것을 이해할 때, 내면의 자신에게 말할 수 있고, 그 이야기에 경청한다는 것을 내면의 자아에게 보여 주는 것이다.

3. 자신을 판단하고 비판하는 것을 멈추라

EI 부모 밑에서 자라는 것은 당신을 매우 자기비판적으로 만들 수 있는데, 이것은 그들이 비판이 자녀를 책임감 있는 사람으로 바꿀 수 있는 유일한 방법이라고 생각하기 때문이다. 당신은 결코 기대에 부응하지 못한 것처럼 느끼고 끊임없이 자신을 향상시킬 필요가 있다고 생각했을 것이다. 자신을 건설적이지 않은 파괴적인 시각으로 평가할 것이다.

당신의 부모처럼 당신은 자기비판이 스스로를 더 나은 사람으로 만들 것으로 생각한다. 그러나 자신을 비판하는 것은 아이의 자존 감을 공격하는 것이 자신감을 떨어뜨리는 것처럼 당신을 향상시키 지 못할 것이다. 자기비판은 자기 자신과 관계를 맺는 방법이 아니 다. 그것은 자신의 것보다 타인의 의견이 더 중요하고 힘을 가지게 하는 불안한 의존의 삶을 당신에게 선고한다.

자신을 판단하는 대신, 변화되고 싶은 것은 무엇인지 생각하며 거기에 도달하기 위한 단계를 파악하고 지원을 구하는 것이 어떨 까? 당신의 과거의 행동에 대한 후회도 판단으로 바뀔 필요는 없 다. 당신이 무엇을 다르게 했으면 좋았을지 알았다면, 이미 교훈을 얻었고 새로운 이해에 비추어 자신을 용서할 수 있다.

🎯 연습: 자기비판을 표현하기

자신을 경멸하거나 자기 자신에 대해 가혹하게 생각할 때마다 주목해 보 세요. 다른 사람에서 그런 말을 듣는다면 기분이 어떨까요? 그 자기비판 을 감정적으로 경험하기 위해 잠시 멈추고 그 느낌을 적어 보세요. 공격 중 에 자신을 발견하면 즉각 그것을 바꿀 수 있습니다. 예를 들어, "정말 바보 같은 짓이야!"라고 말하면, "앞으로는 그렇게 하지 않겠어!"라고 바꿔 말할 수 있습니다. 이러한 오래된 습관 중 얼마나 많은 것을 긍정적인 방향으로 말하고 해석할 수 있는지를 경험하면서 즐거움을 느껴 보세요.

4. 자신에게 필요한 것이 무엇인지 확인하라

다른 사람들을 우선시하도록 길러졌다면, 당신은 휴식, 수면, 또 는 기분전환과 같은 가장 기본적인 신체적 욕구조차도 놓칠 수 있 다. 어린 시절부터 훈련되어 온 자기방임은 이제 자신을 돌보기 위해 의식적이고 신중한 노력이 필요함을 의미한다.

EI 부모는 종종 자신의 목적을 위해 자녀들을 정서적으로 고립시키기 때문에 건강한 사회적 욕구에 대한 당신의 인식을 방해할 수 있다. 자신의 내면 자아의 촉발에 주의를 기울이면, 자신이 생각했던 것보다 더 많은 사회적 접촉, 그룹 활동, 또는 공동체 참여가 필요하다는 것을 발견할 것이다. 다행히도 당신은 자신과 더 나은 관계를 구축함에 따라 자신이 즐기는 사회적 상황을 찾는 것에 대해 점점 더 자신감과 편안함을 느끼게 될 것이다.

5. 삶의 목적과 자신이 속한 곳에 대해 상상하라

EI 사람은 더 의미 있고 보람 있는 삶을 추구하는 사람들에 대해 회의적이고 냉소적이다. 그들은 자신의 내면세계에서 너무 멀리 소외되어 있으므로 상상이 얼마나 생산적일 수 있는지 이해할 수 없다. 하지만, 당연히 상상은 더 만족스러운 삶을 위한 아이디어를 창출하는 데 필수적이다.

내면의 자아는 자신에게 더 잘 맞는 새로운 상황을 꿈꾸고 자신을 상상하도록 촉구한다. 당신은 자기 삶의 목적이나 자신이 필요한 종류의 공동체를 아직 모를 수도 있지만 일단 내면을 들여다보기 시작하면 더욱 활기차고 희망적인 기분이 들 것이다. 꿈은 모든 사람에게 더 의미 있고 보람 있는 삶을 찾기 위한 첫걸음이다.

내면의 경험을 소중히 여기고
자기 돌봄을 우선시하라

EI 부모의 성인 자녀는 선함이 타인을 우선시하는 것이라는 말을 들었기 때문에 종종 자기보호와 자기 돌봄을 소홀히 한다. 어쩌면 당신 역시 자신을 보호하고 돌보기 위해 내면 경험의 가치를 다시 생각해 볼 필요가 있을 것이다. 다음은 당신 자신의 삶에서 자신을 우선시하는 다섯 가지 방법이다.

1. 자신의 가치를 결정하라

자신과 자신의 감정이 가치 있는지 아닌지에 대해 실제로 결정을 내린 적이 있는가? 대부분 사람은 그런 적이 없을 것이다. 상황에 따라 가치 있다고 느낄 수도 있고, 그렇지 않다고 느낄 수도 있지만, 인간으로서의 내면 경험의 가치에 대해서는 마음을 정하지 않았을 것이다. EI 부모는 가치 있는 것이 무엇인지 말해 주고 싶어 하므로 그런 자기평가를 바람직하게 여기지 않는다. 그러나 이것은 스스로가 내리는 중요한 결정이다. 스스로 내면의 경험을 가치 있게 여기지 않는다면, 어떻게 자신을 보호하거나 자신의 아이디어에 주의를 기울이도록 동기를 부여할 것인가? 당신이 얼마나 자신과 자신의 내면의 경험을 가치 있게 여기는지가 인생에서 자신에게 무엇을 갖게 할 것인지를 결정할 것이다.

보람 있고 상호적인 관계를 맺기 위해서는 우선 자신의 내면 경험을 가치 있게 여겨야 할 필요가 있습니다. 자신을 흥미롭고 중요하게 여기지 않는다면, 당신을 그렇게 여겨 줄 사람을 찾는 것은 힘들 것입니다. 자신을 얼마나 가치 있게 여기는지 다음 문장을 사용하여 명확히 해 보세요. 너무 깊이 생각하지 말고 즉각적으로 대답해 보세요. [0에서 10까지의 척도를 사용한다. 0은 '나는 그것을 전혀 믿지 않는다.' 10은 '나는 그것을 전적으로 믿고 행동한다.'를 의미한다.]

1. 나는 돌봄을 받을 가치가 있다.
2. 나의 내면의 이야기는 들을 만한 가치가 있다.
3. 나는 이해받을 가치가 있다.
4. 나는 내 욕구를 우선으로 생각할 가치가 있다.
5. 내 감정은 모든 상호작용에서 중요하다.

이 진술에 대한 대답을 살펴봄으로써, 당신은 자신에 대해 그렇게 느끼기 때문에 다른 사람들로부터 무시당하는 대우를 받아들이고 있는 부분을 확인할 수 있습니다. 만약 어떤 진술에서 낮은 점수를 받았다면, 그것은 자신에 대해 좀 더 지지적인 태도를 발달시킬 필요가 있는 부분이라는 것을 나타냅니다. 어떤 영역에서든 자신의 내면세계를 무시하는 경향을 감지한다면, 그 정보를 이용해 자신의 편으로 돌아가 자신과 진실한 관계를 쌓아야 할 것입니다.

2. 자신을 보호할 수 있도록 자신의 감정을 소중히 여기라

만약 당신이 누군가를, 특히 어린아이를 소중히 여긴 적이 있다면, 그 아이가 학대당하는 것을 본다면 어떤 기분일지 알 것이다.

당신은 그 아이를 보호하고자 하는 마음에서 나오는 분노와 돕고 싶은 열망을 느낄 것이다. 그와 똑같이 당신 자신에게도 느낄 수 있는가? 많은 사람이 스스로 자기보호를 받을 자격이 없다고 생각하고 속으로만 분노에 차 있다. 불행하게도, 속으로 삭이는 분노는 수동적인 반응이며, 자신을 보호하거나 돌보는 데 전혀 도움이 되지 않는다. 자기보호 본능은 분개, 분노, 심지어 증오와 같은 강력한 형태의 감정으로 오기 때문에 처음에는 무서울 수 있다. 하지만 이것들은 단지 누군가가 당신을 통제하거나 지배하려 했다는 정서적 신호일 뿐이다. 이러한 감정들은 당신 내면의 경험들이 중요하며 보호되어야 한다고 말하고 있다.

3. 자신의 내면의 경험을 중요하게 만들라

아이들은 부모가 그들의 내면세계에 얼마나 주의를 기울이는지에 따라 자기 가치를 평가하는 법을 배운다. 자신의 내면의 경험이 존중되고 환영받는 만큼의 가치를 느끼게 된다. 여기에 자신과 지지적인 관계를 위해 자기에게 말해야 할 것이 있다.

1. 자신의 내면의 경험이 중요하다. 자기 생각, 감정, 꿈에 대해 관심을 보여라.
2. 자신의 내면세계는 수호할 가치가 있다. 위협을 느낄 때마다 감정에 충실하고 자신의 이익을 보호하라.
3. 자신의 감정과 생각은 타인의 것만큼 중요하다. 타인의 감정보다 자기 돌봄을 더 우선시하라.
4. 자신의 실수에는 죄가 없다. 실수하더라도 자신에게 등을 돌리

내면의 경험을 소중히 여기고 자기 돌봄을 우선시하라

지 말고 수치심을 주지 않도록 하라.

5. 자신의 내면세계는 주의를 기울일 가치가 있다. 자신의 생각과 감정에 귀를 기울이고 온전히 진지하게 생각하라.

6. 자신과 함께 시간을 보낼 만한 가치가 있다. 친구들과 즐기면서 자신의 내면에 좋은 느낌을 주도록 함께하라.

만약, 당신이 내면세계와의 좋은 지지적 관계의 가치에 대한 더 많은 증거가 필요하다면, 자신을 소중히 여기고 내면의 경험에 깊은 관심을 기울임으로써 많은 것을 성취한 사람을 생각해 보기 바란다. 우리는 유명한 배우들, 노벨 과학자들, 위대한 음악가들, 세계적으로 유명한 예술가들의 자기 가치를 지지한다. 그 사람들이 자신의 내면세계에 많은 관심을 기울여야 하는지 묻는 사람은 아무도 없다. 우리는 그들이 다른 사람들의 요구로부터 자신의 시간과 에너지를 아끼는 것이 괜찮은지 절대 의심하지 않는다. 우리 자신을 위해 그 정도로 해야 한다.

4. 자기 돌봄을 우선시하라: 자기에게 좋은 부모가 되기

자기 돌봄을 우선시하는 것을 소홀히 한 자신과의 관계를 회복하는 좋은 방법이다. 애정 어린 부모처럼, 단순히 생존하는 것이 아니라 성장하는 삶을 위해 자신을 지지할 수 있다. 그저 살아 있다는 사실만으로도 스스로 감사하고 사랑할 수 있다. 사랑이 많은 부모가 하는 것처럼, 스스로 자신을 소중히 여기면 자신의 가치에 대한 모든 오래된 의심을 지워 나갈 수 있다. 자신에게 충실함으로써, 자신에게 비판단적이고 무조건적인 지지를 보내고 헌신적인 부모가 하는 것처럼 자신의 성장에 전념할 수 있도록 도울 수 있다.

　스스로가 자신에게 좋은 부모가 됨으로써, 낮은 자존감과 정서적 자기방임에 대한 세대를 이어 오는 트라우마를 벗어날 수 있다. 내면의 경험을 존중함으로써 삶의 질이 달라지는 것을 가족 중 당신이 처음으로 느끼게 될 수도 있다.

　스스로가 자신에게 좋은 부모가 되어 외롭거나, 의기소침해지거나, 압도당하거나, 자기비판적인 마음이 들 때마다 지지를 보내 주길 바란다. 그저 지지적인 생각만이 아니라 실제로 들을 수 있도록 속삭이거나 큰 소리로 말하면서 그것들을 일지에 적어 보라. 자신의 목소리로 지지의 말을 듣는 것에는 크게 도움이 되는 그 무언가가 있다.

연습: 자신을 위로하기

당신이 압도당하거나, 두렵거나, 괴로울 때마다 아무리 하찮은 일이라도 모든 걱정과 두려운 결과를 적어 보고 큰 소리로 말하세요. 아이처럼, 두려워하는 일이 일어날지도 모른다는 것을 직접적이고 간단하게 표현해 보세요. 특히 부적절하거나 나쁜 것이라고 평가받을 것에 대한 두려움에 대하여 주의하세요(Duvinsky, 2017). 부적절함에 대한 당신의 두려움과 무서움을 그저 인정하는 것만으로도 무서움을 덜 수 있게 됩니다. 당신은 이러한 두려움들을 적어 나가는 것 중 일부는 약간 불편함을 느낄 수도 있지만 멈추지는 마세요. 그것은 분명히 효과가 있습니다.

자신의 두려움을 모두 기록했다면, 그 겁에 질리고 압도당한 아이 자신에게 연민을 느껴 보세요. 그리고 공감적인 부모가 하듯이 자신에게 말하고 글로 적어 보세요. 우선 **모든 사람**이 때때로 압도당함을 느끼는 것이 **정상**이라는 것을 스스로 상기시키세요. 두려움을 진지하게 받아들이고, 당신은 혼자가 아니며 필요한 도움을 받을 수 있다고 스스로를 안심시키세요. 당신의 내면의 아이에게 위안을 주는 것은 자기수용을 높이는 훌륭한 방법입니다.

내면의 경험을 소중히 여기고 자기 돌봄을 우선시하라

5. 자신의 내면세계를 경험함으로써 정서적 회복을 찾으라

다행스럽게도 오늘날은 명상, 마음 챙김, 일기 쓰기와 같은 내면세계 활동이 훨씬 더 수용적이다. 과학자들은 당신의 내면세계와의 관계를 강화하는 연습이 신체적 · 심리적으로 더 건강한 도움이 되는 것을 발견했다. 내면에 초점을 맞춰 집중한 활동들은 불안을 줄여 주고, 평화를 가져다주며, 자신에게 살아 있음에 대한 즐거움을 인식하게 할 수 있다. 이러한 연습들은 EI의 정서적 장악으로부터 거리를 두게 하고, 당신의 내면의 삶을 존중하는 생각을 지지하게 한다.

마음 챙김　　일상생활을 하면서 마음 챙김을 실천할 수 있다
(Nhat Hanh, 2011). 필요한 것은 현재의 순간에 머무르고 즉각적인 감각의 인식에 몰입하려는 의지이다. 그럼으로써 당신은 완전히 현재에 존재하고 인식하는 생동감을 느끼게 될 것이다.

시도할 만한 마음 챙김 훈련이 있다. 마치 처음 보는 것처럼 당신의 손을 자세히 살펴보라. 내 손의 모든 것에 주목해 보라. 손의 모양, 냄새, 질감, 선의 방향, 곡선, 그림자, 창백한 곳, 색깔까지도. 또한 부드럽고 단단한 부분을 찾고 눌러 보고, 온도를 느껴 보라. 당신은 얼마나 많은 색상을 식별할 수 있는가? 시간이 다 될 때까지 계속해서 새로운 측면을 알아차리고 그 현실을 경험하라. 그 후에 당신은 어떻게 느끼는지 보라.

명상　　명상은 당신의 마음을 재충전하고 이완시키는 특별한 방식으로 내면세계를 경험하는 데 도움이 된다(Kornfield, 2008). 그것

은 신체적 · 정신적 · 정서적 건강상의 이점이 있는 것으로 입증되었다(Kabat-Zinn, 1990). 명상수업을 듣거나 온라인 명상 사이트 및 앱(예: Headspace 또는 Insight Timer)을 사용할 수 있다. 명상은 눈을 감고 조용히 앉아서 몸의 긴장을 풀고 산만함을 없애고 호흡에 집중하고 생각에 집착하지 않고 그저 떠다니도록 하는 것을 포함한다. 명상은 일단 외부 세계와 분리되고 나면, 자신 안에 독특하게 살아 있고 경험을 보충하는 넓은 내면의 영역이 있음을 보여 준다. 명상은 내면세계의 현실을 직접 확인하게 해 준다.

일기 쓰기 당신의 생각, 감정, 관찰 그리고 꾸는 꿈에 대해서 적는 것은 자신의 내면 경험에 더 가까워지게 한다. 작가, 과학자, 여행자, 탐험가들은 모두 일기 쓰기를 통하여 그들의 인식을 높이고 생각을 다듬었다. 또한, 당신의 꿈이 어떻게 자신을 발달시키는 데 도움을 줄 수 있는지 이해하기 위해 『Mindful Dreaming(마음 챙김 꿈꾸기)』(Gordon, 2007)과 같은 책을 읽어 볼 수 있다.

다음에는 잘못된 프로그래밍에 대한 마음을 정리하고 자아개념을 갱신하는 방법에 대해 알아보겠다.

꼭 기억해야 할 사항

자신과 좋은 관계를 만들어 가기 위해서는, 자신의 내면세계가 스스로의 삶에 기여하는 바를 존중하여야 한다. 당신은 EI 사람을 만족시키기 위해 자신의 내면의 경험을 소홀히 했을지 모르지만,

이제 당신의 자기 안내와 자기 돌봄의 원천으로 내면세계를 자유롭게 소중히 여길 수 있다. 다시 한번 자신의 내면의 신호를 진지하게 받아들이고, 소중히 여기고, 보호하기로 결정하고, 마음 챙김, 명상, 일기 쓰기를 통해 당신의 내면세계와의 경험적 연결을 향상함으로써 자기 소외를 되돌릴 수 있다.

마음 정리의 기술

-자신의 마음을 위한 공간 만들기-

만약 당신이 EI 부모 밑에서 자랐다면, 당신의 생각이 그들의 생각과 일치하지 않아 기분을 상하게 만들었을 수도 있다. 그 결과, 당신은 그들 앞에서 생각을 스스로 감시하는 법을 배웠을지도 모른다. 비록 지금 그들의 신념 중 일부를 거부할지라도, 여전히 그들에게 무엇이 수용 가능한지에 대해 과민하게 인식하고 있을지도 모른다. 그러나 당신의 생각을 그들의 영향으로부터 분리할 수 있으므로, 자신의 관심과 의도를 따름으로써 당신의 마음이 자신을 위하여 자유롭게 작동하도록 하는 것이다. **마음 정리**는 어떤 생각이 정말로 자신의 것이고 어떤 생각이 다른 사람들로부터 물려받은 것인지를 분류하는 과정이다.

마음이 자신의 것일 때, 다른 사람들의 판단을 두려워하지 않고 객관적으로 생각할 수 있다. 매우 깊은 곳에서 어떤 것이 이치에 맞는지 아닌지를 알 수 있다. 자신의 생각이 명료해지고 자신의 내면의 경험에 의해서 검증될 때, 그것은 잘못된 논리나 죄책감에 의해 유혹당할 수 없다. 독립적인 마음과 정서적 자율성으로 당신이 무엇을 생각해야 한다고 EI 사람이 주장하더라도 당신은 자유롭게 추론할 수 있다. 자신의 감정과 내면의 경험을 고려하면서 명확하게 생각할 수 있는 능력이 **정서 지능**의 본질이다(Goleman, 1995).

수치심과 죄책감은 자유로운 생각을 차단할 수 있다

자기 마음의 사적인 부분에서 무엇이든 생각할 수 있는 자유는 당신의 개별성과 자율성을 위해 필수적이다. 비록 EI 사람이 당신에게 죄책감을 느끼게 하려고 할지라도, 자기 생각만으로는 다른 사람을 해칠 수 없다. 생각은 내면의 경험이지 대인관계의 사건이 아니다. 생각은 생존, 안전, 쾌락에 대한 본능에서 순수하게 발생하는 불수의적인 것이다. 그것들은 개인의 마음의 근원적인 재료이며, 그러므로 선하지도 악하지도 않다. 그러나 그들은 그들의 신념을 따르게 하려고 당신의 생각을 판단한다.

내담자인 John은 직장에서 유능한 전문가였지만, 여자친구와의 관계에서는 명료하고 결단력 있게 생각하는 것에 어려움을 겪었다. 어느 날, 그가 여자친구를 왜 좋아하는지 계속해서 자신을 검열하고 있는 이유를 깨달았다. "자라면서 내 진정한 생각은 수치스러웠을 뿐만 아니라, 개인적으로 느껴진 적이 없다. 부모님이 내 생각을 물어보고 판단하는 게임을 늘 했기 때문에 생각하는 것은 늘 위험하다고 느꼈다. 내 생각은 부모님의 신념이 반영되었을 때만 받아들여질 수 있었다. 그렇지 않으면, 잘못되었거나, 이상하거나, 잘못 알고 있는 것으로 조롱을 받았다. 부모님은 내 생각을 듣는 순간 턱을 문지르며 "자, 우리는 John의 이 생각에 대해 어떻게 생각해야 할까?"라고 하는 것처럼, 즉시 판단의 태도를 보였기 때문에 내 생각을 부모님과 공유하지 않으려고 했다. 부모님의 판단은 '이것은 좋은 생각이어서 허락한다.' 또는 '너의 의견은 쓸모없어! 이 멍청이야!' 중의 하나처럼 느껴졌다.

John의 예시에서 알 수 있듯이, 누구에게도 아무 짓도 하지 않았더라도, 자기 생각에 대해 죄책감과 수치심을 느끼게 될 수 있다. 어린 시절 John이 어쩌다 어머니에게 동의하지 않았을 때, 어머니는 어린 John에게 말을 걸지 않았다. 자신의 의견이 있다는 것에 대해 큰 대가를 치러야 했다. "내가 잘못된 생각을 멈출 때까지 어머니에게 나는 없는 사람과 같은 상태였다."라고 그는 말했다. 자신의 의견이 욕을 먹을 수 있다는 것을 안다면 자신의 입장을 분명하게 밝히기 어렵다. EI 부모는 모든 것에 대해 그들이 옳다고 느껴지길 바라고 있으므로, 자녀의 생각이 그들의 생각과 일치하지 않는다면, 자녀에게 거부당하는 것처럼 느끼게 했을 것이다.

성인으로서, 자신의 마음보다 타인의 의견을 수용하는 것은 자기 패배적이다. 하지만 EI 부모는 자녀에게 바로 그렇게 하라고 가르친다. 그들은 자녀의 사고과정의 모든 단계에서 부모를 먼저 고려하지 않으면, 자녀가 반항적이거나 이기적인 것처럼 행동한다.

수치심과 죄책감은 자유로운 생각을 차단할 수 있다

정서적으로 미숙한 부모는
자유로운 생각을 불손하게 본다

EI 부모에게 있어 모든 것은 그들이 얼마나 중요하고, 존경받고, 통제력을 가졌는지에 관한 것이다. 그런데 만약 당신이 자신만의 생각과 의견을 가지고 있다면 어떻게 될까? 그들은 당신을 충실하지 않다고 볼 것이다. 그들의 흑백논리의 마음에 자녀의 다른 의견은, 그들을 사랑하거나 존경하지 않는다는 것으로 받아들인다. 그러므로 민감한 EI 부모로부터 더 솔직한 생각을 숨기는 법을 배웠을지도 모른다. 불행하게도 존과 마찬가지로 당신도 더 나아가서 자신의 진실한 생각을 자신에게도 숨겨 나쁜 사람처럼 느껴지지 않게 했을 것이다.

어린 시절 EI 부모가 어떤 생각들은 금지한 것처럼 가르쳤을 때, 그것은 당신의 사고과정에 대해 죄책감을 느끼게 할 수 있다. 내담자 중 일부는 부모가 "그런 생각조차 하지 마라!" 또는 "어떻게 감히 그런 생각을 할 수 있어!"라고 꾸짖었을 때 얼마나 마음이 아프고 부끄러웠는지 기억한다. 부모의 관점으로 세상을 봐야 올바른 사람이라는 메시지였다. 일단 자녀의 생각을 제한하고 거부하도록 설득할 때마다 부모의 마음이 자녀를 지배한다.

그러나 자기 생각을 타인에 대한 사랑과 충성심을 시험하는 것으로 취급하는 것은, 자신의 마음을 잘 사용하지 못하는 것이다. 당신의 첫 번째 생각이 '난 이것에 대해 어떻게 생각하는가?'가 아니라 '난 충성을 다하고 있는가?'일 때는 똑바로 생각할 수 없다. 대신, EI 부모의 관계 요구에 맞게 부적합한 것들을 대충 엮어서 합리화시킬 것이다. 정서적으로 강요된 당신의 마음은 수치심을 피하고 다른 사람들의 자존감과 정서적 안정을 보호하기 위해 어떤 대가를 치르더라도 자기 생각을 검열하는 데 몰두하게 된다.

Ashley는 나이 든 어머니의 빈번한 도움 요청에 응하면서 힘든 영업 일을 하느라 우울하고 지쳤다. 어머니는 Ashley가 매일 전화하지 않고 자주 방문하지 않는다고 비난했다. 어머니가 자신의 상황을 너무 몰라 주는 것에 분노와 원망을 느끼면서도 죄책감에 사로잡힌 마음이 계속해서 "엄마에겐 나밖에 없어!"라고 말했기 때문에 합리적인 한계를 설정하지 못했다. 어머니는 활발한 사회생활을 하며 좋은 시설에 있었지만, Ashley는 어머니의 어려움에 가장 우선으로 대응해야 한다는 어머니의 의견을 비이성적으로 받아들였다. 어머니의 요구는 다른 도우미들을 밀어내고, 엄마 아빠가 해야 한다고 칭얼거리는 아기와 같았다.

다행히 Ashley는 ① 자신이 어머니의 부모가 아니라는 것, ② 어머니의 욕구 충족을 위해 어머니는 지시할 수 있는 위치에 있지 않다는 것, ③ 어머니의 전반적인 보살핌을 위해, 힘든 일을 하면서 마음대로 할 수 없다는 것을 깨닫고 마음을 정리했다. 이러한 생각의 명료화는 그녀에게 엄청난 위안이 되었다. 또한, 어머니에게 충실하지 못했다는 생각을 멈추었을 뿐 아니라, 그녀 자신의 욕구에 대해 생각하기 시작하자 어머니의 보살핌에 대한 분노가 줄어들고 더 관심을 갖게 됨을 알게 되었다.

209

정서적으로 미숙한 부모는 자유로운 생각을 불손하게 본다

그들은 당신에게 무엇을 생각해야 하는지
말하려고 한다

개인으로서 생각할 수 있는 자녀의 권리를 존중하는 대신, EI 사람들은 가능한 한 자녀의 생각을 지배할 권리가 그들에게 있다고 생각한다. 다음 도표는 어떻게 그들의 신념을 당신의 심리상태에 밀어 넣고 스스로 생각할 여지를 거의 남기지 않는지 보여 준다.

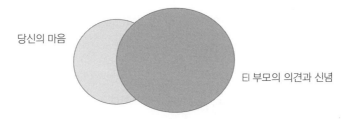

당신의 마음은 왼쪽의 원이다.
EI 부모의 의견과 신념은 오른쪽에 있는 원으로 표시된다.

[그림 8-1]

왼쪽에 있는 원의 중첩된 부분을 그들의 의견에 가려진 당신 마음의 일부로 상상해 보라. 빼앗긴 마음의 부분은 지금 무엇을 원하는지에 대한 자신의 삶에 그들이 어떻게 반응할까에 강박적으로 걱정할 때 쓰인다. 당신은 이 심리적 장악이 John과 Ashley에게 그랬던 것처럼 성인기에 어떻게 문제를 일으킬 수 있는지 알 수 있다. 당신은 EI 사람의 압박에 시달릴 때 다음 그림과 같이 자유롭게 생각할 수 있는 마음이 없으므로 스스로 생각하기 어려울 수 있다.

당신의 마음

EI 부모의 압박과는 별개로 독자적 사고를 할 수 있는 당신 마음의 영역

[그림 8-2]

창의적인 생각은 당신의 다음 생각이 어디로 이어지든 자신의 전체 마음에의 접근에 따라 달라지기 때문에 이렇게 줄어든 마음 공간은 큰 문제이다. 당신의 창의력과 문제해결 능력은 당신의 삶 속에서 그들을 불쾌하게 하거나 위협할 수 있는 생각을 검열하기 시작할 때 줄어들게 된다. 좋은 문제해결자가 되기 위해서는 불안정한 사람을 화나게 할 수 있다는 이유만으로 당신의 생각을 제한할 수 없다. 그러나 일단 그들의 통제에서 마음을 분리하기 시작하면, 마음은 다음 그림과 같이 완전하고 독자적인 형태로 다시 자라며 생각이 자유롭게 순환할 수 있다.

당신의 온전한 마음

[그림 8-3]

그들은 당신에게 무엇을 생각해야 하는지 말하려고 한다

앞의 [그림 8-2]에서 초승달 모양의 마음 공간을 보고, 당신의 생각을 그렇게 좁은 공간으로 제한하는 것은 어떻게 느껴질지 적어 보세요.

아마도 그들이 당신이 생각해야 할 것을 지시했을 때, 이와 같은 경험을 떠올릴 수 있을 것이며, 만약 그렇다면 그 경험도 함께 적어 봅시다. 그것이 당신의 기분을 어떻게 만들었나요?

존중하는 관계는 각자 자신만의 생각에 대한 자유를 가지고 있느냐에 달려 있다. 가장 만족스러운 관계는 두 사람이 서로를 판단하거나 교정하려 하지 않고, 스스로 생각하고 온 마음을 쓸 수 있을 때 생긴다. 다음 그림에서 서로 동등한 마음이 어떻게 지배가 아닌 공유가 되는지 알 수 있다.

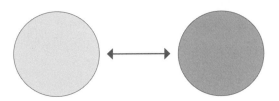

지배하지 않고 생각을 공유하는 두 마음

[그림 8-4]

자신의 모든 생각을 수용하도록 허용하는 것은 자기 자신이 되기 위한 커다란 첫걸음이다. 스스로 자유롭게 **생각**하는 것은 성장의 중요한 신호이다. 당신이 편안해질 때까지 당신의 마음의 소리를 그들에게 알릴 필요가 없다. 나중에, 자연스럽게 자신의 성격에 맞는 방식으로 자기 생각을 그들에게 더 많이 전달할 수 있다. 하지만 급하게 할 필요는 없다. 먼저 자신의 마음을 챙기는 것이다.

당신은 좋은 생각만 해야 할 필요는 없다

생각하는 법을 가르치는 대신, EI 부모는 당신의 생각을 판단하도록 가르쳤을 것이다. 그들은 항상 생각을 도덕적인 문제로 바꾼다. 만약 위협을 느끼면 자녀의 솔직하고 열린 생각들을 공격할 것이다. 상처받거나, 모욕당하거나, 소름 끼쳐 하는 행동을 함으로써, 그들은 자녀의 생각이 좋을 때만 자녀가 선하다는 것을 분명히 한다.

당신이 좋은 생각만 할 필요가 없다는 것을 깨닫는 것이 중요하다. 다행히 생각을 감시하는 경찰은 존재하지 않으며, 우리에게는 우리 자신에게 일어나는 모든 것을 생각할 수 있는 절대적인 권리가 있다. 자신의 독창적인 생각은 개성의 큰 부분이며 창의적인 생각으로 문제를 해결하는 데 필수적이다.

Shelby의 이야기

내 내담자인 Shelby는 평소 부모에 대해 '무례한' 생각을 할 때면 항상 죄책감을 느꼈다. 하지만, 그녀는 자신의 마음을 확실히 하기 위해, 왜 더는 부모와 연락을 하지 않는지에 대해 '~했더라면' 하는 마음의 편지를 썼다(실제로 보내지는 않음).

엄마 아빠에게
제가 왜 거리를 두었는지 궁금하시겠지만, 우리는 동등하지 않을 때 상호적인 관계를 맺을 수 없어요. 엄마 아빠는 항상 저에 대해 비판적이고 판단적이었어요. 부모님과 함께 있다는 것은 저에게 정신적으로 혼란스러웠

> 어요. 엄마 아빠를 그렇게 좋아하지도 않아요. 엄마 아빠는 저를 바보 취급
> 하지만. 사실 부모님이 때로 심술궂었기 때문에 아무런 생각을 할 수가 없
> 었어요. 저는 엄마 아빠와 있을 때 안전하다고 느끼지 않았어요. 만약 제가
> 엄마 아빠와 가깝게 지내게 된다면, 저는 스스로에 대해 나쁘게 느끼게 되
> 고 심지어 엄마 아빠가 더 싫어질 거예요. 엄마 아빠는 제가 충분하지 않
> 다고 하거나 "네가 그렇게 잘한 건 아냐." 하고 지속적으로 말해 왔죠. 그
> 래서 저는 제대로 대우받지 못했기 때문에 엄마 아빠를 멀리할 모든 권리
> 를 가지고 있어요. 이제 거기에서 벗어나서 제가 좋아하는 좋은 사람들을
> 만날 거예요. 부모님의 기분을 더 좋게 하기 위해서 제 기분을 그렇게 나
> 쁘게 만들 이유가 하나도 없었어요.

Shelby는 자신의 진실한 생각을 기록함으로써 위안을 얻었다. 우리는 자신이 실제로 생각하는 것을 글로 적는 연습을 할 수 있고, 떠오르는 어떤 불안한 감정도 인정할 수 있다. 이런 식으로 우리는 자신의 마음을 수용하는 연습을 하는 것이다. 우리는 이 편지를 누구에게도 보낼 필요는 없다.

하지만 내가 생각하는 것을 그들이 안다면 어떡하지?

아이들은 자신에게 정신적인 사생활 보호가 있다는 것을 깨닫지 못한다. 다른 사람들이 자신의 마음을 읽고, 자신의 은밀한 반응을 알 것이라고 믿는다. 부모가 "네가 무슨 생각 하는지 다 알아!" 혹은 "엄마는 뒤통수에도 눈이 달렸어!"와 같은 말을 할 때는 그대로 받아들인다. 아이들은 다른 사람들에 대해 무례한 생각을 하면 그들이 알게 될 것이라는 비이성적인 두려움을 품고 성장할 수 있다. 하지만 그들에게 표정이나 행동으로 보여 주지 않는 한 그들은 당신

의 생각을 알 수 없다. 사기꾼들이 이것을 아주 잘 알고 있다. 아이들은 자기 생각이 발각되어 처벌받을까 봐 두려워할 뿐만 아니라 부모에게 상처를 주고 싶지도 않아 한다. EI 부모의 자녀는 부모가 정서적으로 얼마나 취약한지를 잘 알고 있다. 만약 자기 생각을 알게 되면 부모가 얼마나 상처를 받을지 상상하는 것은 그들에게 고통스러운 일이다.

비밀스러운 생각이 알려지는 것에 대한 불필요한 두려움에 대한 해결책은 EI 사람이 있는 곳에서 의도적으로 자유롭게 생각하는 것이다. 이것은 연습하는 것이 이상하게 보일 수 있지만, 그것은 자신의 정신적 자유에 대한 감각을 빠르게 향상시킬 수 있다. 예를 들어, 그들의 말을 듣는 동안, 당신은 스스로에게 '저 말은 나에게 아무 의미가 없어.' '저들은 내가 아무것도 모르는 것처럼 대하고 있어.' 또는 '난 그것을 믿을 필요가 없어.'와 같은 생각을 하게 할 수 있다. 자기 생각을 함으로써, 그들의 정신적 지배를 밀어낼 수 있다. 당신이 원하는 것은 무엇이든 생각할 수 있다는 사실과 그들은 결코 알 수 없다는 것이다.

말도 안 되는 생각이 당신의 생각을 멈추게 하는가

자신의 생각이 다른 사람에게 피해를 줄 수 있다는 사실을 은밀히 두려워하여 자신의 솔직한 생각을 인정하는 것을 주저하는 경우를 많이 보았다. 이런 두려움은 우리의 생각이 실현될까 봐 걱정했던 어린 시절부터 이어져 오고 있다. 아이들은 생각이 누구에게도 해를 끼칠 수 없다는 사실을 깨닫기까지 몇 년이 걸릴 수 있다. 일부 성인조차도 특정 생각을 말함으로써 불길한 결과를 걱정하고 "부정 타지 않도록 빈다."라고 말한다. 만약 당신 생각의 파괴적인 힘이 여전히 은밀하게 두렵다면 가장 극단적인 조건, 즉 당신보다 훨씬 더 나쁜 상황에서 절망적인 사람들이 가장 간절한 소원을 실현할 힘이 없었다는 것을 상기하라. 생각만으로는 일이 일어날 수 없으며, 다른 사람들은 당신의 마음을 읽을 수 없다. 그렇게 보인다면 그것은 우연의 일치이다. 생각의 자유는 자신의 심리적 건강과 독립의 기초이다. 어떤 생각이 아무리 '나쁜' 것처럼 보일지라도, 그것들은 자신의 삶을 가진 자연스럽고 비난할 수 없는 현상이다. 건강한 사람의 마음은 경계가 없이 생각하기 때문에 지혜로운 사람들은 자기 생각을 크게 소유하지 않고 드나들게 한다. 때로는 생각하는 것이 분노를 발산하는 좋은 방법이기도 하다. 그것은 누구도 해치지 않고, 통제될 수도 없다. 우리는 우리의 행동을 선택할 수 있지만, 우리 중 누구도 무엇을 생각할지 선택할 수 없다.

생각이 당신을 나쁘게 만들지 않는다

불행히도 생각도 행동 못지않게 나쁘다고 말하는 사람들이 있다. 그러나 나는 그것이 맥락을 벗어난 도덕적 교훈에 대한 오해라고 생각한다. 예를 들어, 무언가에 대해 생각하는 것이 그것을 하는 것만큼 나쁘다는 가르침은 환상이 실제적 행동과 똑같다는 의미가 아니다. 그저 독선적인 위선과 판단에 대해 더 깊게 생각해 보라는 것이다. 인간으로서 당연히 그럴 수 있으므로 어떤 생각들은 우리의 머릿속에 절대로 떠오르지 않는 척 할 수 없다. 우리는 우리에게 어떤 생각이 떠오르는지 통제할 수 없다. 그런 생각을 가지고 무슨 행동을 하느냐가 중요하다.

물려받은 혼란스러움으로부터
자신의 생각을 분리하라

만약 당신이 부모처럼 생각해야 한다는 압박감 속에서 자랐다면 이제 어떤 생각이 진정으로 자신의 것인지 알아내기 위해 그들의 영향력을 제거해야 할지도 모른다. 당신의 가치 중 어느 것이 자신의 양심에서 비롯되었고, 어떤 것이 자신에게 무분별하게 전달되었는가? 어떤 생각이 귀중하고, 어떤 생각이 쓸모없는 것인가?

마음을 정리하는 과정은 매우 간단하다. 자신에게 가라앉는 기분을 주는 생각이라면 어떤 것이라도 불신한다. 많은 사람이 자기 비판적인 생각이 양심의 소리라고 생각하지만 그것은 사실이 아니다. 공정한 양심이 당신을 안내할 것이다. 그것은 당신이 얼마나 좋은지 나쁜지에 대해 전면적으로 심판하지 않는다. 건강한 양심은 당신에게 잘못을 수정하거나 제안을 함으로써 도덕적 성장을 지원한다. 가혹한 자기판단과 자기 비난은 자기 안내를 조롱하는 것이며, 어린 시절 EI 사람들의 경직된 생각을 반영한다. 당신 양심의 적절한 역할은 공격자가 아니라 안내자이다.

우리의 진실한 생각은 있는 그대로의 사실이며, 투명하다는 특성이 있다. 이것들은 생각들이 해야 할 일을 한다. 우리가 문제를 해결하고, 창의적이고, 우리를 보호하고, 우리의 욕구를 충족시키는 것을 돕는다. 그러나 물려받은 사고 패턴은 다르다. 그것은 폭력적인 압박감을 느낀다. 꼼짝할 수 없게 하는 죄책감의 뿌리가 초기의 정서적 강압에서 시작되었음을 알려 준다. 완벽해지라고 말하거나 실수를 저질렀다고 당신을 질책하는 것은 타고난 자신의 마음이 아

물려받은 혼란스러움으로부터 자신의 생각을 분리하라

니다. 무슨 일이든 권위자들의 의견에 동의해야 한다는 것 또한 마음의 말이 아니다. 압박감, 자기 공격 또는 죄책감의 생각은 EI 권위자들에 의해 정서적으로 압도당한 후에 남겨진 정신적 유산이다.

내 내담자인 Jasmine은 자신의 진정한 생각과 EI 부모에 대한 내면화된 비판 사이의 차이점에 대해 이렇게 말했다. "저는 최근까지 비판적인 목소리를 들었고 그것이 제 목소리가 아니라는 것을 깨달았어요. 제 목소리인 줄 알았는데 이제는 제 것이 아닌 그것으로부터 제 자신을 분리하고 있어요. 이제, 스스로에 대해 부정적인 목소리를 들을 때 그것이 저에게서 오는 것이 아니라는 사실을 저는 깨닫고 있어요!"

'나는 ～해야 해!' 또는 '나는 ～해야 한다!'라고 생각할 때, 그 생각을 멈추고 자신이 원하는 것을 다시 생각해 보라

당신이 '나는 ～해야 해' 또는 '나는 ～해야 한다'라고 생각하고 있는 자신을 발견할 때마다, 멈춰 서서 이 엄격한 규칙을 어디서 배웠는지를 물어보고 나서, 실제 선택이 무엇인지 스스로에게 물어보라. 그것이 Ashley가 이전 이야기에서 했던 것이다. 그녀는 자신의 '해야 해!'라는 감정이 자신의 피곤함보다 어머니의 요구가 더 중요하다는 믿음에 근거하고 있다는 것을 깨달았다. 착한 자녀들은 항상 부모를 우선시한다는 믿음을 물려받았다. Ashley는 자신의 한계를 합리적으로 고려하고, 어머니의 선호를 맞추기 위한 것이 그녀가 지키고 싶은 '해야 할 것'이 아니라는 사실을 깨달았을 때 훨씬 기분이 나아졌다.

EI 사람의 '해야 할 것들'은 당신에게 자기희생을 요구하고 그들을 우선시하라고 말하는데, 만약 그들이 실제로 세상에서 가장 중요한 사람이라면 말이 될 것이다. 하지만 그렇지 않기 때문에 스스로 "내가 그들의 기대에 부응하지 못하면 왜 죄책감을 느끼고 기분이 좋지 않을까?" 또는 "그들이 원하는 것이 그들의 입장에서 존중과 합리적인 것인가?"와 같이 명확한 질문을 스스로 해 보라. 이것은 당신이 정신적으로 혼란스러운 부분을 정리하고 상황을 더 공정하게 보도록 도와줄 것이다. 성인으로서 당신이 할 일은 자신의 정서적 건강을 돌보는 것이지, 당신이 편하게 줄 수 있는 것 이상을 무턱대고 요구하는 누군가의 승인을 얻으려고 하는 것이 아니다.

초기의 정서적 장악은 우울한 사고를 유발할 수 있다

어린 시절에 아이들에게 죄책감이나 수치심을 느끼게 하는 것은 그 감정을 움직이지 못하게 하고 우울한 생각을 촉진한다. 그러나 EI 부모에 의한 과거의 정서적 강압에서 비롯된 기원을 깨달음으로써 이러한 무력한 상태를 벗어날 수 있다. 우울한 생각들이 무엇이며 어디서 왔는지에 대한 꼬리표를 붙이면, 그 생각을 스스로 강화하는 보다 현실적이고 자립적인 생각으로 대체할 수 있다.

정신과 의사 David Burns(1980)는 그의 저서 『Feeling Good』*에서 우울한 사람들이 어떻게 생각하고 어떻게 인지적 자기치료를 통해 우울한 생각을 변화시킬 수 있는지 분석했다. 우울증의 근원이 무엇이든, 신체적이든 심리적이든, 우울한 생각은 마치 자신이

---

* 국내에서는 『우울한 현대인에게 주는 번즈 박사의 충고』(2009)라는 제목으로 출판된 바 있음.

특별히 원하지 않는 삶을 받아들이는 것 외에는 선택의 여지가 없는 것처럼 스스로 강요하는 강압으로 가득 차 있다. 많은 사람의 마음은 EI 부모가 물려준 극단적이고 흑백논리인 생각들로 가득 차 있다.

Burns는 의도적으로 더 적극적이고 합리적이고 유연한 생각을 함으로써 우울한 생각을 되돌릴 수 있다고 권장한다. 이것은 마치 변호사가 상대편의 증인을 대질심문하는 것처럼 극단적이거나 절망적인 사고와 마주쳤을 때, 이성과 균형감을 가지고 즉각 맞설 수 있도록 마음을 훈련하는 것이다(Burns, 1980).

Burns의 인지적 자기치료는 자신의 패배주의적이고 비현실적인 사고의 뿌리를 찾아내어 적극적이고 의도적으로 변화시킬 수 있게 하므로 효과적이다. 당신의 사기를 꺾는 의기소침한 생각을 마치 진실인 것처럼 듣는 대신, 부정적인 생각으로 꼬리표를 붙이고 그들의 왜곡된 삶의 견해에 이의를 제기할 수 있다. 절망적이고 비판적이며 낙담하는 생각을 보다 현실적이고 희망적인 생각으로 재구성할 수 있다.

예를 들어, 만약 당신이 '나는 절대 이 일을 끝마치지 못할 거야!'라는 의기소침하고 과장된 생각이 든다면 스스로 멈추고 '한 번에 하나씩 계속하다 보면 결국 이 일은 끝이 날 것이다.'와 같은 좀 더 현실적인 생각을 해 보자. '난 망했어. 나는 아무것도 제대로 하는 게 없어!'와 같은 생각이 들면 멈춰 서서 그것이 정말 사실인지(사실이 아니다.) 스스로 물어보라. 그런 다음 '내가 용감하게 시도했기 때문에 실수를 한 거야. 이제 알았으니 고칠 수 있고 다른 것을 시도할 수 있어.'와 같은 생각으로 더 지지해 주어야 한다. 속상한 일이 생기면 '이제 다 끝이야. 나는 이걸 극복할 수 없을 거야.'라고 생각하는 대신 '너무 큰 충격이지만 이것 때문에 세상이 끝나지는 않아. 나는 천천히 조금씩 처리할 수 방법을 찾을 거야.'라고 스스로에게 말할 수 있다.

불안과 걱정은 정신적 혼란의 한 유형이다

정신적 혼란은 원래 당신의 것이 아니었던 생각들이다. 그것들은 수치심, 두려움, 강박적인 걱정, 절망감, 무력감, 비관주의, 자기비판과 같은 감정을 유발한다. 나는 이런 생각들을 혼란스럽다고 부른다. 그것들은 원래 당신의 일부가 아니었고 당신의 마음의 자연스러운 기능에 도움을 주지 않기 때문이다. 단지 무질서와 왜곡을 만들 뿐이며, EI 부모의 정서적 강압으로부터 남겨진 잔해라고 생각하라. 그들은 종종 그들의 자녀들을 통제하기 쉽도록 자녀들에게 사기를 꺾는 사고를 조장한다.

당신의 생각이 자신의 것인지, 가족으로부터 전해진 것인지 구별하는 것이 중요하다. 당신의 가장 불안한 생각 중 일부는, 오래전 적대적인 환경에서 우리의 조상을 보호하기 위해 만들어진, 대대로 내려오며 전해진 두려움일 수 있음을 고려하여야 한다. 이러한 사기를 저하하고 억제하는 생각이 세대에 걸쳐 가족에게 전해져 내려오는, 부서질 것 같은 먼지 쌓인 가구라고 생각하면, 그것을 원하지 않는다고 말하는 첫 번째 사람이 되는 것은 당신에게 달려 있을 것이다.

강박적인 걱정은 EI 부모의 자녀로서 당신의 삶에 전해지는 또다른 유형의 생각이다. 부모의 분위기에 극도로 예민했어야 했기 때문에 만들어졌다. 부모의 격변으로 인해 정서적 안정이 위협받았을 때, 자녀는 누군가가 왜 화가 났는지, 그 결과 어떤 일이 일어날 수 있는지에 대해 수없이 집착하는 법을 배운다. 자녀는 부모를 위해 상황을 바로잡기 위해 무엇을 해야 하는지에 대해 걱정한다.

불행하게도 다른 사람들의 기분에 신경을 쓰고 걱정하는 것은 자신이 어떻게 느끼고 생각하는지에 집중하는 것을 방해한다. 걱정을 덮어 두고 그들과 상호작용을 어떻게 할 것인지 고려하는 것이 훨씬 더 생산적일 것이다. '그들이 나를 어떻게 대해 주면 좋았을까? 이것이 나에게 어떤 영향을 미치는가? 나는 정말로 그들의 행동을 받을 만한 것인가?'라고 스스로 물어보라. 그러면 더 자유롭게 생각하게 되고 자신을 그들만큼 중요하게 여길 것이다.

누군가가 당신을 불만스럽게 대하는지에 집착하는 자신을 발견할 때마다 자신만의 관점으로 돌아와 그들의 행동이 당신에게 어떻게 느껴지는지에 대해 적어라. 그들의 비판을 액면 그대로 받아들이지 말고 자신의 입장으로 돌아가 상황에 대한 자신의 의견을 제시하라. 자기 생각을 깊이 헤아려 보는 것은 당신이 그 상황에서 무엇을 원하는지 볼 수 있게 해 주며 원하는 결과를 계획할 수 있게 해 준다. 적극적이고 목적이 있는 방식으로 자신의 마음을 사용하면, 그들을 달래기 위해 쓸데없이 걱정하는 대신 자신의 개인적인 행복을 추구할 수 있다.

자기 대화는 명료한 정신으로 가는 티켓이다

우리의 마음속에서 스스로 말하는 것은 자신의 기분과 생각을 바꿀 수 있는 주요한 방법이다. 자기 대화를 사용하여 자신의 바람을 구체화하고 실망을 이해하고 목표를 결정할 수 있다. 우리가 스스로에게 말하는 것은 자신이 원하는 것과 정말로 중요한 것에 집중하도록 돕는다는 것을 기억하라.

건설적인 자기 대화는 스스로 감정적 지배에서 벗어나도록 돕는다. 효과적인 GPS 목소리가 길을 알려 주듯이, 내면의 목소리도 마찬가지이다. 자기 대화는 당신의 의도를 명확히 하고 바람직한 목표를 설정하는 데 도움이 된다. EI 사람이 당신의 관심사보다 그들의 관심사를 우선시함으로써 당신을 정서적으로 장악했다면, 이제 자기 대화를 통해 뒤집을 수 있는 새로운 반응과 행동을 할 수 있다.

자기 대화는 자신과 단절하지 않게 한다

자기 대화는 EI 사람이 장악하려고 할 때, 자신과 접촉을 유지하는 방법이다. 부모님 집을 방문하고 있다고 가정할 때, 그들은 당신이 하는 일에 부정적으로 반응할 것이다. 이것은 어린아이 같은 반응을 촉발해 당신을 그들의 비판에 무력하고 꼼짝 못 하게 만들 수도 있다. 그러나 그들의 그러한 예측 가능한 지배에 준비가 되어 있다면, 당신은 그들의 얼굴을 마주하면서도 여전히 자기 생각을 할 수 있을 것이다. 그들의 행동에 놀라지도 않을 것이며, 그들에게 장악당하도록 당신의 마음을 단념하지도 않을 것이다. 당신은 그저 스스로와 접촉하고 있으면서 지켜볼 것이다.

다른 사람들이 불만을 표시하면, 당신은 자신과 대화를 할 수 있고 자신의 생각과 욕구에 대한 권리가 있다는 것을 스스로 상기시킬 수 있다. 그들이 죄책감을 주거나 당신의 가치를 비판한다면, 쉽사리 함락될 수 없는 한 사람으로서 가치를 가지고 있다는 것을 스

자기 대화는 명료한 정신으로 가는 티켓이다

스로 상기시킬 수 있다. 그들이 무슨 말을 하든지 상관없이 자기 생각을 굳건하게 지킬 수 있으며, 그들의 불만이 자기 가치와 아무 관련이 없다는 것을 알 수 있을 것이다. 자기 대화는 당신의 진정한 자아를 신뢰하고 다시 연결할 수 있는 다리와 같다.

자기 대화는 세뇌를 되돌릴 수 있다

EI 부모는 그들의 관점으로 바라보도록 자녀를 세뇌하려는 것이 정당하다고 생각한다. 그들은 먼저 자녀를 화나게 하고 방어적으로 만들어서 자녀의 합리성을 차단한다. 이러한 상황에서 자녀는 더 취약해지고 궁극적으로 EI 부모가 생각해야 한다고 말하는 것에 취약하며 민감해진다.

그들의 정신적 · 정서적 지배에 대항하기 위해, 당신은 자신의 분석적인 마음을 날카롭게 유지하도록 스스로에게 말해야 한다. 그들이 당신에게 화가 났을 때 당신은 중단하고 모호해지고 싶은 충동과 싸울 수도 있지만, 대신 마치 인류학자가 메모하는 것처럼, 그들의 행동에 대해 마음속으로 설명하는 방식으로 관찰을 할 수 있다. 이러한 분석적인 자기 대화는 당신을 통제하려는 그들의 시도를 꿰뚫어 볼 수 있는 두뇌의 객관적이고 성숙한 부분에 당신을 고정할 것이다.

당신이 자기 대화를 통해 그들의 행동을 정확하게 변별하면, 그들의 정서적 장악 시도는 실패할 것이다. 자신에 대한 충실함을 유지하고 분석적으로 생각하는 것은 전쟁 포로와 전체주의 정권의 희생자들이 수년간 학대받거나 수감된 동안 그들의 존엄성과 신념을 유지하기 위해 사용하는 기술과 정확히 같은 것이다.

자기 대화를 연습하기 위한 세 가지 상황

자기 대화는 자신에게 정서적인 힘을 준다. 그러나 자기 대화는 스스로 생각해 내기 어려울 수 있으므로 EI 사람의 강압적인 기대로 압박감을 느낄 때 사용할 수 있는 몇 가지 제안된 자기 대화 문구가 있다.

1. 자신이 충분히 잘하지 못한다고 비난받는 느낌일 때, 스스로 이렇게 말하라.

   "나는 아무것도 잘못하지 않았어. 나는 그 말을 들어 줄 수는 있지만, 죄책감은 받아들이지 않을 거야."

   "나는 나쁜 게 아니고, 이 모든 게 내 탓만은 아니야."

   "그녀가 실망한 건 내 잘못이 아니야. 그녀의 기대가 너무 과한 거였어."

   "그가 다시는 괜찮아지지 않을 것처럼 행동하더라도, 결국 금방 잊힐 거야."

   "그녀는 내가 할 수 있는 그 이상을 기대하고 있어. 나는 절대 그것을 모두 해낼 수 없으며, 그렇게 하고 싶지도 않아. 그녀가 원하는 것을 해내는 것은 고통스럽고 나를 나약하게 만들 거야."

2. 누군가가 감정조절 능력을 잃었을 때, 스스로 이렇게 말하라.

   "그가 감정을 관리하지 못하는 것은 내 잘못이 아니야."

   "그녀는 화가 났지만, 여전히 나는 괜찮고 세상은 돌아가고 있어."

   "그는 마치 신이 분노한 것처럼 행동하지만 그렇다고 해서 그가 옳다는 뜻은 아니야."

   "누군가가 화가 난다고 해서 그들이 나를 지배하게 두어야 한다는 뜻은

자기 대화는 명료한 정신으로 가는 티켓이다

아니야."

"그녀가 말하는 것은 지나치게 과장된 것이야."

"그녀는 이 사건이 마치 세상의 끝이라고 나를 설득하려 하고 있어. 그것은 그렇지 않아."

3. 누군가가 당신을 지배하고 생각을 통제하려고 할 때, 스스로에게 상기시켜라.

"내 욕구는 그의 욕구만큼이나 정당하고 중요해. 성인으로서 우리는 동등해."

"내 삶은 그녀의 것이 아니야. 나는 동의할 수 없어."

"난 나에게 충성할 수 있지만, 그가 나에게 충성하라고 주장할 수 없어."

"내 가치는 그가 나에 대해 어떻게 느끼는지에 따라 결정되지 않아."

"이것은 단지 그녀의 의견일 뿐이지, 그녀가 나를 마음대로 할 수는 없어."

상호작용 중에 이러한 자기 대화를 사용함으로써, 당신은 깨질 수 없는 강한 자기 연결을 유지할 수 있다. 현실적인 자기 대화는 균형을 유지하는 데 도움이 되며, 당신의 내면세계와 욕구가 EI 사람만큼 동등하게 중요하다는 것을 상기시켜 준다.

마음을 정리하고 나면 그 공간을 무엇으로 채울 것인가

우리의 마음은 생각을 위한 공간이 많은 상자라고 생각해 보자.

한 가지의 생각을 키우면 다른 생각이 들어갈 공간이 줄어든다. 전반적으로, 당신의 목표는 부정적인 사고 패턴을 밀어내고 더 좋은 긍정적인 경험에 집중하는 것이다.

즐겁고 기분 좋은 생각에 소비되는 시간을 의도적으로 늘리면 긍정적인 생각과 유해한 생각의 비율을 바꿀 수 있다. 긍정적인 경험을 강조하고 계속 생각하면, 당신의 마음을 통제하기 위해 두려움, 죄책감, 수치심을 이용하는 EI 사람에게 면역이 될 것이다. Rick Hanson은 신경 심리학자로서『Hardwiring Happiness』(2013)[*]라는 책에서 즐겁고 감사한 생각을 증폭시키는 것이 뇌에 미치는 이점에 관해 설명한다. 그는 의도적으로 더 행복한 생각을 경험하기 위해 한 번에 몇 초라도 할애하면 뇌의 습관적인 사고 패턴을 재구성할 수 있다고 말한다.

Hanson의 설명처럼 즐거운 경험을 음미하는 데 더 많은 시간을 할애할수록 기분 좋은 정신 습관을 갖도록 두뇌를 더 많이 훈련시킨다(Hanson, 2013). 당신이 좋은 하루를 보내거나 가치 있는 사람처럼 느끼는 것은 이제는 다른 사람들에게 달려 있지 않다. 의식적으로 자신이 좋아하는 것과 소중하게 여기는 것에 집중함으로써, 당신은 의도적으로 자신의 기분을 변화시킬 수 있다.

Diana Fosha(2000)는 우리가 부정적이고 자기비판적인 경험에 집중할 때보다, 향상되고 긍정적인 상태에 있을 때 치유의 정서적인 변화가 일어나는 경향이 가장 높다는 것을 밝혔다. 자기인식과 긍정적인 자기 확언 경험을 추구하는 것은 도피가 아니다. 그것은 우리가 더 나은 방향으로 변화를 위해 필요한 것이다.

----

[*] 국내에서는『행복 뇌 접속』(2015)이라는 제목으로 번역되어 출판됨.

마음을 정리하고 나면 그 공간을 무엇으로 채울 것인가

행복의 순간을 더 넓고 깊게 함으로써, 또한 자신의 개별성과 자율성을 강화한다. 행복했던 경험의 감정을 의도적으로 떠올릴 때, 자신의 기분과 자존감을 스스로 관리할 수 있게 된다. 의도적으로 행복한 느낌을 음미하고 자신을 인정하는 이 모든 작은 순간들은 자기 효능감을 증가시킨다. 이것은 능동적이고 자기 결정적인 사람으로서 자신에게 보상 감각을 더해 주어 EI 사람들의 정서적 강압과 장악, 그리고 왜곡된 장으로부터 덜 민감하게 만든다.

중요한 것은 행복한 생각만 하는 것이 아니라 자율적이고 죄책감으로부터 자유롭고, 따뜻한 감정을 내면에 불러일으키는 것이다. 당신 스스로 기분이 나아지는 것에 집중하는 것만으로도 내면의 상태를 적극적으로 변화시킬 수 있다는 것을 알게 되면, 이제는 보상받지 못하는 관계에 매달리지 않을 것이다. 당신은 자신만의 효능감과 자율성, 위안을 주는 경험을 만들어 행복감을 높일 수 있다.

꼭 기억해야 할 사항

EI 사람의 정서적 요구는 자기 생각을 가지는 것에 대해 죄책감과 수치심을 느끼게 하여 스스로 생각하는 능력을 마비시킬 수 있다. 부모의 정서적 장악으로 인해 쌓인 혼란한 생각을 정리하면 마음의 자유를 회복시키게 된다. 당신이 우울한 생각을 피하고 스스로 결정하도록 돕기 위해 '~해야 한다.'라는 생각에 의문을 제기해야 한다. 당신의 마음은 사적으로 안전하며 생각만으로는 해를 끼칠 수 없다는 사실을 받아들이면 생각의 자유를 강화할 수 있다. 자기 대화 또한 순간의 자기 단절과 정서적 장악을 방지하는 데 도움이 된다. 당신이 자신의 선함을 인정하고 행복을 강화하는 경험에 생각을 집중할 때, 자신의 마음을 되찾는 즐거움을 느낄 것이다.

꼭 기억해야 할 사항

자신의 자아개념 갱신하기

−왜곡을 교정하고 자신감을 높이는 방법−

자아개념은 자신에 대해 믿는 모든 것과 스스로가 무엇이 될 수 있도록 허용하는 토대이다. 자신에 대한 이러한 이해는 자랄 때 사람들이 당신을 어떻게 대했는지에 영향을 받았다. 그들의 행동은 그들이 당신을 어떻게 생각하는지에 대한 이야기를 들려주었을 것이다. 어린 시절에 당신은 그들의 눈을 통해 자신에 대해 배울 수밖에 없었다. 그러나 EI 부모는 종종 자녀의 독특한 자질, 능력 및 관심사를 간과하기 때문에 적절한 자아개념을 발달시키는 데 별로 도움이 되지 않는다.

EI 부모는 그들의 가정에 따라 자녀가 자라기를 기대한다. 그러한 부모와 함께라면, 자신의 강점을 적절하게 반영하는 방식으로 자신을 파악하기가 어렵다. 대신, 그들의 기대에 얼마나 잘 부응했는지에 따라서만 자신을 판단하게 되었을 수 있다. 슬프게도, EI 부모는 종종 자녀가 자신보다 못한 것처럼 느끼게 만드는 부정적인 피드백으로 자녀를 낙담하게 만든다. 이러한 잘못된 자기신념을 바로잡아 스스로가 더 진실하고, 개인적 발달을 추구하며, 자기 자신과 타인과의 관계를 깊게 하는 것이 매우 중요하다.

EI 부모는 타인의 개별성을 무시하기 때문에 자녀에 대해 많이 가르쳐 주지 않았을 것이다. 그들은 사람들을 같은 묶음으로 취급해서 실제보다 훨씬 더 같다고 본다.

"넌 네 아버지와 똑같구나!" 또는 "넌 가족 중에서 나랑 비슷해."와 같은 말을 하면서 개별적인 복잡성을 무시한다. 그들은 당신이 누군가를 생각나게 하므로 당신을 잘 알고 있다고 생각한다. 그 결과로, 그들은 실제로 당신과 맞지 않는 틀에 박힌 자아개념을 제공한다. EI 부모에게 자녀는 스스로가 누구인지 발견하는 것에는 도움받지 못하고 무엇이 되어야 하는지만 들었다.

하지만 이제 성인으로서, EI 사람이 당신을 지나치게 단순화하거나 어린아이와 같은 정체성으로 분류하여 여전히 갇히게 할지라도, 당신은 스스로 모든 잠재력과 복잡성을 포함하는 자아개념을 확장할 수 있다. 우리가 실제 자신보다 못하다고 느끼면서 삶을 살아갈 필요는 없는 것이다. 다행히도 당신의 자아개념은 더는 부모의 의견에 사로잡혀 있지 않아도 된다. 이제 당신이 누구인지 그리고 무엇이 되고 싶은지 자유롭게 발견할 수 있다. 자아개념을 당신의 본모습에 맞게 갱신할 수 있다.

먼저, 당신 자신에 대한 개념에 영향을 준 어린 시절의 정서적 분위기를 간략히 살펴보자. 이것은 지금 자신을 어떻게 보는지를 밝혀 줄 것이며, 어린 시절의 대우에 근거한 구시대적인 정체성에서 벗어나도록 도와줄 것이다.

연습: 어린 시절의 자아개념을 들여다보기

스스로 생각할 시간을 가지고 다음 질문에 대한 답을 적어 보세요.

- 어렸을 때 당신의 자아개념은 무엇이었는가?
- 다른 아이들과 함께 있을 때 자신을 어떻게 보았는가?
- 부모님은 당신의 잠재적인 강점을 확인하고 발전시키는 일에 도움을 주었는가?
- 명확한 정체성을 가지고 있었는가, 아니면 그냥 아이 중 하나였는가?
- 그들은 당신에게 앞날을 생각하고 최고의 성인의 삶을 상상하도록 격려했는가?
- 그들이 당신에게 세상에 어떤 영향을 끼치고 싶은지 물어봤는가?
- 그들은 성공적이고 사랑받는 사람이 될 것처럼 당신을 대했는가?

다음으로, 적은 것을 다시 읽고 스스로 생각해 보세요. 당신의 반응은 어떤가요? 당신의 어린 시절이 성인인 자신의 자아개념에 어떤 영향을 미쳤다고 생각하나요?

좋은 소식은 이제 스스로가 자아개념에 대한 부정적인 어린 시절의 영향을 상쇄하고 고칠 수 있는 능력이 있다는 것이다. EI 부모가 어린 시절에 자신을 정확하게 알도록 도와주지 못했다면, 이제 성인이 되어서 스스로 할 수 있다.

자신의 성인 자아개념을 확실히 보호하라

우리가 알았듯이, EI 부모는 자녀들에게서 부모의 욕구에 부응하는 자질을 본다. 따라서 어린 시절에 자신에 대해 단순히 사실이 아닌 이야기를 들었을 수 있다. 하지만 이제는 성인으로서 당신은 더 적절하고 지지적인 자아개념을 의식적으로 구축할 수 있다.

이는 성인으로서 자신을 어떻게 보느냐가 삶의 모든 부분에 영향을 미치기 때문에 특히 중요하다. 당신은 자신을 자긍심을 가진 성인으로 성장하도록 하였는가? 자신을 가치 있다고 생각하지 않는다면, 필요할 때 책임지지 않을 것이다. 스스로 흥미롭다는 사실을 알지 못한다면, 어떻게 자신과 타인과의 친밀하고 보람된 관계를 유지할 수 있을 것인가? 자기를 보호하지 않는다면, 어떻게 다른 사람과 안전하다고 느낄 수 있는가? 이제 EI 부모로부터 야기되는 자아개념의 성인기 왜곡을 교정하는 방법을 살펴보겠다.

234 이제는 권위를 가진 성인이라는 사실을 자각하라

많은 EI 부모는 성장한 자녀를 완전한 성인으로 인정하지 못한다. 성인이 된 자녀들이 자신을 진지하게 받아들이는 것을 주제넘거나 어리석다고 느끼게 함으로써 성인 자녀의 존엄성을 훼손한다. 그들의 성인 자녀는 결국 성인으로서의 그들의 권위와 독립을 주장하는 것에 대해 부끄러움을 느끼게 된다. 자녀가 성장하여 부모와 동등하게 되길 바라는 부모의 축복이 없으면, 성인 자녀는 성인의 권위를 부적절하게 받아들인다.

Jonelle은 자신의 업무를 좋아하고 잘했지만, 조수였던 Todd는 기회가 있을 때마다 불필요한 질문을 하고 개인적인 이야기로 그녀의 생산성을 떨어뜨렸다.

한계를 설정할 필요가 분명했지만, Todd에게 불쌍한 마음이 들어 그가 말하고 싶어 할 때 들어주려고 했다. 사실, 종종 그에게 어떻게 지내는지 물어봄으로써 상황을 악화시켰다. 그녀는 스스로 멈출 수가 없어서 Todd를 다른 사람과 교체할 생각을 하고 있었다.

진짜 문제는 Jonelle이 성인으로서의 권위를 느끼지 못한다는 것이었다. 여전히 그녀는 5명의 가족의 일원으로 불행하고 충족하지 못한 어머니를 위로해야 하는 구조자 역할을 하는 어린아이였다. 이런 오래된 자아개념은 그녀가 Todd를 잘 견디고 있는 것을 보여 주고 설명하고 있다. "이것은 내가 여행을 가서 즐길 수 있는 동안 그가 사무실에 남아 있어야 하기 때문이에요. 사실 나는 그의 상사로 훨씬 더 많은 돈을 받는 점에 대해 불편하고 그에게 미안하게 생각해요. 그래서 그의 입을 다물게 하는 것이 나쁘다고 느껴졌어요. 그에게 늘 내가 열려 있다고 느끼게 하고 싶었어요." Todd가 상사의 요청에 불쾌감을 느끼거나 '듣기 싫다.'고 느낄까 봐 염려하는 그녀의 생각은 그녀와 어머니의 관계에서 나온 것이다.

하지만 Jonelle은 자신의 낡은 자아개념이 자신의 성공을 저해하고 있다는 것을 깨닫고 죄책감을 버리고 성인의 권리를 주장했고, Todd와 적절한 한계를 설정할 수 있었다.

235

지금 자신의 삶을 살펴보고 누군가를 소외시킬까 두려워 정당한 권리를 주장하기를 주저하는 상황이 있는지 살펴보라. 다행스럽게도, 어린 시절의 영향을 극복하고 자신을 계속 발달시키는 것이 자

자신의 성인 자아개념을 확실히 보호하라

신의 능력 안에 있으므로 그것을 바꿀 수 있다(Vaillant, 1993). 당신의 타고난 능력과 다른 사람들의 멘토링을 통해 당신의 부모가 당신을 그런 식으로 보지 않더라도 더 강한 자아개념을 세우고 효과적인 리더가 될 수 있다.

자신이 가면의 사람이 아니라는 것을 인식하라

가면 증후군(Clance & Imes, 1978)*은 자신의 성과를 자신에게서 온 것처럼 느껴지지 않기 때문에 자신의 성취를 온전히 소유하기 어렵게 만든다. 당신은 마치 분장을 한 아이처럼 자신이 사기꾼으로 보일까 봐 두려워한다. 하지만 진짜 문제는 어린 시절의 모습을 넘어 의식적으로 자아개념을 갱신하지 않았다는 것일 수 있다.

당신은 왜 다른 사람들이 당신을 사랑하는지 이해하기 어렵고, 그로 인해 관계에서도 사기꾼이 된 것처럼 느낄지도 모른다. 예를 들어, 한 여성은 친구들이 큰 생일 파티로 그녀를 놀라게 했을 때 충격을 받았다. 그녀는 이렇게 축하받을 만큼 중요하지 않다고 느끼며 "정말 이해할 수 없지만 고맙다."라고 말했다.

많은 성인 자녀는 가족 구성원들의 자기애를 보호하기 위해서 주목받는 것을 불편하게 여긴다. 그런 성인 자녀들은 주목을 받게

----

*역자 주: 가면 증후군(Imposter Syndrome)은 임상심리학자인 Pauline Clance와 Suzanne Imes가 1978년 발표한 「높은 성취 여성에서의 사기꾼 현상: 그 역동과 개입 전략」이라는 논문을 통해서 처음 소개된 개념으로 자신이 실제 성취한 업적과 자신이 다른 사람들로부터 높은 평가를 받을 자격이 없다고 생각하며, 자신의 성공이 노력이 아니라 순전히 운으로 얻어졌다고 생각하고 지금껏 주변 사람들을 속여 왔다고 불안해하는 심리적 용어이다.

되었을 때 자신들의 성공을 낮게 평가할 것이다. 자부심을 느끼는 대신 '이건 진짜 내가 아니야.'라고 생각한다. 자기중심적인 가족 구성원으로부터 주의를 자신에게로 돌리는 것은 미안하므로 성공했다고 느끼는 것을 멈춘다.

사기꾼이 된 것 같은 느낌은(당신이 그 일을 했기 때문에 왜곡된 것은 분명하고 그것은 당신이 주관한 일이다) 더 특권이 있는 가족 구성원보다 자신은 중요하지 않다고 믿으며 자라왔을 때는 옳은 것처럼 느껴진다.

그러한 특권의식의 예시로 딸의 시상식에 참여했지만, 얼마나 많은 사람이 거기에 앉아 있는지, 식이 얼마나 오래 걸리는지, 그리고 그가 TV 야구경기를 어떻게 놓쳤는지에 대해 불평했는지를 생각해 보라. 그리고 어버이날 주말에 아들의 졸업식이 있다는 것이 대학이 사려 깊지 못한 일이라고 계속 화를 내는 어머니도 있었다. 이 부모들은 자녀의 성취보다는 그들의 편안함이 훨씬 더 중요하다고 말하고 있다. 그들이 당신의 성공을 지지하지 않는다고 해서, 당신이 자신의 성취를 무시해야 한다는 의미는 아니다. 사실 이런 부모라면 당신은 더더욱 자기 지지적이어야 한다. 그들이 주의를 끌기 위해 수를 쓰더라도 스스로 주의력을 분산시키지 마라. 당신의 작은 성취도 소중히 여기고 그것을 당신의 자아개념에 통합하라.

부모의 왜곡으로부터 자신의 성인 자아를 보호하라

EI 부모는 그들의 투사를 통해 자녀들을 바라본다. 그 결과로 자녀에게 그들이 누구인지에 대한 왜곡된 이미지를 줄 수 있다. 때때로 이 왜곡은 거의 믿을 수 없을 정도이다.

자신의 성인 자아개념을 확실히 보호하라

예를 들어, Lily는 음식과 체중에 대한 어머니의 병적인 집착으로 인해 청소년기 내내 거식증으로 고생했다. Lily가 위험할 정도로 말랐을 때도 어머니는 조금이라도 살찌는 음식을 선택하면 계속해서 잔소리했다. Lily가 자신의 이미지를 치유하고 성인이 되어 정상적이고 건강한 체중을 회복한 후에도 어머니 집을 방문하는 것은 거식증에 대한 생각을 다시 불러일으키게 했다. 어머니는 Lily의 허벅지나 다른 체중과 관련된 문제에 대해 계속해서 은근하게 언급을 했다. 어머니가 체중에 집착하는 것을 보면서 Lily는 다시 다이어트와 운동에 집착하는 자신을 발견할 수 있었다. Lily는 결국 어머니를 자주 만나지 않는 결정이 자신의 건강을 유지하는 것이라고 느꼈다.

자신의 자아개념을 갱신하는 방법

적절한 자아개념을 통해 타인과 다른 개인의 복잡성과 고유성을 가진 사람으로서 당신은 이 세상에 무엇을 가져다주는지를 이해할 수 있게 한다. 자신의 자아개념을 갱신하기 위해 다음과 같이 시작하라.

1. 당신의 가치를 확립하라.
2. 당신의 가치와 삶의 철학을 확인하라.
3. 당신의 자아개념의 공백을 채우라.
4. 자신만의 성격특성을 정의하라.
5. 역할모델과 멘토를 찾으라.

이 절을 통해 학습함으로써, 당신은 자신에 대해 얼마나 많이 배울 수 있고 미래의 자아개념을 훨씬 더 명확하고 강하게 만들 수 있다는 것에 놀랄 것이다.

1. 당신의 가치를 확립하라

자신과 타인과의 관계의 질은 당신이 얼마나 자기 자신과 자신의 가치를 존중하느냐에 달려 있다.

🧑‍🏫 **연습: 스스로에 대해 어떻게 느끼는가?**

스스로에 대해 어떻게 느끼는지 알아보려면 먼저 조용히 앉아서 가장 깊은 감정으로 들어가 보세요. 다음 질문에 가장 먼저 떠오르는 것을 적어 보세요. 당신의 머리가 아니고 마음에서 나온 답을 들어 보세요.

나는 잘하고 있는가?
나는 능력이 있는가?
나는 충분한가?
나는 중요한가?
나는 사랑받을 만한가?

이제 자신의 대답을 생각해 보고, 만약 티 부모를 가지고 있었다면, 이 질문 중 하나 이상에 '아니요.'로 대답했을 것입니다. 만약 그렇다면, 그것은 자기 가치에 대한 의심이 어린 시절에 티 부모들의 수치심과 죄책감으로부터 받은 결과이기 때문입니다. 좋은 소식은 자신의 자아개념과 사람들을 가치 있게 만드는 것에 대한 신념을 갱신할 계획을 세울 수 있다는 것입니다.

자신의 자아개념을 갱신하는 방법

2. 자신의 가치와 삶의 철학을 확인하라

삶의 질은 자신의 근본적인 가치와 삶이 어떻게 작동하는지에 대한 이해에 따라 결정될 것이다. 당신은 행복하고 의미 있는 삶을 만드는 요인은 무엇이라고 말하겠는가? 이것을 잠재적으로 알고 있을 것이다. 그러나 그것을 명확히 하는 데 도움이 될 것이다. 자신의 신념과 가치를 알아보자.

연습: 당신이 믿는 것이 무엇인지 명료하게 하기

이 연습에는 정답이 없고 그저 당신이 생각하는 대로 답하면 됩니다. 여기에서 목적은 자신의 근본적인 개인 철학을 밝히고 자신을 더 잘 알 수 있도록 돕는 것입니다. 당신의 일지에 다음 문장을 완성시켜 보세요.

삶의 목적은 _____.

좋은 인간관계의 비결은 _____.

성공은 _____ 같은 사람에게 온다.

_____ 하지 않으면 의미 있는 삶을 살 수 없다.

자존감의 가장 좋은 원천은 _____.

내가 소중히 여기는 것은 _____.

행복한 삶에 _____이 포함된다.

_____을 믿는 것이 중요하다.

성공하려면, _____을 해야 한다.

_____하는 것은 매우 잘못된 것이다.

내가 살아가는 지침은 _____.

사람들은 _____을 통해 자신을 향상시킨다.

　이러한 진술은 자신과의 관계의 질뿐만 아니라, 자신과 세상을 어떻게 보고 있는지 그 핵심을 알 수 있고, 일단 이 문장들을 완성하고 나면, 당신의 철학이 좋든 나쁘든 자기 삶의 과정에 어떤 영향을 미쳤는지 자문해 보세요.

3. 당신의 자아개념의 공백을 채우라

　슬프게도 부모가 자녀의 긍정적인 자질을 인식하지 못하면 자녀는 그 영역에서 자아개념을 구축하지 못한다(Barrett, 2017). 마치 자아의 일부가 있어야 할 곳에 커다란 공백이 존재하는 것과 같다. 예를 들어, 내 내담자인 Francine은 자기 일에 대한 칭찬을 받아들일 수 있었지만, 그 칭찬이 자신과 긍정적인 개인적 자질로 연결되자 그녀는 주춤했다. 그녀는 자신을 긍정적인 방식으로 보지 않았기 때문에 즉시 자기비하적인 말을 하거나 웃으며 농담으로 넘기고 말았다.

　Francine은 칭찬이 그녀 자신에게 느끼는 내면의 공허함을 향한 것이었다고 설명했다. "저는 제 자신이 가치 있거나 중요하다고 생각하지 못했어요. 저는 제가 사람들에게 중요하지 않다고 생각할 뿐 아니라, 그 점을 절대 확신하지 못할 것 같아요." 그녀는 남자친구가 자신을 중요한 존재처럼 대하는 것을 알아차렸지만 믿을 수가 없었다. 그녀가 자신이 그렇게 멋지지 않다는 것을 그가 알게 될까 봐 매 순간 두려워하자 그는 그녀를 '너무 애쓰는' 사람으로 보기 시작했다. 이러한 감정은 어린 시절 딸을 위한 시간을 가질 수 없다고 단호하게 말하던 차가운 아버지로부터 비롯되었다. 내가 Francine에게 스스로 사랑받을 만한 사람으로 볼 수 있는지 물었을 때, 잠시 생각하더니 "아니요, 제 안에 커다란 구멍이 뚫린 것 같아요. 완전한 진공상태요."라고 답했다.

또 다른 내담자인 Caitlyn은 교회 모임의 한 회원이 그녀에게 '가장 따뜻하게 안아 주고 잘 들어주는 사람'이라고 말했을 때 충격을 받았다. Caitlyn은 "나는 그렇게 친절한 사람이 아니에요."라고 말하며 당황했다. 그녀는 자신의 자질을 인정하기에는 너무 힘든 삶을 살았으며, 우울하고 화난 어머니로부터 왜곡된 자아개념을 받아들였다. Caitlyn은 베푸는 사람이었지만, 그녀의 어머니는 그것을 전혀 볼 수 없었던 것이었다.

비록 좋은 자질에 대한 부모의 부족한 인식에도 불구하고, Francine과 Caitlyn은 이전에 인식하지 못했던 자신들의 좋은 자질을 인정할 수 있게 되었다. Francine은 자신의 존재만으로도 사랑스럽다는 것을 인정했고, Caitlyn은 자신이 종종 따뜻하고 베푸는 사람이라는 것을 깨달았다. 두 여성 모두 자신의 진정한 모습으로 '사랑스러운' 존재와 '베푸는' 존재를 받아들이면서 경외감과 감사함을 느꼈다. 그들의 부모가 그러한 자질을 전혀 인정하지 않았다고 해서 그들에게 그러한 자질이 없었다는 것을 의미하는 것은 아니다.

만약 당신이 부모님의 피드백을 거의 받지 못했다면, 당신 역시 자신이 알고 있는 것보다 더 많은 좋은 자질이 있을 것이다. 하지만 Francine과 Caitlyn처럼, 만약 당신이 자신의 이런 특성들을 주장하지 않는다면 '그건 내가 아니야. 난 그렇지 않아. 나는 그런 사람이 아니야.'와 같은 제한적인 생각들로 당신의 잠재력을 부정할 수 있다. 당신은 성공한 후에는 "내가 그걸 어떻게 했는지 모르겠어요."라고 말할 수도 있다. 하지만 자신에 대해 무언가를 인식하지 못한다고 해서 그것이 당신 안에 없다는 것을 의미하지는 않는다. 어쩌면 언제나 보이는 것이었기에 이름을 붙일 필요조차 없었을지도 모른다.

EI 부모와 함께일 때, 자신에 대한 제한적인 생각, 즉 당신이 부족하다고 생각하는 자질, 또는 당신이 결코 시도하지 않을 것들에 대해 의문을 제기해야 한다. 그러한 한계는 진짜 당신의 것인가, 아니면 당신의 삶에 있는 EI 사람으로부터 온 것인가?

4. 자신만의 특성을 정의하라

EI 부모는 구체적이고 긍정적인 내적 속성에 대한 언어표현력이 부족하다. 그들은 내면의 심리적 세계를 묘사하는 단어를 거의 사용하지 않기 때문에 자녀들의 독특한 자질과 특성을 명확하게 표현하지 못한다. 대신에 자녀들의 행동에 대해 '좋다' '나쁘다' '어리석다' '똑똑하다' '멋지다' 등 모호하고 일반적인 용어를 사용한다. 결과적으로 당신은 자신을 묘사하거나 감정을 말하기에 충분한 단어를 배우지 못했을 것이다. 이것은 나중에 자신의 자질을 분명하게 표현할 수 있는 능력을 필요로 하는 직업을 얻거나 이성을 만날 때는 단점이 될 수 있다.

자신의 자아개념을 갱신하는 방법

더욱더 현실적이고 향상된 자아개념을 키우도록 합시다. 자신을 설명하는 단어를 찾기 위해 성격특성을 설명하는 모든 단어의 목록을 온라인에서 찾을 수 있습니다.

인터넷 사이트(http://www.ongoingworlds.com/blog/2014/11/a-big-long-list-of-personality-traits)에서 성격특성에 대한 단어들의 목록을 찾아보고,* 그중 일부만을 사용할 것이지만, 그것은 당신에게 선택할 수 있는 어휘를 제공할 것입니다.

이번에는 일지에 적지 말고, 넉넉한 종이들을 마련해 각 페이지에 쓰고 싶은 만큼 쓰고 그 종이를 테이블 위에 늘어놓아 한 걸음 물러서 한 번에 페이지 모두를 볼 수 있게 해 보세요.

1. 당신에 대한 가족들의 생각
부모, 양육자, 형제자매를 포함한 가족의 관점에서 떠올려 보고, 자라 오면서 그들이 당신을 어린 시절에 어떻게 보았다고 생각하는지 적어 보세요. 그들은 당신을 묘사할 때 어떤 형용사를 사용하였나요?

2. 당신이 지금 자신에 대해 알고 있는 것
다른 종이에 쓸 수 있는 한 많이, 자신의 내적 자질과 외적 속성을 모두 포함하여 현재 특성을 적어 보세요.

---

* 역자 주: 연결된 블로그에 들어가면 긍정적 · 부정적 · 중립적 성격의 638개 특성이 알파벳순으로 제시되어 있으나 언어적 · 문화적인 차이로 역자들이 한국인의 성격특성 목록을 부록에 제시하였다. 이는 연세대학교 언어정보개발연구원(1998)에서 개발한 5,000개의 표제어를 이은영(2009)이 개인의 성격을 기술하는 단어 832개를 선발하여 이 중 자주 사용하는 성격특성 용어 393개를 선정한 바 있다. 이를 다시 심리전문가인 역자들이 성격특성 용어를 긍정적 · 부정적 · 중립적 성격으로 구분하였다.

5. 역할모델과 멘토를 찾으라

역할모델과 멘토는 당신의 자아개념을 확장하는 데 도움이 될 수 있다. 자신을 발전시키고 싶다면, 당신이 존경하는 사람들을 찾고 그들을 관찰하면서 배워라. 자신만의 자아개념으로 가꾸고 싶은 자질을 가진 사람들과 시간을 보내라. 모든 관계를 더 나은 자신이 될 기회로 삼고 그에 따라 동반자를 선택하라.

당신은 얼마나 많은 사람이 역할모델이나 멘토가 될 수 있는지, 혹은 그들의 지혜를 전수받을 수 있는지에 놀랄 것이다. 만약 당신이 더 나아가고자 하는 열정이 있다면, 당신의 여정에 함께할 멘토를 찾아라. 예를 들어, 당신이 좋아하는 선생님의 수업을 듣거나 당신에게 영감을 준 기사에 나오는 흥미로운 사람들과 접촉하라. 당신의 요청이 구체적으로 될 수 있도록 그들에게서 무엇을 배우고 싶은지 생각해 내라.

당신이 존경하는 사람들에게 전화를 걸거나 편지를 써서, 그들의 강점 분야에서 더 발전할 방법에 대한 세 가지 구체적인 질문에 기꺼이 대답해 줄 의향이 있는지 물어보라. 만약 그것이 잘 된다면, 언젠가 당신이 필요할 때 그들이 기꺼이 안내와 격려를 해 줄 의향이 있는지 알 수 있다. 만약 당신이 정중하고 구체적이며 시간제한이 있는 접근방식을 취한다면 많은 사람이 수용할 것이다.

왜곡된 자아개념을 확인하고 그것에 도전하라

EI 양육을 통해 얻었을지도 모르는 왜곡된 자아개념을 뿌리 뽑고 대체하는 것은 아주 중요하다. 자신을 가로막으면서 그것에 도전하는 자신에 대한 역할이나 감정에 주의를 기울여라. 가장 어려운 문제를 처리하는 방법은 다음과 같다.

당신은 역할 그 이상의 사람이다: 정서적으로 미숙한 부모의 드라마에서 벗어나라

EI 사람들은 각각의 개인으로서 다른 사람들과 관계를 맺는 대신 사람들을 왜곡되고 과장된 역할로 묶는다. 그들은 모든 상황을 희생자, 가해자 또는 구조자로 채워진 이야기로 보는 경향이 있다. 현실을 이런 줄거리로 축소하면서, EI 사람들은 누가 나쁜지, 누가 결백한지, 그리고 누가 그들을 구하기 위해 개입해야 하는지에 대한 결론으로 넘어간다. 이 왜곡된 역할연기를 '드라마 삼각형'(Karpman, 1968)이라고 하며 다음 [그림 9-1]에 설명되어 있다.

예를 들어, Julie는 어렸을 때 어머니의 드라마 삼각형에 자주 휘말렸다. 어머니는 희생자로, 아버지는 공격하는 악당으로 묘사했고, 그녀는 계부로부터 어머니를 구출할 수 없다는 것에 대해 죄책감을 느꼈다. 어린 Julie에게 어머니가 무력하지 않고 스스로를 구할 수 있다는 것을 아무도 말해 주지 않았기 때문에 어머니를 구하는 것이 자신에게 달려 있다고 느꼈다.

[그림 9-1] 드라마 삼각형

또 다른 예시로, 10대인 Carla는 어머니에게 지나치게 통제되고 있고 더 많은 자유가 필요하다고 말하려고 했다. 어머니는 Carla와 그 이야기 대신, 잔인하고 무례하다고 화를 내며 말했다. 어머니 자신을 희생자로 보는 반면, Carla를 가해자로 묘사했다. 그 이후 어머니는 남편이 Carla를 벌함으로써 Carla의 '공격'으로부터 자신을 구해 주기를 기대했다.

　드라마 삼각형을 통해 본 EI 사람의 왜곡된 관계에 관한 서술은 끝없는 갈등 중 하나라는 것을 알게 된다. 강자가 무고한 사람을 착취하고, 무고한 사람들은 고통받고 다른 누군가에 의해 구출될 자격이 있다. 이 역할들은 너무 빠지기 쉬워서, 당신은 그것이 일어나는 것을 알아차리지 못할 수도 있다. 누구나 그들의 유혹적인 이야기에 쉽게 끌릴 수 있지만, EI 사람은 아예 그 안에 살고 있다.

　드라마 삼각형은 어린이 동화나 성인 드라마의 근간이 되기 때문에 우리에게 친숙하게 느껴진다. 좋은 사람들과 나쁜 사람들의 역할은 매혹적인 줄거리를 만들지만, 실제 삶에서는 이러한 단순하고 과도한 감정적인 주제는 불필요한 갈등과 방어를 낳는다. 사람들이 서로 반대되는 역할로 양극화되면, 진정한 의사소통과 정서적 친밀감은 멈추게 된다(Patterson et al., 2012). EI 사람들이 뜻대로 되지 않을 때마다 이러한 이야기의 줄거리의 방향을 살펴보라. 이러한 사건에 대한 그들의 격앙된 견해는 드라마 삼각형에서 똑같이 나올 것이다.

　그것에 주의를 기울이지 않는다면, 드라마 삼각형 역할은 당신 스스로와의 관계를 약화할 수 있다. 만약 자신을 희생자로 본다면 그것이 당신의 자존감에 어떤 영향을 미칠 것인지, 자신이 항상 모든 사람의 구조자가 되어야 한다면 당신의 미래가 얼마나 제한적일지, 자신이 반복적으로 악당 역할을 할 때 자신을 얼마나 의심할지를 상상해 보라.

　드라마 삼각형에서 벗어나는 길은 자신의 행동과 안녕에 책임이 있다고 보는 것이다. 삼각형 안으로 끌려 들어간다고 느낄 때, 당신은 자신을 흔들어 깨울 수 있고, 자신을 그러한 역할로 보지 않도록 거부할 수 있다. 자아개념을 그렇게 일차원적으로 정의할 필요는 없다. 당신은 악당, 무력한 희생자, 영웅적인 구조자가 되는 것에 국한되지 않는다. 대신 당신 자신이 될 수 있고, 자신이 원하는 전반적인 결과에 대해 생각하며 가능하다면 그 방향으로 상황을 이끌 방법을 찾아야 한다.

드라마 삼각형에 속지 않게 되면 두려움이나 분노를 덜 느끼면서 사람들과 더 효과적으로 소통할 수 있을 것이다. 예를 들어, EI 사람이 지배하거나 죄책감을 주려고 한다면, 당신은 그들의 희생자가 되는 것을 스스로 허락하지 않으면 된다. 대신 자신을 위한 조치를 취할 수 있다. 다른 사람들의 정서적인 드라마에 휘둘리지 않고 당신에게 가장 좋은 것이 무엇인지 결정할 수 있다.

지배당하거나 복종하는 것을 거부하라

다른 사람들이 당신에게 무엇을 생각하고 느끼고 행동해야 하는지 말해 주는 것이 괜찮다면, 당신은 **복종당하는** 것에 익숙해져 있다(Young, Klosko, & Weishaar, 2003). 그러나 복종은 당신의 정서적 자율성과 정신적 자유를 훼손시키기 때문에 용납되어서는 안 된다. 당신의 삶은 그들의 것이 아니며, EI 사람이 무엇이 최선인지 다 안다고 생각하는 것은 비논리적이다.

일단 자신의 결정과 선택에 대한 권리를 주장하면, 지배하고자 하는 다른 사람들의 시도는 완전히 부적절하다는 것을 알 수 있을 것이다. 당신이 명확하고 자신을 존중하는 자아개념을 가지고 있을 때, 당신의 진실성과 존엄성은 다시는 정서적 장악과 강압을 허용하지 않을 것이다.

왜곡된 자아개념을 확인하고 그것에 도전하라

타인이 지배하고자 하는 시도를 진지하게 받아들일 필요는 없다. 그저 "그것에 대해 나는 의견이 달라요." "그것은 내가 원하는 선택이 아니에요." "그것은 당신에게 좋겠지만, 내 스타일은 아니에요." 또는 "고맙지만, 나는 그렇게 할 수 없어요."와 같은 말을 함으로써 자신의 자율성을 주장할 수 있다. EI 사람이 여전히 압력을 가한다면, "나는 그렇게 해야 할 이유가 없어요. 그냥 안 할 거예요."라고 말할 수 있다.

당신에게 무력감을 느끼게 만들거나 복종당한 느낌을 주는 그들과의 모든 상호작용은 성인의 자아개념을 강화할 수 있는 절호의 기회이다. 만약 강압적인 EI 사람에게 굴복하고 싶다면, 자신의 경계를 지킬 권리가 있다는 것을 기억하라. 굴복해야 한다는 압박감을 느낄 때마다 심호흡하고 자신이 마음에 들지 않는 것은 무엇이든 거부할 수 있다는 사실을 즐겨라. 당신의 선호는 충분하므로 애써 설명할 필요는 없다. "난 관심 없어요." "고맙지만 괜찮아요." 또는 "나를 위한 것은 아닌 것 같아요." 등의 말은 대화의 마무리로서 완벽하다.

당신이 열등하거나 부족하다고 느끼는 상호작용에 대해 의문을 가져라

열등감은 당신의 자아개념에서 잘못 알고 있는 부분을 정확히 보여 줄 수 있다. 다른 사람을 존경하는 것은 좋지만, 가치의 측면에서 누군가를 당신보다 우월하다고 보는 것은 뭔가 잘못된 것이다. 누구도 이상화하거나 우상화하지 않아야 한다. 당신은 동등하게 그들과 더 즐길 수 있다.

열등하거나 가치가 없다고 느끼는 것은 EI 사람들이나 드라마 삼각형이 당신을 빨아들이고 있다는 것을 알려 주는 깜박거리는 빨간 신호등과 같다. 만약, 당신이 느끼는 열등감이 누군가의 자존감을 위해 당신을 이용하려 한다는 신호라는 것을 알아차린다면, 한 발 물러서서 자율성과 긍정적인 자아개념을 유지할 수 있다.

정서적으로 **성숙한** 존경받는 사람 곁에 있으면 기분이 달라질 것이다. 그들은 당신에게 열등감을 느끼게 하는 대신 목표를 추구하도록 영감을 준다. 정서적으로 성숙한 사람들은 타인에게 포용적이고 존중하며 동등한 태도를 보인다. 당신이 그들보다 못하다는 생각을 하게 만들기보다는 그들과 함께 당신을 북돋운다.

수치심의 유해한 왜곡으로부터 자아개념을 자유롭게 하라

수치심은 우리의 자아개념을 왜곡시키는 데 특별한 역할을 한다. 우리가 2장에서 보았듯이 수치심은 감정처럼 보이지 않고, 자신이 그 **자체**인 것처럼 느끼기 때문이다. 이것은 당신의 자아개념에 심각한 결과를 가져온다.

수치심은 사람들에게 사라지고 싶고 바닥으로 주저앉게 하거나 창피하여 죽고 싶게 만들 정도로 고통스러운 경험이다. 2장에서 부모가 당신을 나쁜 사람으로 대할 때, 당신의 자아개념은 심리학자 Jerry Duvinsky(2017)가 **핵심 수치심 정체성**(core shame identity)이라고 부르는 것으로 인해 부담을 느낄 수 있다는 것을 떠올려 보라.

하지만 수치심은 당신에 대해 진실을 말하지 않기 때문에, 이것을 명확히 하는 것이 중요하다. 수치심에 대한 유일한 진실은 EI 사람이 심리적으로 덜 방어적이었던 나이에 스스로에 대해 끔찍한 느낌이 들게 만들었다는 것이다. 성인으로서 당신은 수치심의 바탕을 이루는 잘못된 자기신념을 도망치지 않고 똑바로 바라보고 표현하고, 거기에 의문을 던짐으로써 수치심을 누그러뜨릴 수 있다. Duvinsky(2017)는 어린 시절 수치심의 감정을 반복적으로 탐색한 다음, 옳은 방식으로 다시 표기하는 것(매우 불편한 감정으로 자신에 대한 사실이 아니라는 것)은 수치심을 인간으로서의 가치에 대한 선언이 아니라 관리할 수 있는 감정으로 다시 줄어들게 만들 수 있다는 점을 지적했다.

수치심에 의문을 제기함으로써, 그것을 당신의 핵심 **정체성**이 아니라 타인에 의해 강요된 **감정**이라는 것을 드러낼 수 있다. 수치심을 자아개념에 흡수시키는 대신, 그것을 단지 다른 감정으로 취급할 수 있다. 그 방법이 여기에 있다.

🔖 연습: 수치심의 혹독함을 완화하기

당신이 부끄러워했던 일을 생각해 보세요. 그 순간을 되돌아보면서 이것은 단지 당신이 느끼는 감정일 뿐이며 당신의 나쁜 점이 아님을 스스로 계속 상기시키세요. Duvinsky(2017)는 수치심이 어떤 느낌인지 적어 보면서, 고통스러운 감정일 뿐이라는 것을 반복적으로 다시 이름 붙이기를 권합니다. 스스로 "이건 끔찍한 기분이지만, 그냥 느낌일 뿐이야. 결코, 내가 누구인지에 대한 설명이 아니야. 이런 수치심은 다른 감정들과 마찬가지로 단지 하나의 감정일 뿐이야."라고 말하면서 수치심을 마주하게 되면, 당신이 더 쉽게 다룰 수 있는 아픈 감정이 됩니다.

이렇게 감정에 직면하게 되면, 수치심의 고통이 이제는 재앙처럼 느껴지지 않을 것입니다. 수치심은 누군가가 자신의 기분을 위해 당신의 기분을 나쁘게 하려고 한다는 유용한 경고로 받아들일 수도 있습니다. 수치심을 있는 그대로 보는 것은 당신이 다른 사람의 정서적 강요에서 벗어나는 데 도움이 될 뿐만 아니라 당신의 자아개념도 회복시킵니다.

사랑받는 사람으로서 자신의 자아개념을 확언하라

EI 사람들은 당신이 그들의 문제에 온 힘을 다해 뛰어들지 않으면 당신이 차갑고 무심한 사람이라고 볼 것이다. 만약, 당신이 그들을 위해 자신을 희생하는 것을 주저한다면, 그들은 당신의 기본적인 선함에 의문을 제기한다. 그들은 당신이 충분히 사랑하지 않는다고 생각하게 만들 수 있다.

사랑에 대한 당신의 수용력에 대해 의심하는 것은 EI 부모와의 관계에서 나올 수 있는 가장 해로운 자기왜곡 중 하나이다. 그들을 구하고 행복하게 하거나, 충분히 사랑받는 느낌을 받을 수 있게 하지 못하는 자신에 대해 스스로 정서적으로 부족한 사람이 아닐까 걱정을 하게 만들 수 있다. 예를 들어, 한 여성은 자신의 마음이 마치 냉동된 콩처럼 차갑고 작다고 믿으며 자라 왔고, 또 다른 여성은 상대에게 '충분하지 않을'까 봐 데이트를 두려워한다고 말했다. 이 두 사람 모두, 마음이 얼마나 감정적으로 관대했는지 절대 인정해 주지 않았던 정서적으로 차가운 EI 부모를 가지고 있었다.

EI 부모가 당신의 사랑에 대한 노력을 인정할 수 없다고 해서 당신이 사랑하지 않는다는 의미는 아니다. 그들은 그것을 받아들이지 못하거나, 늘 충분하지 않다고 느낀다. EI 부모가 당신에게 사랑받는다고 느끼는지 아닌지에 따라 당신의 가치나 선함을 연결하지 마라. 대신, 더 많은 사랑과 감사를 자신과의 관계로 돌려라. EI 부모가 있다면, 당신은 분명히 추가적인 자기 지원이 필요할 것이다.

약화된 자아개념의 정서적 손실을 인식하라

많은 사람이 너무 오랫동안 부정적인 자아개념을 가지고 살아서 그것이 그들에게 어떤 영향을 미치는지 무감각해질 수 있다. 분노를 느끼거나 감정을 상하게 하는 대신에 복종과 무례함을 받아들이도록 스스로를 조건화했다. 이것은 나쁜 대우를 받는 고통을 완화하지만, 그로 인해 자아개념이 낮아진다는 큰 대가를 치러야 함을 깨닫는 것이 중요하다. 일단 다른 사람들에 의해 쇠약해진다고 느끼는 것이 얼마나 고통스러운지를 깨닫게 되면, 그것에 대해 뭔가 조치를 취할 수 있다. Tony Robbins(1992)가 설명했듯이 때때로 스스로에게 변화하도록 동기를 부여하는 가장 좋은 방법은 기존방식이 얼마나 고통스러운지를 의도적으로 증폭하는 것이다.

예를 들어, 어린 시절에 그랬던 것처럼, 불쾌한 방식으로 당신을 놀리는 가족들과 함께 웃고 있다고 가정해 보자. 당신은 그것을 백만 번 연주한 익숙한 악보처럼 무시하고 지나칠 수 있지만, 잠깐 멈추고 의도적으로, 경멸적인 발언이 당신에게 정서적으로 어떤 영향을 끼치는지를 느낀다면 어떨까? 당신이 자신을 방어하는 것을 두려워하거나, 더 나쁜 것은 당신을 비웃는 사람들과 함께 웃는 것이 어떤 것인지를 깨달았다면? 만약 정말로 그것을 이해한다면, 당신은 자신에 대해 연민을 느끼기 시작할 것이다. 이러한 경험이 당신의 자존감과 다른 사람들에 대한 신뢰에 얼마나 파괴적인지를 깨닫게 될 때까지 그 감정들을 계속해서 증폭하여 들여다보라. 자신의 상처와 그것이 불러일으키는 연민을 느끼면서, 자신을 다르

254

게 보기 시작할 것이다. 오래되고 왜곡된 자아개념이 당신에게 끼친 손실의 크기를 진정으로 느낄 때 변화는 더 쉽다. 그때가 당신의 고통이 유용하게 사용될 수 있는 시기이다.

건강한 자아개념을 갖는다는 것은 어떤 느낌일까

긍정적인 자아개념은 부모의 연결과 애정 어린 지지로부터 시작된다. 그러나 당신의 발달적 배경과 상관없이 회복력과 자기치유를 지원하는 우리 각자의 개인적인 불씨가 있다(Vaillant, 1993). 어쩌면 그것은 자신과의 친밀한 관계에서 비롯될 수 있는데, 그 관계에서 자신이 더 많은 것을 가질 수 있는 사람이라는 것을 알 수 있다. 우리 중 일부는 양육자의 부재에도 불구하고, 스스로 의식적인 동반자가 되어 불리한 상황에서도 배우고 성장할 수 있게 해 주는 신비한 내면의 자원을 가지고 있는 것처럼 보인다. 우리 자신과의 내면적 우정의 원천은 우리에게 자기관리, 자기 위안, 심지어 착취적인 사람들에게 저항하는 자기보호 본능까지 제공할 수 있다.

자신을 알게 되고 스스로가 좋은 사람이라는 것을 발견할 때 건강한 자아개념을 가지게 된다는 것을 알게 될 것이다. 당신의 관심, 열정, 이상과 함께 작업 중인 새로운 강점들과 같은 당신의 개별성을 소중히 여기게 된다. 건강한 자아개념이 있으면 당신은 자신의 **잘못된** 점을 바로잡는 데 집착하지 않게 될 것이다. 단지 당신의 잠재력을 발휘하고 더 진실한 자신이 되려고 노력하는 것뿐이다. 당신의 개별성이 자신에게 소중할 때, 건강한 자아개념을 가지고 있으며, 당신 자신이 아닌 다른 어떤 사람도 되고 싶지 않다. 이런 자아개념은 인간으로서 가지는 타고난 권리이다.

왜곡된 자아개념을 확인하고 그것에 도전하라

꼭 기억해야 할 사항

당신의 자아개념은 당신이 누구이며 어떤 사람인지에 대한 자신의 인식이다. 불행하게도, EI 부모 밑에서 자라면서, 열등감과 복종감을 조장하는 왜곡된 자아개념을 발달시켰을 수 있다. EI 관계는 가면을 쓴 것처럼 느끼게 하거나, 일차원적 드라마 삼각형 역할과 같은 왜곡된 자아개념에 갇히게 한다. 하지만 다른 사람들보다 열등하다고 느끼거나 자아개념에 공백이 있음에도 불구하고 당신은 자율성과 권위를 되찾을 수 있는 선택권을 항상 가지고 있다. 내면의 자기 안내를 신뢰하고 자신의 발전 방향을 바꿀 멘토와 역할모델을 찾아냄으로써 더 건강하고 강화된 자아개념을 구축할 수 있다.

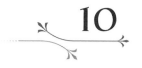

10

이제 당신은 자신이 항상
원했던 관계를 맺을 수 있다

-한 번에 하나의 상호작용에 집중하라-

당신은 자신이 기꺼이 받아들이고자 하는 것을 생각함으로써, 한 번에 하나의 상호작용에 집중하면서 당신의 EI 부모와 더 건강한 관계를 만들 수 있다. 당신이 모든 관계를 전체적으로 생각하기보다 한 번의 즉각적인 반응에 주의를 기울인다면, EI 부모와 보내는 시간은 더 생산적으로 될 것이다. 그들과 좋은 **관계**를 갖기 위해 노력하는 것은 너무 큰 부담이다. 그저 그 순간 한 번의 건설적인 **상호작용**을 위해 노력하라. 중요한 것은 가만히 앉아 그들이 지배하게 하거나 논쟁으로 빠져드는 대신 더 솔직하고 적극적으로 EI 부모와 관계를 맺는 것이다. 당신이 안전한 자기 연결과 그들의 전술에 대한 인식을 유지하는 한, 그들의 강압에 그렇게 취약하지 않을 것이다.

자신과 자신의 내면세계에 충실함으로써 자신의 경계, 정서적 자율성 그리고 자신의 개별성에 대한 권리를 유지할 수 있다. 자신과의 연결을 가장 중요하게 하면 부모와의 새로운 관계, 즉 자신을 더 잘 인식하고 자기를 보호할 수 있는 관계를 맺을 수 있다. 많은 방법 중에서, 이것은 마침내 그들 주변에서 자신으로 있을 수 있는 관계이기 때문에 이것은 당신이 항상 원했던 관계가 될 것이다.

그것은 단지 그들이 당신을 어떻게 대했느냐뿐만이 아니라, 그들과 어울리기 위해 당신이 자신을 얼마나 간과했는지에 대한 것이다. 그것은 마치 당신이 어린 시절에 성인이 되었을 때 어떤 대가를 치르게 될지도 모른 채 무심코 그들과 관계 계약을 맺은 것과 같다. 고맙게도, 이제 그 오래된 관계 협정을 당신에게 더 공정하게 수정할 수 있다. 그들의 정서적 성숙도를 새롭게 인식하면, 그들이 무엇을 하고 있는지 알 수 있고, 자신이 반응하는 방식을 바꾸고 싶은지 자문해 볼 수 있다.

부모와 연락이 끊겼거나 부모가 살아 있지 않더라도, 기억을 사용하여 부모와의 관계를 다르게 상상할 수 있다. 이전의 상호작용을 정신적으로 다시 함으로써 과거가 당신에게 느껴지는 방식을 바꿀 수도 있다. 한 여성은 아버지를 향해 더 차분하고 자율적인 반응을 다시 상상함으로써 수년간의 아버지에 대한 기억 중 가장 좋은 관계였다고 말했다(아버지는 7년 전에 사망한 상태). 이제 당신이 EI 부모/사람들과 여전히 맺을 수 있는 암묵적인 합의를 검토하고 더 나은 조건을 생각해 보자.

당신은 기존의 정서적으로 미숙한 관계 계약을 유지하고 싶은가

많은 인간관계는 시간이 지남에 따라 무언의 합의를 구축하지만, 우리는 보통 문제가 생길 때까지 그것을 깨닫지 못한다. 이러한 '계약'들은 대부분 숨겨진 채로 남아 있지만, 그것을 공개함으로써 자신이 지금껏 무엇에 동의해 왔는지 볼 수 있다.

다음 연습을 통해 지금까지 진행해 온 내용을 파악하고 아직도 그 조건을 계속 따르고 싶은지 여부를 확인하는 데 도움이 될 수 있다.

연습: 티 사람과의 관계의 조건을 재평가하기

당신의 삶에서 중요한 티 사람에게 다음 문장에 대해 동의하는지, 하지 않는지를 적어 보세요.

1. 나는 당신의 욕구가 다른 사람의 욕구보다 우선되어야 한다는 데 동의한다.

2. 내가 당신 곁에 있을 때 내 생각을 말하지 않는 것에 동의한다.

3. 당신이 원하는 것에 나는 이의를 제기하지 않을 것이다.

4. 당신과 다르게 생각한다면 내가 무지하기 때문이다.

5. 만약 누구든 당신에게 아니라고 말하면 당신은 당연히 화가 나게 될 것이다.

6. 내가 좋아해야 하는 것과 싫어해야 하는 것에 대해 나에게 가르쳐 달라.

7. 내가 당신과 함께하는 시간을 당신이 결정하는 것은 당연하다.

8. 당신이 맞다. 당신 앞에서 내 생각을 접는 것으로 '존경'을 보여 주어야 한다.

9. 물론 마음이 내키지 않는다면, 당신은 자제할 필요가 없다.

10. 당신은 생각하지 않고 말해도 괜찮다.

11. 당신은 어떠한 불쾌한 일도 견디거나 처리할 필요가 없다.

12. 주변 환경이 변해도 당신은 맞출 필요가 없다는 것에 동의한다.

13. 당신이 나를 무시하거나, 쏘아붙이거나, 반갑게 행동하지 않아도 괜찮다. 나는 여전히 당신과 시간을 보내고 싶을 것이다.

14. 물론 당신은 무례할 자격이 있다.

15. 당신이 누구의 지시도 받을 필요가 없다는 것에 동의한다.

16. 당신이 좋아하는 것을 원하는 만큼 이야기해도 된다. 나에 대한 어떤 질문이 없어도 그저 들을 준비가 되어 있다.

이 연습의 요점은 당신이 무심코 당신의 티 사람이 그 관계에서 가장 중요한 사람으로서 자리를 장악하도록 허용했을 수 있음을 인식하게 하는 것입니다. 이러한 관계의 관점을 드러냄으로써, 당신이 앞으로 어떻게 하고 싶은지 보다 잘 인식할 수 있도록 도와줍니다.

10 이제 당신은 자신이 항상 원했던 관계를 맺을 수 있다

정서적으로 미숙한 사람과 상호작용을
재조정하는 두 가지 생각

공정하지 못한 EI 관계 패턴은 모든 EI 사람과의 관계에서 상호작용을 향상할 수 있는 두 가지 새로운 생각으로 재조정될 수 있다. 갈등이 있거나 EI 사람에 의해 정서적으로 강요당하는 느낌이 들면 다음 작업을 수행하라.

1. 자신을 그들과 동등하게 두라. ("나는 그들만큼이나 중요하다.")
2. 의식적으로 자기와의 연결을 유지하고 무조건 자신을 받아들이라. ("나의 내면에 좋은 것을 가지고 있다.")

자신이 그들만큼 중요하다는 것과 자신 안에 좋은 것들을 가지고 있다는 두 가지의 사실을 불러오는 것은 EI 사람의 강요 또는 권리를 부여하려는 시도를 차단할 수 있다. 이 두 가지를 기억하면 EI 사람과의 상호작용이 다르게 느껴질 것이다. 그들은 하던 그대로 계속하겠지만, 만약 당신이 자신을 동등하게 중요하게 여기고 자기와의 연결을 유지한다면 당신은 완전히 다른 관계 경험을 하게 될 것이다. 이러한 기본적인 태도를 연습하면, 지배당하거나, 자신과 분리되거나, 자신의 경험이 그들만큼 중요하지 않다는 생각에 속아 넘어가지 않게 될 것이다.

1. 당신은 중요성에서 그들과 동등하다

EI 사람은 누군가의 욕구가 자신의 욕구만큼 중요하다는 것을 상상할 수 없다. 그들은 관계 위계에서 당신보다 높은 위치에 있을 자격이 있다고 느끼기 때문에, 그들의 우위를 당신이 받아들일 것이라고 가정한다. 그러한 그들의 자신감은 권위와 카리스마의 분위기를 풍길 수 있지만, 그들의 자기 확신은 자기중심성과 정서적 미숙에서 비롯된다. 다행히도 이제 당신은 그러한 자기중심적인 가정을 꿰뚫어 볼 수 있다.

정확히 무엇이 그들을 자신보다 더 중요한 사람으로 만드는지 의문을 갖기 시작하면 당신의 자기와의 재연결이 시작된다. 이 질문을 곰곰이 생각해 보면, 그들이 자신보다 더 중요한 이유가 없다는 것을 알게 될 것이다. 그것은 단지 당신의 느낌일 뿐이다.

일단 자신의 중요성을 동등하게 보면(그와 반대되는 그들의 행동에도 불구하고), 당신은 자연스럽게 더 적극적이고 자신감 넘치는 반응을 생각하게 된다. 그 순간에 자신이 원하는 것을 요청할 것이다. "나도 여기에 있어. 내 욕구도 너의 욕구만큼 중요해."라고 부드럽게 상기시키며 대답하게 될 것이다. 동등한 입장에 서는 것은 부끄러운 일이 아니므로 수치심이나 사과 없이 자신에게 무엇이 최선인지 설명하게 될 것이다.

2. 자기와의 연결을 유지하고 조건 없이 자신을 수용하라

자신의 내면과 내면의 가치를 존중함으로써 새로운 안정감과 만족감을 느낄 수 있다. 있는 그대로의 자신을 수용하고 이 순간의 즉각적인 경험과 연결되어 있을 때, 스스로 내면이 더 강해지는 것을 느낄 것이다. 자신을 진화하는 존재로 사랑할 때, 자신의 에너지와 이익을 보호하는 것이 옳다고 느껴질 것이다. 더는 자신의 감정을 분리시켜 EI 사람을 관심의 중심으로 만들지 않도록 해야 한다. 그들이 우선시되는 것을 좋아한다는 이유만으로 자신의 욕구를 보류하는 것은 받아들일 수 없을 것이다.

그들과 함께 있을 때는 자신을 내면의 작은 공간으로 쪼그라들게 하려는 충동을 참아 내는 것이 중요하다. 그들이 커질 수 있도록 당신 스스로가 작은 공간으로 들어가려는 것은 잘못된 것이다. 자신의 가치가 이렇게 위축되는 것은 어린 시절로부터 남겨진 방어의 잔재이며 이제는 그만 끝내야 한다. 자기 생각과 감정에 대한 권리를 보호함으로써, 당신은 현재에 머무를 수 있다. 위축되어서 그들을 돕는 의무적인 관객이 되는 대신, '완전한 자신으로' 있을 수 있다.

자기와의 연결을 유지하고
현재에 머무르는 방법

EI 사람이 당신의 정서적 · 정신적 삶을 장악할 수 있는 유일한 방법은 당신이 내면의 삶과 단절하도록 하는 것이다. 그들이 당신을 수동성에 빠지게 할 때, 그들은 감정적인 부동성과 당신 자신과의 분리를 유도한다. 하지만 이제는 그 과정을 되돌리기 위해 마음 챙김*을 사용할 수 있다. 자신에게 온 마음을 다해 의식하는 것은 아무것도 하지 않는 것처럼 보일 수도 있으며, 심지어 침묵하는 것처럼 보일 수도 있다. 그러나 그것은 EI 사람의 자존감을 지키고 정서적으로 안정되게 유지하기 위해 존재한다는 그들의 기대를 당신 스스로가 받아들이지 않도록 하므로 아주 큰 성과이다. 마음 챙김은 당신의 사고방식을 수동적인 것에서 의도적으로 재설정할 수 있는 도구를 제공하기 때문에 심리적으로 매우 효과적이다.

만약 당신이 EI 사람들 앞에서 의식적으로 자기인식에 전념한다면, 당신은 정서적 자율성, 정신적 자유 그리고 자기 자신이 될 권리를 되찾을 것이다. 그들과 신체적으로 가까이 있을 때 의도적으로 자신의 감정과 생각에 집중하는 것은 스스로가 자신에게 주는 해방감을 가질 수 있다.

의도적으로 자신의 모든 생각과 감정을 인식하고 EI 사람을 바라보면서 이것을 연습할 수 있다. 그들에게 집중하기를 기대하는 동안에도 당신은 내면에 완전히 존재하는 것이 어떤 느낌인지 지켜보라. 이러한 의도적인 자기인식은 그들이 이제는 관심의 중심이 아니라는 것을 알기 때문에, 오래된 관계의 계약에 대한 대담한 거절이다. 이러한 정서적 자율성과 생각의 자유는 그들 앞에서 자동으로 자신을 포기하게 하는 것을 멈출 수 있으므로 실천할 가치가 충분히 있다.

EI 사람이 원하는 것에 집착하는 대신 자신의 신체감각, 즉각적인 정서적 경험과 자기 생각에 주의를 기울여라. 이 순간에 직접 경험하고 있는 것에 주의를 기울임으로써 이제는 EI 사람을 우선시하

---

* 역자 주: 마음 챙김(mindfulness)이란 요가의 명상수행이나 불교의 참선 등에 바탕을 둔 명상법으로서 기본적으로 특정한 방식의 주의(attention)로 자기 마음의 내부를 깊게 들여다보고 자기를 탐구하여 자신을 이해하기 위한 정신수련 방법이다.

264

지 않게 될 것이다.

매우 실용적이고 사용하기 쉬운 Thich Nhat Hanh(2011)의 마음 챙김 연습을 시도해 볼 수 있다. 예를 들어, 자신의 호흡에 집중하고 "들숨에 나는 여기 있다. 내쉬며 나는 고요하다."라고 말함으로써 자기와의 연결을 유지할 수 있다. 호흡에 주의를 기울이는 것은, 그들의 것으로 상호작용을 시도하려고 할 때도 자신이 존재하며 가치가 있다는 것을 기억하는 데 도움이 된다.

이러한 새로운 태도와 접근법을 연습함으로써, EI 부모와의 상호작용을 한 사람이 아닌 두 사람의 방향으로 바꿀 수 있다.

다음으로 우리는 이것을 성취하기 위한 더 많은 방법을 살펴볼 것이다.

정서적으로 미숙한 사람과의 관계를 보다 동등하고 평화로운 상호작용으로 이끄는 방법

자신이 진실하지 않으면 어떤 관계도 만족스럽지 않을 것이다. 다음 절에서는 자신을 저버리지 않으면서 EI 부모와의 실제 연결 가능성을 높일 수 있게 그들과 상호작용하는 방법을 살펴볼 것이다.

그들이 장악하기 전에 낡은 패턴을 중단하라

정서적 장악을 피하기 위해서는, EI 사람이 그들의 감정을 파악하고 회복시키는 일을 책임지도록 당신에게 압력을 가할 때 주의를 기울여야 한다. 당신을 제물 삼아 그들의 기분을 좋게 하려는 끌어당김을 경험할 때, 그들이 무엇을 하고 있는지 계속 의식함으로써 장악을 중단시킬 수 있다. 다음과 같은 자기 대화를 통해 그들의 행동을 이야기하는 것도 도움이 된다.

이제 그들은 나에게 정서적으로 강요하고 기분 나쁘게 만들 거야.

이제 그들은 나를 그들의 드라마 삼각형에 맞추려고 할 거야.

이제 그들은 '자기중심' 채널을 틀었어. 모든 주제가 다 그들에 대한 것으로 돌아가겠지.

이제 그들은 내 내면의 경험을 무시하고 존중하지 않겠지.

이제 그들은 내가 느끼고 생각할 권리에 의문을 제기할 거야.

이제 그들은 내가 자신을 먼저 돌봐야 할 의무에 저항할 거야.

이제 그들은 나에게 죄책감을 느끼게 해서 그들이 잘못한 것이 없는 것처럼 하겠지.

이러한 역동을 살펴보는 것이 제2의 천성이 되면, 경계와 정서적 자율성을 보호하기 위해 새로운 방식으로 대응할 수 있게 된다. 그렇게 되면 그들의 장악은 시작되자마자 쉽게 소멸할 것이다. 처음에는 EI 사람이 당신에게 무언가를 '느끼게' 할 수 있지만, 그들이 하는 일을 더 의식하게 되면 그들의 시도는 힘을 잃게 된다.

10 이제 당신은 자신이 항상 원했던 관계를 맺을 수 있다

예를 들어, 내 내담자 Tina는 마침내 어머니의 희생자로서의 불평이 한계점에 도달했을 때 그녀의 내면에서 '나뭇가지가 부러지는 것' 같은 감각을 느꼈다. Tina는 그때부터 어머니가 자신에게 부담을 주고 기력을 고갈시키기 시작할 때마다 화제를 바꾸거나, 모르는 척하거나 자리를 떴다. Tina는 어머니의 대화 중 일부가 해로운 영향을 미친다는 사실을 알게 되자 마치 물리적 타격을 피하는 것처럼 자동으로 그것을 피할 수 있었다. "엄마, 저는 그걸 도와줄 방법이 없어요. 다른 이야기를 해요." 만약 어머니가 계속해서 '들어달라'고 요청했다면, "할 수 없어요, 엄마. 너무 힘들어요."와 같이 말할 수 있었을 것이다.

정서적 장악을 중단시킨다는 것은 당신이 느끼는 것을 말하고, 원하는 것을 요구하고, 좋아하지 않는 것에 경계를 설정한다는 것을 의미한다. 그 순간에 필요한 것에 대해 즉시 말함으로써(망설이거나 어색하게 말하든 간에), 그들과의 상호작용을 피상적으로 하고 스트레스를 많이 받는 역할에서 벗어날 수 있다.

관계를 주도하는 사람이 되라

한 번 EI 사람의 통제를 중단시키면 당신이 원하는 결과 쪽으로 상호작용을 움직여 볼 수 있다. 바람직한 결과를 제시함으로써, 당신은 더 동등하고 존중하는 성인의 관계로 이끌 수 있다. 예를 들어, 부모가 이 일을 장악하거나 조언을 해 주려고 할 때, 이렇게 말할 수 있다. "음, 그건 좋은 생각이네요. 하지만 제가 스스로 생각해 보는 것이 더 중요할 것 같아요." 만약 부모가 화를 내고 거칠게 말한다면, "엄마의 화를 조절할 수 있었으면 좋겠어요. 저도 이젠 다

자란 성인이잖아요. 엄마가 그런 식으로 말씀하시면 우리가 서로 존중하는 어른스러운 관계를 만들 수 있을까요?"라고 말함으로써 대화를 이끌 수 있다.

관계를 주도하는 사람들은 존중하는 행동을 모델링하며, 상호작용에서 호혜성을 가르친다. 어떻게 대우받기를 원하는지, 그리고 관계적으로 보람을 느끼는 것이 무엇인지에 대해 명백하다. 관계를 이끄는 사람들은 서로에게 잘 대할 수 있도록 고무시키는 지지적인 가치를 강조한다.

예를 들어, Brie는 체중을 관리하는 아버지에게 작은 성공을 할 때마다 축하해 주며 아버지를 응원해 주었다. 하지만 Brie가 자신의 체중을 관리할 때는 아버지가 어떻게 되어 가고 있는지 전혀 묻지 않았다. 그녀는 아버지에게 지지는 서로 주고받아야 하며, 그러면 두 사람 모두에게 더 즐거울 것이라고 말했다. 아버지는 놀라는 것처럼 보였고, 마치 그런 생각을 해 본 적이 없었던 것처럼 하면서 더 많은 관심을 보이겠다고 약속했다.

책임감 있는 리더로서 성숙하지 않은 EI 사람을 따르는 것은 자기패배적이다. 당신이 더 나은 방법을 알면서도 더 나은 방법을 가르치지 않는다면, 그것은 그들에게 어떤 호의도 베풀지 않는 것이다.

한 번에 하나의 상호작용으로 관계를 향상시킨다

상호작용은 관계의 전반적인 질에 대해 걱정하지 않을 때 더 잘 관리된다. 상호작용을 다루는 것은 가능하지만 관계를 개선하는 것은 너무 큰 목표이다. 한 번에 하나의 상호작용에만 집중하면 훨씬 더 효과적이고 덜 실망하게 될 것이다.

10 이제 당신은 자신이 항상 원했던 관계를 맺을 수 있다

사실 마치 당신이 그들과 전혀 관계가 없는 것처럼, 중립적인 마음의 틀에서 EI 부모와 상호작용을 시도해 보라. 그들이 말하고 행동하는 모든 것이 이전에 경험하지 못한 것이라고 가정하고, 그 순간에 진정하게 반응할 수 있도록 새로운 날이 되게 하자. "기억이나 욕망 없이"(Bion, 1967) 처음으로 상호작용을 하는 것처럼 하는 이 기술은, 오래된 분노를 통한 상호작용으로 인해 볼 수 없었던 현재의 사람을 만날 수 있게 한다. 나쁘게 생각하는 예전의 그들로 보지 않고, 새로운 눈으로 그들을 본다. 당신은 부모가 당신의 **깊은 정서적 욕구를 충족시켜 주리라**는 그 어떤 기대도 없이, 최근에 만난 사회적 지인처럼 당신의 부모와 교류할 수 있다. 당신은 그들을 사랑할 필요가 없고, 그들도 당신을 사랑할 필요 없다. 그냥 잘 지낼 수 있다.

　한 여성은 친밀한 관계에 대한 기대를 접어 두자 훨씬 더 어머니와의 관계가 좋아졌다고 말했다. 그 대신에 어르신을 대하는 또 다른 상호작용으로 어머니에게 따뜻하게 반응하였다. 이 여성은 실제로 어머니에게 무언가를 바라는 것을 이미 멈춘 지 몇 년이 되었다는 것을 깨달았다. 사실 그녀의 현재 정서적 삶은 어머니가 그녀를 사랑하든 그렇지 않든 상관없이 이미 만족스럽게 느껴졌다. 이제 예전에 자신이 바라던 어머니의 행동과 비교하지 않고, 작은 상호작용 하나하나를 그 자체로 받아들였다. 어머니와의 상호작용을 원한이나 희망이 없는 것이 아니라 처음 만나는 것처럼 대하자, 불편한 감정들이 사라졌다. 그녀는 어머니와 어떤 상호작용을 하든 만족감을 느꼈다.

269

성숙한 의사소통은 당신의 상호작용을 자연스럽게 만든다

상호작용을 자연스럽게 유지한다는 것은 당신이 느끼고 생각하고 있는 것과 진정으로 원하는 것을 상대방에게 공격적이지 않은 방식으로 말하기 위해서 **명확하고 친밀한 의사소통**을 사용하는 것을 의미한다. 명확하고 친밀한 의사소통은 무례하거나 대립적이지 않다. 그것은 당신의 경험을 비난하거나 해석하거나 위협하지 않고 중립적으로 진술한다. 당신은 그들을 바꾸려고 하지 않는다. 그들의 행동이 당신에게 어떤 영향을 미치는지 그들에게 말해 주는 것일 뿐이다. 당신은 관계가 자신을 위해 어떻게 느끼고 있는지 명확하게 의사소통하고, 따라서 그들이 원한다면 안전하게 마음을 열 수 있도록 하고 있다. 내면의 경험을 솔직하게 공개함으로써 진실한 관계에 참여하게 되며, 자신을 알려 줄 수 있다. 당신들 사이의 일은 즉각 더 실제적이 된다.

더욱 진정한 관계를 원한다면 자신을 표현하라

EI 부모/사람에게 무엇이 자신의 기분을 어떻게 느끼게 하는지를 말하는 것은 스스로에게 진실하기 위한 큰 발걸음이다. 자신과의 접촉을 유지하고 그들과 동등한 관계를 유지함으로써 관계의 조건을 바꿀 수 있다. 상호작용은 비록 당신 쪽에서만이라도 더 정서적으로 친밀하고 진실해진다. 당신이 털어놓고 이야기할 때마다 (어색하거나 주저할 수 있는 어떤 방법이든 관계없이) 보다 더 의미 있는 의사소통이 이루어지고 피상적인 관계에서 벗어나게 된다.

자기표현은 자신의 동등한 지위를 보여 준다　털어놓고 이야기할 때, 당신은 상대방과 동등한 지위를 보여 주는 것이다. 자신을 표현함으로써, 자신의 내면에서 일어나는 일이 EI 사람의 내면에서 일어나는 일만큼이나 중요하다는 것을 말하는 것이다. 따라서 당신은 EI 위계가 형성되지 않도록 한다.

그러나 EI 사람은 일반적으로 질문을 하지 않거나 참여할 기회를 많이 주지 않기 때문에 그들 주변에서 자신을 표현하는 것은 어려울 수 있다. "잠깐만!"이나 "잠시만요!"와 같은 말로 끼어들거나, 손을 들고 흔들면서 말할 수 있는 상황을 만들어야 할지도 모른다. 만약 그들이 끼어들면, "1분만요. 마무리할게요."라고 하고 이야기를 꺼내기 전에 편안하게 호흡을 한 번 하라. 그들이 당신의 말을 듣는지는 중요하지 않다. 중요한 것은 의견을 들어 달라고 스스로 행동을 취하고 있다는 것이다. 그들이 어떻게 반응하는지에 관계없이 자신과의 관계는 더 강화될 것이다.

자신의 말을 들어 달라고 요청하라　만약 당신이 EI 사람에게 무언가 화가 나서 그 당시에 아무 말도 할 수 없다면, 나중에 언제든지 그들에게 돌아가서 당신의 말을 끝까지 들어줄 의향이 있는지 물어볼 수 있다. 그들에게 공유하고 싶은 생각이 있다고 말하고 5분 정도 시간을 달라고 요청한다(정서적 친밀감은 그들을 매우 긴장시키기 때문에 5분 제한이 중요하다). 동의한다면, 그들의 **구체적인 행동**과 당신의 경험을 연관시키고, 그것이 어떻게 느끼게 했는지를 설명하며 그들이 의도한 것이 무엇인지 물어보라. ("아빠가 얼굴을 붉히

성숙한 의사소통은 당신의 상호작용을 자연스럽게 만든다

면서 노려보았을 때, 저를 숨 막히게 하여 말리는 것처럼 느꼈어요. 제 생각을 말할 수 없다고 느꼈고, 제 의견을 말할 권리가 없는 것 같았어요. 제가 옆에서 그저 조용히 있는 것을 원하신 건가요? 그런 무서운 표정을 보일 때는 제가 어떻게 할까요?")

5분간의 대화에서는 하나의 상호작용만 이야기하라. 그들의 행동에서 받은 느낌을 설명할 때 비난하지 않고 정중한 태도로 궁금증을 물어야 한다. 만약 그들이 방해하거나 논쟁을 할 경우, 무슨 말인지 인정할 수 있지만, 먼저 당신의 말을 끝낼 수 있게 해 달라고 요청하라.

5분이 지났을 때, 그들에게 이야기를 들어준 것에 감사하며, 그들도 당신에게 말하고 싶은 것이 있는지 물어보라. 원하지 않을 수도 있지만, 당신이 대화를 요청하는 순간 임무는 완수되었다는 것을 기억하라. 그 행동만으로도 어린 시절의 역할을 뒤바꾼 것이다. 당신의 관심사를 공유함으로써, 자신의 오래된 관계 계약을 변화시킨 것이다("나는 내 마음을 당신에게 말하지 않겠다."와 같은). 이 같은 짧은 대화는 둘 모두에게 당신의 연결이 어느 정도의 진실성을 가지고도 살아남을 수 있으며, 상황을 더 현실적으로 느끼게 할 수 있다는 것을 보여 준다.

강조하고 싶은 점은 그러한 소통의 노력이 당신이 제기한 문제를 해결하지 못하더라도 이미 제 역할을 다했다는 것이다. 당신이 동등하게 행동하고 명확하고 친밀한 의사소통으로 주도권을 잡았다는 것이 큰 진전이다.

정면으로 맞서기보다는 능숙하고 비판단적 의사소통 사용하기

다행히도 우리는 스트레스 상황에서 어떤 의사소통이 긍정적인 결과를 촉진하는지에 대해 많이 알고 있다. 생산적인 의사소통 방식은 정직하고, 비판적이지 않으며, 중립적인 어조로 상대방의 관점에 공감적이다. EI 부모/사람에게 가장 잘 통하는 방식을 살펴보겠다.

비대응적 의사소통 Christopher Hopwood(2016)에 의한 의사소통 방식은 분노하거나 공격적인 행동에 예상과 다르게 차분하고 공감적인 방식으로 반응하는 방법이다. 이 친절함이 주는 놀라움은 종종 적대감이나 지배하려는 시도를 빗나가게 한다. 분노한 사람이 반격 대신 호기심과 동정심을 마주하게 되면 분쟁과 갈등의 필연성이 뒤집혀 버린다.

이 접근방식을 사용하기 위해서는, 당신은 EI 사람의 적개심에 대해 싸우는 것이 아니라 이해를 구하는 것처럼 공감으로 반응한다. 연결에 대한 그들의 더 깊은 정서적 욕구를 인식함으로써, 그들의 불쾌한 행동을 관심과 수용을 요구하는 외침으로 해석한다. 때로는 공감적 반응의 놀라움이 적대적인 상황을 변화시키고, 대신 창의적이고 의미있고 연결되는 일이 일어나도록 한다.

예를 들어, Bobbi의 파트너는 출장을 다녀올 때면 항상 투덜거리며 집에 들어왔다. Bobbi는 그녀가 지쳤다는 걸 알았을 뿐 아니라, 자신이 그녀를 보고 반가워하지 않을지도 모른다는 두려움을 가지고 있었다는 것을 알았다. 그 후 그녀가 매우 어두운 모습으로

성숙한 의사소통은 당신의 상호작용을 자연스럽게 만든다

문을 열고 들어오는 소리가 천둥소리처럼 들렸고, 보비는 일어나서 그녀를 안아 주며 "당신이 돌아와서 정말 기뻐. 보고 싶었어. 뭐 마실 것 좀 줄까?"라고 말했다.

비대응적 의사소통에 능숙한 사람들은 분노가 지속되는 긴장된 상황을 피하고자 유머나 상대방을 무장해제시킬 수 있는 친절함을 사용한다. 순수하고 걱정하는 반응은 EI 사람의 공격적인 의도를 흐지부지하게 할 수도 있다. 예를 들어, 그들에게 부당한 비판을 받을 때, 당신은 중립적인 대답으로 "아, 몰랐어요."라고 대답할 수 있다. 비대응적 의사소통은 그들의 적대적인 행동에 반응하는 대신 이해받고 싶은 그들의 욕구에 반응할 수 있다. 진실하게 이루어진다면, 비대응적인 반응은 정면으로 맞서는 불쾌한 대립을 놀라운 연결의 순간으로 바꿀 수 있다. 분노한 사람들도 이해받고, 인정받기를 원할 뿐이다.

방어적이지 않으며 비폭력적인 의사소통　방어적이지 않으며(Ellison, 2016) 비폭력적(Rosenberg, 2015)인 의사소통은 공격이나 굴욕, 비난 또는 수치심을 주지 않는 방식으로 사람을 대하는 방법이다. 이러한 방법들의 목표는 자신에게 중요한 것이 무엇인지 알면서 방어하지 않고 경청하는 것이다.

방어적이지 않으며 비폭력적인 의사소통은 당신을 드라마 삼각형의 양극화된 가해자-희생자의 역할에서 벗어나도록 한다. 당신은 상대방의 관점이 그들에게는 완벽하다는 것을 인식했을 것이다. 동시에, 당신은 그들의 가치를 건드리지 않는 방식으로 자신의 의도를 이야기할 수 있다. 방어하지 않으며 대응하는 것은, 가해자-피해자 드라마 삼각형을 촉발하지 않게 할 수 있다. 당신은 상대방이 계속해서 소통하는 것이 안전하다고 느끼게 할 수 있다.

이러한 능숙한 소통방식은 두 사람이 모두 정당한 의도와 의미 있는 욕구가 있다는 것을 인식할 수 있게 한다. 이 소통 방법은 그들의 감정과 판단을 제거할 수 있다. EI 사람의 반응에 상관없이, 그것을 사용할 때 훨씬 더 효과적이고 자신을 통제할 수 있다고 느낄 것이다. 앞에 인용된 저자들 외에도 이 책의 참고문헌에서 다른 유용한 책들을 찾아 개방적이고 위협적이지 않은 의사소통 방식에 대해 자세히 알아볼 수 있다(Patterson et al., 2012; Stone, Patton, & Heen, 1999).

차이가 갈등을 일으킬 때

이제 피할 수 없는 의견충돌을 어떻게 다루어야 할지를 살펴보겠다. 우리는 폭력이나 용납할 수 없는 행동에 한계를 두면서 최상의 관계를 유지하려면 어떻게 해야 할까?

경계를 설정하고 "아니요."라고 말한다　어떤 관계에서든 거절과 경계는 자신의 행복을 지키기 위해 필수적이다. 거기에 핑계나 설명을 덧붙일 필요가 없다. 그냥 "아니요, 정말 못 해요." 또는 "그건 안 돼요."라고 말하면 된다.

그러나 보통의 민감한 사람들과 달리 EI 사람은 거부하기 어렵게 만든다. 그들은 "왜 그렇게 할 수 없다는 거야?"와 같은 말을 하면서 당신의 거절에 의문을 제기할 수도 있다. 혹은 "글쎄, 만약 네가 ~하면 할 수 있지 않니?"라고 제안하며 문제를 해결하려고 할 수도 있다. 합리적이고 정중한 사람은 계속하지 않겠지만, EI 사람은

성숙한 의사소통은 당신의 상호작용을 자연스럽게 만든다

당신의 시간이 그들의 것인 것처럼 행동한다. 만약 거절한 후에도 그들이 여전히 고집한다면, 당신은 "더 많은 이유가 필요한가요? 나는 그렇게 할 수 없어요."라고 말하거나 그저 그들에게 어쩔 수 없다는 듯이 어깨를 으쓱하면 된다.

당신이 원하는 만큼만 수용하라   EI 사람은 종종 당신이 덫에 걸리고 의무감을 느끼게 하는 방식에 익숙하다. 그들은 당신이 원하는지 여부와 상관없이 그들이 주고 싶은 것에 초점을 맞춘다. 예를 들어, 그들이 가지고 싶은 선물을 줄 수도 있고, 당신이 즐기지 않는 모임을 고집할 수도 있고, 원하지 않는 활동을 계획하거나, 원하지 않는 도움을 반복적으로 제공할 수도 있다. 계속해서 "다시!"라고 말하는 아이처럼, EI 사람들은 다른 사람들이 피곤하거나 그들만큼 활동을 즐기지 않을 수도 있다는 것을 감지하지 못한다. 어떤 남자는 어머니가 가져오는 선물에 대한 거절을 어머니가 받아들이지 않자 마침내 "어머니의 선물은 선물이 아니라 의무처럼 느껴져요."라고 설명했다.

음식이든, 선물이든, 돈이든, 환대든, 충고든 간에 그들이 제공하는 것들에 크게 감사함을 표현하지 않으면, 그들은 마치 당신이 무례하고 의도적으로 그들의 감정을 상하게 하는 것처럼 행동한다. 물론 이것은 사실이 아니다. 어떤 것에 대해서도 "이제 그만요." 또는 "이 정도면 충분해요."라고 말할 권리가 있다. "더는 필요 없어요." 또는 "고맙지만 지금은 괜찮아요."도 마찬가지이다. 그 이후에 그들의 감정을 다루는 것은 그들의 몫이다.

퇴행적인 행동을 보상하지 마라   EI 부모/사람은 종종 토라지거나 상처받은 척하며 그들을 구출하도록 재촉할 것이다. 만약 당신이 그들을 진정시키기 위해 뛰어들면, 더 퇴행적이고 죄책감을 유발하는 행동을 장려하는 것이다.

예를 들어, 내 내담자인 Sandy에게는 매우 감정적인 어머니 Cora가 있었다. 어머니는 마음에 들지 않는 일이 생기면 눈물을 흘리며 침실로 물러나곤 했다. 때때로 기분이 나빠진 어머니의 기분을 달래 주기 위해 노력하지만, 어머니는 몇 분 동안 계속 대화와 위로를 거부하며 관심 끌기를 연장했다. Sandy는 이러한 패턴에 지쳤고, 그래서 그녀는 새로운 것을 시도했다. 그 후 어머니의 똑같은 행동에, Sandy는 침실로 가서 진지하게 말했다, "엄마, 많이 속상한 거 알아요. 속상하고 슬픈 마음을 충분히 느끼고 해결할 수 있었으면 해요. 그리고서, 우리가 계획한 대로 쇼핑하러 가요. 난 아래층에서 기다릴게요. 준비되면 내려오세요." 하고 Sandy는 부드럽게 문을 닫았다.

이 새로운 접근방식으로 어머니에게 자율성을 부여하고 구조자 역할에서 물러났다. Sandy는 어머니의 감정에 공감했으며, 냉담하거나 비판적이지 않았다. 그러나 이것은 Sandy가 참여하거나 고쳐줄 수 있는 게 아니라는 것을 어머니에게 말했다. 15분쯤 후에 어머니는 아래층으로 내려왔고 Sandy는 그녀에게 미소를 지으며 "쇼핑할 준비가 되었나요?"라고 말했다.

또 다른 예시로, 도덕적으로 엄격한 Paul의 아버지는 Paul이 형식적인 겉치레를 위해 식당을 예약했다고 생각했기 때문에 계획된 저녁 식사에 나가기를 거부했다. Paul은 침착하게 아버지에게 말했다. "아버지, 아버지가 원하시지 않으면 그냥 계세요. 우리는 약 30분 후에 출발할 거예요. 마음을 바꿔서 우리와 함께 가시면 좋겠

성숙한 의사소통은 당신의 상호작용을 자연스럽게 만든다

지만 나중에 커피와 디저트를 드시고 싶으시면 오셔도 됩니다."

이 사례들에서 중요한 점은 비난이나 수치심 또는 부모의 감정을 바꾸려는 시도가 없었다는 것이다. 이 부모들은 그들의 감정을 가지고 선택을 할 수 있는 자율권을 부여받았다. 그들은 즐거운 외출을 할 수도 있고, 아니면 속상한 채로 있을 수도 있었다. 그들은 존중받는 방식으로 선택권을 받았다.

분노를 명확하고, 직접적이며, 존중을 담아 표현하라　　차분한 상호작용이 이상적이지만, 분노의 감정이 필요하다고 느낄 때가 있다. EI 부모의 완고함은 받아들이기가 매우 힘들 수 있다. 특히 이 부모가 오랫동안 지배해 온 역사가 있을 때는 더욱 그렇다. 다행히도, 당신의 분노는 여전히 정중하고 비폭력적인 방식으로 표현될 수 있다.

Bethany의 이야기

Bethany는 어느 날 "나 오늘 아빠한테 폭발했어요."라는 말로 상담회기를 시작했다. 그녀의 나이 든 EI 아버지는 마치 5성급 호텔에 있는 것처럼, 요양원 직원의 사소한 실수에도 고함을 지르고 비난했기 때문이었다. 이미 여러 명의 요양 보조원이 그를 병간호할 수 없다고 호소하고 있었다. 그녀는 아버지의 행동 때문에 수차례 전화 통화를 해야 했다. 그녀는 아버지에게 상황의 심각성을 이해시킬 필요가 있었다. 아버지가 계속 이런 식으로 한다면, 이 요양원에서 쫓겨나 훨씬 나쁜 곳으로 옮겨 갈 수도 있다고 상기시켜 주면서 사실을 직면시켰다 (그것은 사실이었다. 그는 자금이 한정되어 있었고 그가 있는 곳을 찾은 것은 행운이었다).

직원들이 힘든 일을 하고 있고 그들 또한 사람이라는 것을 아버지에게 상기시켰다. 그녀는 항상 아버지를 위해 일을 수습해야 하는 것에 지쳤으며, 다른 사람들을 생각해야 한다고 말했다. 아버지에게 "저는 이제 지쳤어요."라고 말했다. "아버지, 이 모든 것이 저에게 어떤 영향을 미치는지를 생각해 보세요. 제가 죽으면 어떻게 할 건데요? 고마운 마음을 보여 주세요, 아빠! 제 짐을 좀 덜어 주세요. 사람들에게 친절하게 대할 줄 아시잖아요. 그렇게 해 주세요!"

그녀는 아버지를 수치스럽게 하거나 학대하지 않았다. 아버지에게 무엇을 해 주길 원하는지를 힘있게 이야기했을 뿐이다. 아버지는 정신에 문제가 없으며, 많은 나이에도 품위 있는 사회적 행동에서 면제되는 것이 아니었다. 아버지는 자신의 상황이 마음에 들지 않았지만, Bethany 역시 그녀의 상황이 마음에 들지 않았다. 그녀는 자신의 건강을 위해서는 아버지에게 딸을 위해 더 많은 일을 만들지 말라고 요청할 필요가 있었다. 이 직면은 아버지의 성격을 바꾸지는 못했지만, 그들 사이에 명확하고 분명한 친밀한 의사소통의 순간을 열어 주었다. 놀랍게도 아버지는 나중에 사과했다. 잠시 동안, 그들 사이에서 뭔가를 해결하기 위해 함께 노력하는 두 명의 성인이었다.

Bethany는 분노가 어떻게 강력하게 표현될 수 있는지를 보여 주었지만, 공격 대신 명확하고 친밀한 의사소통으로 보여 주었다. 아버지가 다시 폭력적인 행동으로 빠져들 때마다 그녀는 이제 자신의 불만을 표현하고 아버지에게 기대하는 것을 말하는 적극적인 방법을 사용했다. 성숙하게 처리된 분노는 정서적이고 강렬할 수 있지만, 주제를 벗어나지 않는 **특정 문제**를 **직접적으로** 다루는 것이다. Ross Campbell(1981)은 분노가 어떻게 다양한 성숙도 수준에서 문제를 해결하는 데 약간의 도움이 되는 방식으로 표현될 수 있는지 설명한다. 분노는 어조 자체가 부정적일 수 있지만, 그것이

성숙한 의사소통은 당신의 상호작용을 자연스럽게 만든다

욕설이나 행동 없이 논리적으로, 말이나 주제로 표현되고 문제의 사람이나 문제만을 향해 표현되는 한, 그것은 여전히 성숙한 수준이다.

아버지에 대한 그녀의 어조는 감정적이고 부정적이었지만, 여전히 문제를 객관적으로 다루고, 학대하지 않고 아버지에게 필요한 것을 이야기하고 있었다. 그녀는 아버지를 처벌하거나 지배하려고 하는 것이 아니었고 그저 아버지의 자만심에 찬 안개 속에서 잘 들리도록 볼륨을 높이고 있을 뿐이었다. 아버지에게 세상에는 다른 사람들이 함께 있으며, 그들을 고려하지 않는다면, 당연하게 받아온 도움도 잃을 수도 있다는 것을 강하게 상기시켰다. 그녀가 현실적인 상황에서 솔직하게 행동한 것이 두 사람 모두에게 좋은 일이었다.

자신의 손실을 수용하고 앞으로 나아가기

사람들은 부모와의 좋은 관계가 마침내 부모와 행복해지는 것을 의미한다고 생각한다. 그러나 EI 사람의 불만족과 방어적인 태도를 고려할 때, 당신은 그들을 오랫동안 행복하게 하는 것은 아무것도 없다는 사실을 알고 있다. 그들을 변화시키려는 노력을 그만두고 대신 스스로 행복해지는 것은 어떨까? 그들의 한계를 인정함으로써, 당신은 더 자유롭게 자신을 돌볼 수 있고 그들에게 더 많은 연민을 느낄 수 있다.

자신이 할 수 있는 것에 감사하고, 느낄 수 있는
모든 유대감에 경의를 표하라

우리 중 대다수는 우리의 정서적 욕구의 충족 여부에 상관없이 부모에게 원초적인 애착을 느끼게 된다. 가족 관계는 좌절감과 상관없이 깊게 작동하며, 사람들은 이러한 유대감을 완전히 포기하고 싶지 않을 것이다. 심지어 짜증스러운 가족 관계에서도 기본적인 수준에서 의미 있고 대체할 수 없는 것으로 느껴질 수 있다. 강한 소속감은 고통스럽거나 박탈당하는 경험에도 불구하고 부모와 강력한 유대감을 형성한다.

한 여성은 비록 어머니가 '상냥하고 부드럽거나 안전하지 않음'에도 불구하고 여전히 어머니와의 관계를 원했다고 말했다. 어머니가 절대로 변화하지 않을 것을 깨달았을 때 그녀의 침실에서 울던 그 순간을 생생하게 기억했다. 그 순간, 그녀는 가족 관계가 매우 중요했기 때문에, 어머니를 있는 그대로 인정하기로 했다.

또 다른 여성은 아버지와 매우 힘들고 짜증 나는 관계를 맺고 있었다. 아버지에게 심하게 나쁜 대우를 여러 번 받았고 언제나 실망했었다. 하지만 아버지가 불치병에 걸렸을 때, 그녀는 항상 그의 곁에 있었다. 아버지가 죽은 후, 그녀는 아버지에 대한 갈등적인 감정이 더는 중요하지 않다는 것을 깨달았다. "그는 내 아빠였으니까요."라고 그녀가 말했다.

당신의 EI 부모는 당신에게 필요한 모든 사랑을 주지 않았을지 모르지만, 그들은 당신이 사랑하는 법을 배우는 데 가장 중요한 역할을 했기 때문에, 여전히 중요하다. 그래서 당신은 부모에게 매우 애착을 느낄지도 모른다. 자기 자신에게도 똑같이 애착을 갖는 것을 잊지 마라. 당신이 그들과의 관계를 유지하기 위해 자신을 포기하지 않는 한, 그것은 괜찮아질 것이다.

이제 연민과 현실감을 가지고 자신과 EI 부모와의 관계를 보기

스스로가 자신을 붙들고 방해했던 EI 관계 패턴에서 벗어나게 되면, 자신을 더 잘 인식하고 사랑에 대한 능력을 확신하기 전에 잃어버린 시간을 후회할 수 있다. 많은 사람은 부모의 왜곡을 수용하고 인정을 갈구하는 데 보냈던 시간을 되돌리고 싶어 한다. 하지만, 억압적인 EI 관계 통제에서 벗어나면 당신은 진정으로 새로운 삶을 살게 된다는 사실을 아는 것이 위안이 될 수 있다. EI 부모에게 사로잡혀 있던 과거와 새롭게 발달시킨 냉정함 사이의 차이점은 때때로 너무나 커서, 마치 당신이 2개의 삶과 2개의 자아개념을 가진 것처럼 느껴지기도 할 것이다.

EI 부모와의 관계를 돌이켜 볼 때, 연민의 슬픔과 냉혹한 현실로 부모를 볼 수 있다. 이제 당신은 마침내 관계 밖에 서서 그것을 성인으로서 볼 수 있는 더 넓은 관점을 갖게 되었다.

Grace의 이야기

Grace는 더욱 긍정적인 자아개념과 사회적으로 보람 있는 삶을 발전시키기 위해 치료에 열심히 참여했다. 그녀를 믿지 못하고 통제하고 지배적인 어머니 밑에서 자랐으며, 가족 밖에서 많은 일을 하면서도 부족하다고 느꼈다. 어머니가 돌아가신 후, Grace는 더 개방적으로 사회 활동을 하였고, 사람들이 어머니보다 훨씬 더 친절하게 환영해 준다는 것을 알게 되었다. Grace는 어머니에 대해 슬퍼하지 않았

10 이제 당신은 자신이 항상 원했던 관계를 맺을 수 있다

다. 그러기에는 친밀감이 너무 적었다. 하지만 어머니의 삶을 되돌아보면 어머니의 정서적 미숙함이 어머니에게 얼마나 큰 대가를 치르게 했는지에 대해 연민을 느꼈다.

"어머니가 너무 냉정해서 자녀들 누구도 어머니에 대해 슬퍼하지 않았던 것 같아요. 어머니는 사랑받지 못해서 손해를 보았어요. 어머니는 공감 능력이 부족했고, 자녀들은 어머니와 끔찍한 투쟁을 했으며, 어머니는 자신과 연결되고 싶은 마음이 없는 것처럼 보였어요. 그녀는 늘 사람들을 판단하고, 얼마나 부족했는지에 대해 너무 전념해서 아무도 사랑할 수 없었어요. 사람들이 어떻게 개선하고 발전해야 하는지에 초점을 맞췄을 뿐, 다른 사람과 진심 어린 연결을 할 수 있는 능력이 없었어요. 그녀는 교회에서처럼 이론적으로 동정심을 이해하는 것처럼 보이지만. 개인적인 차원에서는 너무나 어려웠어요. 자녀에 대한 공감이 아니라, 모든 것은 그녀 자신에 관한 것들이었어요. 어머니의 분노하는 행동은 아무도 좋아할 수 없었고, 그저 흉한 모습만 보여 준 거지요."

시간이 지남에 따라 Grace는 성장했고, 어머니의 정서적 한계에 대한 인식을 깊이 있게 할 수 있는 변화가 보였다. Grace의 성장 궤적은 EI 부모로부터 회복된 많은 사람의 길을 따랐다. 자신에게 애착을 갖고 충실하게 되면서, 자신이 무엇에 관심이 있고 누구를 좋아하는지 알게 되었다. 그녀는 집과 반려동물을 사랑했고, 더 많은 친구와 의미 있는 집단 활동을 즐겼다. 이제 Grace는 자신에게 말하는 삶의 방향을 자유롭게 선택할 수 있게 되었고, 어머니의 두려움이 자신의 삶에서 어떤 모양의 울타리가 되었는지를 분명히 볼 수 있었다. 어머니에 대한 연민을 느꼈지만, 그녀의 삶이 이제 자신에게만 속해 있다는 것에 안도했다. 자신을 스스로 돌보는 양육 관계는 어머니로부터 받지

자신의 손실을 수용하고 앞으로 나아가기

못한 모든 것이 되어 가고 있었다.

그녀는 어머니가 돌아가신 후 긴 시간 동안 어머니에 대한 새로운 이해를 발전시켰다. 이제 그녀는 어머니가 사랑해 주지 않아도, 어머니를 사랑했던 순수한 부분의 자신과 내면의 애정 어린 보호적인 관계가 이루어졌기 때문에 객관적으로 어머니를 볼 수 있게 되었다. 이제 Grace는 어머니의 사랑을 받아서가 아니라 자기 자신을 찾았기 때문에 그녀가 자신의 것이라는 온전함을 더 느끼게 되었다.

일단 스스로 자신의 발목을 잡았던 EI 관계 패턴에서 벗어나게 되면, 자신에게 너무 적은 대가와 너무 많은 상처를 준 사람들과 열심히 노력한 것을 후회하게 될 것이다. 사랑할 수 있는 자신의 가치와 능력을 더 자각하게 될수록, 얼마나 열악한 대우를 받았는지 깨닫는 것은 고통스러울 수 있다. 많은 사람이 부모의 자기중심주의에 적응하고, 그들의 인정을 갈망하며 보냈던 시간을 되찾기를 바란다. 마침내 EI 사람들을 이해하고, 있는 그대로 받아들이고, 그들을 기쁘게 하거나 바꾸려는 노력에서 벗어나 자신의 정서적 자율성, 내면의 경험들, 사고의 자유를 충분히 누릴 수 있다는 것을 알게 되면 위안이 될 것이다. 어린 시절을 되돌릴 수는 없지만, 이제 남은 인생은 스스로 만들 수 있다. 자신의 내면에 새로운 토대를 마련한다면 그것은 분명 아름다울 것이다.

꼭 기억해야 할 사항

　EI 사람들이 당신의 삶에 미치는 영향에 대해 깊이 생각해 보았고, 이제는 원하지 않는 관계의 관점을 다시 생각해 볼 수 있다. 이제, 당신은 자신이 어떤 EI 사람과도 동등하게 중요하다는 것을 알았으며, 자신과 자신의 내면세계에 충실하고, 애정 어린 자기보호 방식으로 연결된 상태를 유지할 수 있다. EI 부모와의 관계에서 당신은 자신의 욕구, 한계 그리고 자기표현에 대한 권리, 때로는 분노조차도 진실하게 대할 수 있다. 이제 당신은 깊은 가족의 유대를 존중하면서도 진정한 자신이 되기 위한 자율성과 자유를 보호할 수 있다. 당신은 온전하고, 권한을 가지고 EI 사람에게 적극적으로 대응하는 방법을 알게 되었다. 일단, 당신이 완전한 자신이 되고 동등한 중요성을 느낄 수 있게 되면, 어떤 EI 관계 시스템에서도 그들이 당신을 장악할 수 없다.

　여기에서, EI 사람과 당신 두 사람이 정도에 알맞게 동등하게 서로 만나고 있으며, 이제 서로 다른 두 사람 사이에 진정한 관계를 맺을 가능성이 훨씬 커졌다.

정서적으로 미숙한 부모의
성인 자녀를 위한 권리장전

우리의 여정이 막바지에 다다랐으니, 나는 당신이 EI 관계에서 어려움에 직면할 때마다 참조할 수 있는 권리장전을 남기고 싶다. 당신이 이 책에서 배운 열 가지 기본적인 권리, 특히 자신의 삶에 대한 권리가 있다는 생각을 요약한 것이다.

EI 부모/사람을 다룰 때, 당신의 중심을 유지하는 방법에 대한 요약으로 사용하며, 도움이 되길 바란다. 자신의 정서적 자율성, 정신적 자유, 그리고 내면의 삶을 되찾는 데 최선을 다하길 바란다. 이 책을 읽은 후에 얻은 통찰력을 활용하여 앞으로 마주하게 될 EI 사람과의 상호작용에서 최대한의 성장과 자기발견을 끌어낼 수 있기를 바란다.

1. 한계를 설정할 권리

나는 당신이 상처를 주거나 착취하는 행동에 대해 제한할 권리가 있다.

나는 내가 압박감을 느끼거나 강요받는 어떤 상호작용도 중단할 권리가 있다.

나는 무엇이든 내가 지치기 전에 멈출 권리가 있다.

나는 내가 즐겁지 않다고 생각하는 그 어떤 상호작용도 중단시킬 권리가 있다.

나는 정당한 이유 없이도 거절할 권리가 있다.

2. 정서적으로 강요받지 않을 권리

나는 당신의 구조자가 되지 않을 권리가 있다.

나는 당신에게 다른 누군가에게 도움을 받으라고 요청할 권리가 있다.

나는 당신의 문제를 해결하지 않을 권리가 있다.

나는 나의 노력 없이 당신 스스로 자존감을 관리하라고 요청할 권리가 있다.

나는 당신 스스로가 자신의 고통을 처리하라고 요청할 권리가 있다.

나는 죄책감을 느끼는 것을 거부할 권리가 있다.

3. 정서적 자율성과 정신적 자유에 대한 권리

나는 내 모든 감정에 대한 권리가 있다.

나는 내가 원하는 것은 무엇이든 생각할 권리가 있다.

나는 나의 가치, 생각, 관심사에 대해 무시나 조롱을 당하지 않을 권리가 있다.

나는 내가 어떤 대우를 받는지에 대해 신경 쓸 권리가 있다.

나는 당신의 행동이나 태도를 좋아하지 않을 권리가 있다.

4. 관계를 선택할 권리

나는 내가 당신을 사랑하는지 아닌지에 대한 사실을 알 권리가 있다.

나는 당신이 나에게 주고 싶은 것을 거부할 권리가 있다.

나는 당신의 편안한 상황을 위해 나 자신을 함부로 하지 않을 권리가 있다.

나는 우리가 관련되어 있음에도 불구하고, 우리 관계를 끝낼 권리가 있다.

나는 의존당하지 않을 권리가 있다.

나는 나를 불쾌하고 지치게 하는 누구로부터든 멀리 떨어져 있을 권리가 있다.

5. 명확한 의사소통의 권리

나는 비폭력적이고 해롭지 않은 방식이라면 무엇이든 말할 권리가 있다.

나는 내 말을 들어 달라고 요청할 권리가 있다.

나는 당신에게 내 감정이 상처받았다고 말할 권리가 있다.

나는 나의 소신을 밝히고 내가 정말 선호하는 것을 말할 권리가 있다.

나는 내가 반드시 알아야 한다는 가정 없이, 당신이 나에게 무엇을 원하는지 들을 권리가 있다.

에필로그

6. 나에게 최선인 것을 선택할 권리

나는 나에게 좋은 때가 아니면, 행동하지 않을 권리가 있다.

나는 내가 원할 때 언제든지 떠날 권리가 있다.

나는 즐겁지 않다고 생각하는 활동이나 모임에 대해 "아니요."라고 말할 권리가 있다.

나는 자기회의 없이 자신의 결정을 내릴 권리가 있다.

7. 자신의 방식으로 살 권리

나는 좋은 생각이 아니라는 당신의 의견이라도 내가 원하는 행동을 취할 권리가 있다.

나는 내가 중요하다고 생각하는 것에 내 에너지와 시간을 쓸 권리가 있다.

나는 내 내면의 경험을 신뢰하고 내 열망을 진지하게 받아들일 권리가 있다.

나는 재촉당하지 않고 내가 필요한 시간을 가질 권리가 있다.

8. 동등한 중요성과 존중받을 권리

나도 당신만큼 중요하게 여겨질 권리가 있다.

나는 누구의 조롱도 받지 않고, 내 삶을 살 권리가 있다.

나는 독립적인 성인으로서 존중받을 권리가 있다.

나는 수치심 느끼기를 거부할 권리가 있다

9. 자신의 건강과 행복을 최우선으로 할 권리

나는 그저 살아가는 것이 아니라 행복하게 살 권리가 있다.

나는 내가 즐기는 것을 위해 스스로 시간을 쓸 권리가 있다.

에필로그

나는 다른 사람들에게 얼마만큼의 에너지와 관심을 줄 것인지 결정할 권리가 있다.

나는 어떤 것에 대해 생각할 시간을 가질 권리가 있다.

나는 다른 사람들이 어떻게 생각하든지 관계없이 나 자신을 돌볼 권리가 있다.

나는 내 내면세계의 풍요를 위해 필요한 시간과 공간을 가질 권리가 있다.

10. 자신을 사랑하고 보호할 권리

나는 나의 실수에 연민을 느낄 권리가 있다.

나는 이제는 맞지 않는 내 자아개념을 변화시킬 권리가 있다.

나는 자신을 사랑하고, 상냥하게 대해 줄 권리가 있다.

나는 자기비판으로부터 자유롭고 나의 개별성을 존중할 권리가 있다.

나는 나로 있을 권리가 있다.

참고문헌

Ainsworth, M., Bell, S., & Strayton, D. (1974). "Infant-Mother Attachment and Social Development: 'Socialization' as a Product of Reciprocal Responsiveness to Signals." In *The Integration of a Child into a Social World*, edited by M. Richards. New York: Cambridge University Press.

Barrett, L. (2017). *How Emotions Are Made: The Secret Life of the Brain*. New York: Houghton Mifflin Harcourt Publishing Company.

Beattie, M. (1987). *Codependent No More*. San Francisco: Harper and Row.

Berne, E. (1964). *Games People Play*. New York: Ballentine Books.

Bickel, L. (2000). *Mawson's Will*. South Royalton, VT: Steerforth Press.

Bion, W. (1967). "Notes on Memory and Desire.". *Psychoanalytic Forum*, *2*, 272-273.

Bowen, M. (1985). *Family Therapy in Clinical Practice*. Lanham, MD: Rowman and Littlefield Publishers, Inc.

Bowlby, J. (1979). *The Making and Breaking of Affectional Bonds*. New York: Routledge.

Bradshaw, J. (1990). *Homecoming*. New York: Bantam Books.

Burns, D. (1980). *Feeling Good*. New York: HarperCollins Publishers.

Campbell, R. (1977). *How to Really Love Your Child*. Wheaton, IL: SF Publications.

Campbell, R. (1981). *How to Really Love Your Teenager.* Colorado Springs: David C. Cook/Kingsway Communications.

Capacchione, L. (1991). *Recovery of Your Inner Child.* New York: Touchstone.

Clance, P. R., & Imes, S. (1978). "The Imposter Phenomenon in High Achieving Women: Dynamics and Therapeutic Intervention." *Psychotherapy Theory, Research and Practice, 15*(3), 241–247.

Clore, G. L., & Huntsinger, J. R. (2007). "How Emotions Inform Judgment and Regulate Thought." *Trends in Cognitive Sciences, 11*(9), 393–399.

Degeneres, E. (2017). "Holiday Headphones." December 5. Ellentube. com. https://www.youtube.com/watch?v=78ObBXNgbUo.

DeYoung, P. A. (2015). *Understanding and Treating Chronic Shame.* New York: Routledge.

Duvinsky, J. (2017). *Perfect Pain/Perfect Shame.* North Charleston, SC: CreateSpace.

Ellison, S. (2016). *Taking the War Out of Our Words.* Sunriver, OR: Voices of Integrity Publishing.

Ezriel, H. (1952). "Notes on Psychoanalytic Group Therapy: II. Interpretation." *Research Psychiatry, 15*, 119.

Fonagy, P., Gergely, G., Jurist, E., & Target. M. (2002). *Affective Regulation, Mentaliztion, and the Development of the Self.* New York: Other Press.

Forbes, K. (2018). Personal communication.

Forward, S. 1989. *Toxic Parents.* New York: Bantam Books.

Fosha, D. (2000). *The Transforming Power of Affect.* New York: Basic Books.

Fraad, H. (2008). "Toiling in the Field of Emotion." *Journal of Psychohistory,*

35(3), 270–286.

Frankl, V. (1959). *Man's Search for Meaning*. Boston, MA: Beacon Press.

Gibson, L. C. (2015). *Adult Children of Emotionally Immature Parents*. Oakland, CA: New Harbinger Publications.

Goleman, D. (1995). *Emotional Intelligence*. New York: Bantam.

Gonzales, L. (2003). *Deep Survival*. New York: W. W. Norton and Company.

Gordon, D. (2007). *Mindful Dreaming*. Franklin, NJ: The Career Press.

Goulding, R. A., & Schwartz, R. C. (2002). *The Mosaic Mind*. Oak Park, IL: Trailhead Publications.

Hanson, R. (2013). *Hardwiring Happiness*. New York: Harmony Books.

Hatfield, E. R., Rapson, R. L., & Le, Y. L. (2009). "Emotional Contagion and Empathy." In *The Social Neuroscience of Empathy*, edited by J. Decety and W. Ickes. Boston: MIT Press.

Hopwood, C. (2016). "Don't Do What I Do." NPR. Shots: Opinion: Your Health, July 16. https://www.npr.org/sections/health-shots/2016/07/16/485721853.

Huntford, R. (1985). *Shackleton*. New York: Carroll and Graf Publishers.

Jung, C. G. (1959). *Aion: Researches into the Phenomenology of the Self*. Princeton, NJ: Princeton University Press.

Kabat-Zinn, J. (1990). *Full Catastrophe Living*. New York: Bantam Books.

Karpman, S. (1968). "Fairy Tales and Script Drama Analysis." *Transactional Analysis Bulletin, 26*(7), 39–43.

Katie, B. (2002). *Loving What Is*. New York: Three Rivers Press.

Kernberg, O. (1985). *Borderline Conditions and Pathological Narcissism*. Lanham, MD: Rowman and Littlefield Publishers.

Kohut, H. (1971). *The Analysis of the Self*. Chicago: University of

Chicago Press.

Kornfield, J. (2008). *Meditation for Beginners*. Boulder, CO: Sounds True.

Mahler, M., & Pine, F. (1975). *The Psychological Birth of the Human Infant: Symbiosis and Individuation*. New York: Basic Books.

McCullough, L. (1997). *Changing Character*. New York: Basic Books.

McCullough, L., Kuhn, N., Andrews, S., Kaplan, A., Wolf, A., & Hurley, C. (2003). *Treating Affect Phobia*. New York: The Guilford Press.

Minuchin, S. (1974). *Families and Family Therapy*. Cambridge, MA: Harvard University Press.

Nhat Hanh, T. (2011). *Peace Is Every Breath*. New York: HarperCollins Books.

Ogden, T. (1982). *Projective Identification and Psychoanalytic Technique*. Northvale, NJ: Jason Aronson, Inc.

O'Malley, M. (2016). *What's in the Way Is the Way*. Boulder, CO: Sounds True.

Patterson, K., Grenny, J., McMillan, R., & Switzler, A. (2012). *Crucial Conversations*. New York: McGraw-Hill.

Perkins, J. (1995). *The Suffering Self*. New York: Routledge.

Porges, S. (2011). *The Polyvagal Theory*. New York: W. W. Norton and Company.

Robbins, T. (1992). *Awaken the Giant Within*. New York: Free Press.

Rosenberg, M. (2015). *Nonviolent Communication*. Encinitas, CA: PuddleDancer Press.

Schore, A. (2012). *The Science of the Art of Psychotherapy*. New York: W. W. Norton and Company.

Schwartz, R. (1995). *Internal Family Systems Therapy*. New York: The Guildford Press.

Siebert, A. (1993). *Survivor Personality*. New York: Vantage Books.

Simpson, J. (1988). *Touching the Void*. New York: HarperCollins.

Smith, M. (1975). *When I Say No I Feel Guilty*. New York: Bantam Books/Random House.

Stern, D. (2004). *The Present Moment*. New York: W.W. Norton and Company.

Stone, D., Patton, B., & Heen, S. (1999). *Difficult Conversations*. New York: Penguin Group.

Stone, H., & Stone, S. (1989). Stone. *Embracing Ourselves*. Novato, CA: Nataraj Publishing.

United Nations. (1948). "Universal Statement of Human Rights." http://www.un.org/en/universal-declaration-human-rights.

Vaillant, G. (1977). *Adaptation to Life*. Boston: Little Brown.

Vaillant, G. (1993). *The Wisdom of the Ego*. Cambridge, MA: Harvard University Press.

Van der Kolk, B. (2014). *The Body Keeps the Score*. New York: Viking/Penguin Group.

Wald, B. (2018). Personal communication.

Wallin, D. (2007). *Attachment in Psychotherapy*. New York: The Guildford Press.

Whitfield, C. L. (1987). *Healing the Child Within*. Deerfield Beach, FL: Health Communications, Inc.

Wolynn, M. (2016). *It Didn't Start with You*. New York: Penguin Books.

Young, J., Klosko, J., & Weishaar, M. (2003). *Schema Therapy*. New York: The Guilford Press

한국인의 성격특성 목록

긍정적 성격특성				
경쾌하다	현명하다	진보적이다	인자하다	창의적이다
착하다	용감하다	모범적이다	영리하다	순수하다
순박하다	쿨하다	굳세다	당차다	느긋하다
로맨틱하다	사람 좋다	서글서글하다	훌륭하다	민감하다
차분하다	현실적이다	진실하다	순하다	가정적이다
나긋나긋하다	개념 있다	낭만적이다	정답다	철저하다
지혜롭다	순진하다	정정당당하다	시원시원하다	도도하다
쾌활하다	정확하다	공손하다	든든하다	고상하다
올바르다	의젓하다	자상하다	원만하다	온정적이다
카리스마 있다	활동적이다	정의롭다	진취적이다	섬세하다
자신만만하다	꼼꼼하다	유머러스하다	융통성 있다	친밀하다
편안하다	넉살 좋다	충성스럽다	개방적이다	조심스럽다
이상적이다	예의 바르다	어른스럽다	호탕하다	조신하다
성실하다	치밀하다	착실하다	슬기롭다	호의적이다
친근하다	강직하다	깔끔하다	과감하다	대범하다
다재다능하다	열정적이다	청렴결백하다	눈치가 빠르다	근면하다
소박하다	합리적이다	무난하다	유능하다	유순하다
감성적이다	믿음직하다	배려심 있다	강하다	화통하다
신중하다	겸손하다	논리적이다	검소하다	대쪽 같다

온화하다	인정스럽다	사교적이다	강인하다	다정다감하다
야물다	반듯하다	상냥하다	철들다	활발하다
선량하다	용의주도하다	부드럽다	정직하다	멋지다
발랄하다	주도면밀하다	완벽하다	일관적이다	알뜰하다
둥글둥글하다	싹싹하다	낙천적이다	재미있다	명석하다
긍정적이다	계획적이다	개성적이다	참하다	안정적이다
정중하다	인간적이다	적극적이다	분명하다	
다소곳하다	너그럽다	원기왕성하다	생기발랄하다	
야심만만하다	명랑하다	털털하다	예리하다	
충실하다	충직하다	한결같다	모험적이다	
침착하다	야무지다	씩씩하다	사근사근하다	
빈틈없다	활달하다	열성적이다	사려 깊다	
자유롭다	양심적이다	건실하다	낙관적이다	
친절하다	끈질기다	따뜻하다	부지런하다	
세심하다	뒤끝이 없다	충동적이다	관대하다	
정열적이다	근검하다	듬직하다	똑똑하다	
진지하다	밝다	성숙하다	총명하다	
솔선수범하다	유하다	다정하다	진솔하다	
바르다	천진난만하다	온순하다	철두철미하다	
도전적이다	유쾌하다	얌전하다	살갑다	
헌신적이다	솔직하다	능동적이다	배짱이 있다	

부정적 성격특성				
악착스럽다	본능적이다	짓궂다	괴상하다	엉뚱하다
비겁하다	얄밉다	예의 없다	나태하다	성급하다
비정상적이다	극성스럽다	강박적이다	직선적이다	무섭다
모나다	버릇없다	가식적이다	차갑다	직설적이다
냉담하다	약아빠지다	경거망동하다	유별나다	사납다
무례하다	무신경하다	뻔뻔하다	싱겁다	공격적이다
잔인하다	무뚝뚝하다	악독하다	과감하다	수동적이다
비합리적이다	과격하다	비굴하다	간이 크다	예민하다
무계획적이다	의존적이다	깐깐하다	딱딱하다	인정사정없다
무사태평하다	호들갑스럽다	못되다	난폭하다	무심하다
수다스럽다	유치하다	비관적이다	반사회적이다	거만하다
인색하다	엄하다	무모하다	방어적이다	속물적이다
파렴치하다	짜증스럽다	어리석다	냉정하다	염치없다
감정적이다	퉁명스럽다	치졸하다	오만하다	몰상식하다
엉큼하다	몰인정하다	천박하다	야비하다	모자라다
호전적이다	나약하다	과민하다	쫀쫀하다	따분하다
소극적이다	헤프다	무능력하다	이기적이다	매정하다
별나다	경솔하다	덤벙거리다	독단적이다	게으르다
독하다	매몰차다	독선적이다	위선적이다	허술하다
맹하다	멍청하다	고리타분하다	경쟁적이다	무기력하다
칠칠치 못하다	덜렁거리다	영악하다	보수적이다	단순하다
신경질적이다	재미없다	고지식하다	부끄러워하다	고독하다
능글맞다	간사하다	모질다	진부하다	개인적이다
허풍스럽다	불성실하다	교활하다	즉흥적이다	둔하다
탐욕스럽다	흐리멍텅하다	천방지축이다	고집스럽다	개념이 없다
어수룩하다	무르다	드세다	유난스럽다	심술궂다
마음이 좁다	비현실적이다	만만하다	날카롭다	
엽기적이다	교만하다	충동적이다	괴팍하다	
무자비하다	자기중심적이다	소심하다	쩨쩨하다	

어리다	악랄하다	새침하다	거칠다	
방정맞다	무책임하다	약하다	시건방지다	
심각하다	미련하다	불친절하다	엄격하다	
다혈질이다	궁상맞다	어리다	변덕스럽다	
배려심이 없다	내숭스럽다	부정적이다	반항적이다	
불량스럽다	비열하다	우유부단하다	무식하다	
답답하다	응큼하다	권위적이다	비인간적이다	
까다롭다	태평하다	폭력적이다	철없다	
못 미덥다	무관심하다	건방지다	어설프다	
삐딱하다	느리다	경박하다	치사하다	
완고하다	야박하다	쌀쌀맞다	밉살맞다	

중립적 성격특성			
과묵하다			
평범하다			
특이하다			
매섭다			
맹랑하다			
내성적이다			
여성적이다			
내향적이다			
당차다			
독특하다			
코믹하다			
외향적이다			
남자답다			
조용하다			
직관적이다			

찾아보기

인명

304

내용

저자 소개

Lindsay C. Gibson(심리학박사)은 정서적으로 미숙한(EI) 부모를 둔 성인 자녀의 개인 심리치료를 전문으로 하는 개업 임상 심리학자이다. 그녀는 『Who You Were Meant to Be(당신이 진정으로 되고자 하는 사람)』의 저자로, 『Tidewater Women』에 웰빙에 관한 월간 칼럼을 기고하고 있다. 과거에 Old Dominion University뿐만 아니라 William and Mary University의 대학원 겸임 심리학 조교수로 재직했다. Gibson은 미국 버지니아주의 버지니아 비치시에서 심리치료센터를 개업하고 살고 있다.

역자 소개

송영희(Song, Younghee)
영남대학교 교육학박사
현 영남대학교 교육학과 겸임교수

상담심리사1급전문가(한국상담심리학회)
심리도식상담전문가1급(한국심리도식치료협회)
와이심리상담센터(주) 대표
(사)한국심리도식치료협회 회장

〈대표 역서〉
부부 심리도식치료(공역, 학지사, 2021), 내면으로부터 심리도식치료 경험
  하기(공역, 학지사, 2020), 심리도식치료 임상가이드(공역, 학지사, 2018)

이은희((Lee, Eunhee)
전남대학교 심리학박사
현 경남대학교 심리학과 교수

한국심리학회 소장학자 학술상 수상
상담심리사1급전문가(한국상담심리학회)
심리도식상담전문가1급(한국심리도식치료협회)

〈대표 역서〉
부부 심리도식치료(공역, 학지사, 2021), 내면으로부터 심리도식치료 경험
  하기(공역, 학지사, 2020), 심리도식치료 임상가이드(공역, 학지사, 2018)

부모로부터 받은 마음의 상처 치유하기

- 경계를 설정하고 정서적 자율성을 되찾기 위한 실용적인 도구 -

Recovering from Emotionally Immature Parents:
Practical Tools to Establish Boundaries & Reclaim Your Emotional Autonomy

2023년 1월 10일 1판 1쇄 발행
2024년 1월 25일 1판 3쇄 발행

지은이 • Lindsay C. Gibson
옮긴이 • 송영희 · 이은희
펴낸이 • 김 진 환
펴낸곳 • (주) **학지사**

　　　　04031 서울특별시 마포구 양화로 15길 20 마인드월드빌딩 5층
대표전화 • 02) 330-5114　　팩스 • 02) 324-2345
등록번호 • 제313-2006-000265호

홈페이지 • http://www.hakjisa.co.kr
인스타그램 • https://www.instagram.com/hakjisabook

ISBN 978-89-997-2799-3 93180

정가 **17,000원**

출판미디어기업 **학지사**

간호보건의학출판 **학지사메디컬** www.hakjisamd.co.kr
심리검사연구소 **인싸이트** www.inpsyt.co.kr
학술논문서비스 **뉴논문** www.newnonmun.com
원격교육연수원 **카운피아** www.counpia.com